Intelligente Integration von Flüchtlingen und Migranten

AF280827

Kompetenzmanagement in der Praxis

herausgegeben von
Volker Heyse und John Erpenbeck

Band 10

Volker Heyse,
John Erpenbeck,
Stefan Ortmann (Hrsg.)

Intelligente Integration von Flüchtlingen und Migranten

Aktuelle Erfahrungen, Konzepte
und kritische Anregungen

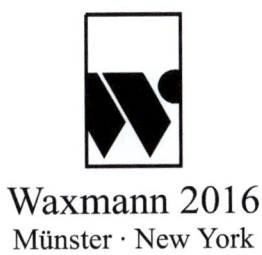

Waxmann 2016
Münster · New York

Initiiert und gefördert durch die Heyse Stiftung
Menschenbilder – Menschenbildung.

HEYSE STIFTUNG

MENSCHENBILDER –
MENSCHENBILDUNG

Bibliografische Informationen der Deutschen Nationalbibliothek
Die Deutsche Nationalbibliothek verzeichnet diese Publikation in
der Deutschen Nationalbibliografie; detaillierte bibliografische
Daten sind im Internet über http://dnb.dnb.de abrufbar.

Print-ISBN   978-3-8309-3547-6
E-Book-ISBN 978-3-8309-8547-1

© Waxmann Verlag GmbH, 2016
Steinfurter Str. 555, 48159 Münster

www.waxmann.com
info@waxmann.com

Umschlaggestaltung: Christian Averbeck, Münster
Umschlagbild: Otto Carius
Satz: Stoddart Satz- und Layoutservice, Münster

Gedruckt auf alterungsbeständigem Papier,
säurefrei gemäß ISO 9706

Printed in Germany

Inhalt

Rita Knobel-Ulrich

Beweglich werden

Wie wir mit den Flüchtlingen umgehen, wird unsere Zukunft bestimmen. Wird es uns gelingen, sie zu integrieren, ihre Stärken und Kompetenzen für unsere Gesellschaft nutzbar zu machen, oder betrachten wir sie als arme Opfer, die unter die Aufsicht des BAMF, des Jobcenters, der Ausländerbehörde, unter die Betreuung von Sozialpädagogen gestellt werden müssen, die ihnen sagen, was sie künftig zu tun haben? Wir sollten uns klar machen: Diese Menschen haben geschafft, woran die meisten von uns scheitern würden. Sie kommen vom Ende der Welt, aus Dörfern im Hindukusch, aus Wüstengebieten Afrikas, aus zerbombten Städten Syriens. Sie haben sich, ohne vorher jemals aus ihren Orten herausgekommen zu sein, mit Sack und Pack, mit Kindern und wenig mehr im Gepäck als der vagen Hoffnung auf ein besseres Leben ohne Krieg und Gewalt auf einen unbekannten Weg gemacht, sind über Ländergrenzen gewandert und in schwankenden Booten übers Meer gefahren, haben sich Schleppern anvertraut, um einen Platz in Zügen und Bussen gekämpft, sich in Unterkünften und im Dschungel der Zuständigkeiten zurecht gefunden.

In einem bekannten Werbefilm für Staubsauger heißt es: „Ich arbeite in der Kommunikationsbranche und im Organisationsmanagement. Außerdem gehören Nachwuchsförderung und Mitarbeitermotivation zu meinen Aufgaben. Ich führe ein sehr erfolgreiches kleines Familienunternehmen." Der Film beschreibt nichts anderes als die Arbeit einer Hausfrau und Mutter von drei Kindern.

Ein Flüchtling könnte sagen: „Ich bin durch Länder gereist, deren Sprache ich nicht spreche, habe trotzdem meine Familie durchgebracht, Essen und Schlafplätze organisiert, habe Erfahrungen gesammelt, bin nicht untergegangen sondern klargekommen. Hier bin ich!"

Wir sollten diese Fähigkeiten aufnehmen und die Eigeninitiative dieser Menschen stärken. Wir sollten alle schon vorhandenen Mittel und Möglichkeiten nutzen, diese Fähigkeiten zum selbstorganisierten, kreativen Handeln, diese Kompetenzen nachzuweisen, zu erfassen und in die künftige Kompetenzentwicklung einzubeziehen. Das von einigen Autoren in diesem Band benutzte KODE®-Verfahren erscheint als ein besonders schlüssiger, schneller und gut operationalisierbarer Ansatz in dieser Richtung.

Bürokratie erstickt und lähmt. Wir sollten den Menschen die Gelegenheit zu praktischen Erfahrungen in der Arbeitswelt geben, und das so schnell wie möglich. Ein Praktikum in einer Wäscherei oder Werkstatt, in einem Gartenbaubetrieb oder beim Maler – dazu braucht man keine beglaubigten Zeugnisse und Referenzen, sondern die Bereitschaft mitzumachen und sich einzubringen. Diese haben die Flüchtlinge oft. Was sie nicht kennen, ist unsere Arbeitswelt, sind unsere Ansprüche: Pünktlichkeit, Durchhalten von acht Stunden Arbeit, Akzeptieren einer weiblichen Chefin und Kollegin, eines schwulen Mitarbeiters.

Aber das lernen sie nur im Alltag eines Betriebes. Das erfordert nicht nur die Flexibilität der Flüchtlinge. Auch unsere Flexibilität ist gefordert, denn ein Handwerksmeister rückt morgens um sieben Uhr zur Arbeit aus und sitzt abends noch an Steuern, Abrechnungen, Unterlagen für die Handwerkskammer und das Gewerbeaufsichtsamt. Er hat weder Zeit noch Lust, stapelweise Anträge auszufüllen, wenn er schon bereit dazu ist, Flüchtlingen einen Einblick in unsere Arbeitswelt zu geben.

Wir sollten Arbeitgeber ermutigen und unterstützen (und sie nicht mit Forderungen nach separaten Toiletten, Feuertreppen und Fenstern traktieren), zum Beispiel in ihrer Firma einen Tisch auszuklappen, ein paar Stühle im Aufenthaltsraum aufzustellen und nachmittags den Flüchtlingen ermöglichen, noch zwei Stunden Deutsch zu lernen, und einmal in der Woche sollten wir dann die Flüchtlinge zum Integrationskurs schicken, damit sie mehr über unsere Lebensweise, unsere Geschichte und unsere Gesetze erfahren.

Auch wir müssen beweglich werden, nicht nur die Neuankömmlinge. Dann klappt das, und wir schaffen es. Sonst schafft es uns!

Louis Henri Seukwa

Erkennen und Nutzen von Schlüsselkompetenzen bei Flüchtlingen

Was lässt ein Buch über den Kompetenzansatz in der Integrationsarbeit mit geflüchteten Menschen zum jetzigen Zeitpunkt so notwendig werden? Dass Flüchtlinge, abhängig einerseits von der Qualität ihres Aufenthaltsstatus, mehr oder weniger unter gesetzlichen Restriktionen, sozialen und institutionellen Diskriminierungen, Alltagsrassismus etc. leiden und andererseits aufgrund ihrer faktisch oft durch traumatische Erlebnisse gekennzeichneten Biografien insgesamt in einer äußerst prekären Lebenslage in Deutschland auskommen müssen, ist mehrfach auf verschiedenste Weise auch durch die Wissenschaft gut dokumentiert worden. Im Übrigen hat diese Fokussierung der mit dem Flüchtlingsdasein einhergehenden Schwierigkeiten den sicherlich nicht beabsichtigten Effekt zur Folge, dass die Betroffenen häufig als bloße Opfer der Umstände erscheinen. Daraus resultieren nicht selten in den sozialpädagogischen sowie sozialpolitischen Interventionen paternalistische Haltungen in Verbindung mit konzeptionell immer wieder defizitären Ansätzen.

Wenig erforscht dagegen sind die individuellen Ressourcen und Kompetenzen, über die Flüchtlinge und Asylsuchende verfügen, die als unumgängliche Grundlage für die Integrationsarbeit dienen können und sollen. Die Frage des Transfers und der Nutzbarmachung „mitgebrachter" Kompetenzen von Migranten in der deutschen Migrationsforschung verdankt ihre Aktualität vor allem dem der interkulturellen Bildung zugrunde liegenden ressourcenorientierten Ansatz. Erst in diesem Zusammenhang konnte die seit Sokrates bekannte pädagogische Weisheit in Verbindung mit Menschen ausländischer Herkunft gebracht werden. Die sokratische Mäeutik (Hebammenkunst) ist im Wesentlichen nichts anderes als eine Methode zur Aktivierung der Fähigkeiten und des Wissens der Lernenden, was vom Lehrer erfordert, dass er das Vorhandensein dieser Fähigkeiten bei den Lernenden voraussetzt. Die sokratische Metapher des Pädagogen als Hebamme ist also eine Forderung zur Anerkennung und Nutzbarmachung der immer schon vorhandenen Ressourcen beim Lernenden.

Eine solche Forderung lässt sich allerdings nicht nur normativ begründen, sie steht auch für eine erkenntnistheoretische und pädagogisch-praktische Rationalität: Sie besagt, dass *der Mensch keine Tabula Rasa ist.* Selbst ein Kind verfügt von Geburt an – wie es Chomsky mit seiner „universellen Grammatik" und Piaget mit dem Konzept vom „Assimilationsplan" bewiesen haben – über eine Grundkompetenz, die nicht nur Voraussetzung jedes Lernprozesses ist, sondern auch die empirisch beobachtbare Kreativität und Schnelligkeit im Lernprozess erklärt, wie es beispielsweise beim Spracherwerb des Kindes der Fall ist. Es versteht sich daher von selbst, dass Menschen (Jugendliche bzw. junge Erwachsene) ausländischer Herkunft durch ihren multikontextuellen biografischen Verlauf, d.h. ihre vor und während der (Flucht-) Migration durchlaufene Sozialisation, Erziehung und Bildungsprozesse, per se über Ressourcen verfügen.

Eine institutionell organisierte Erziehungs- und Bildungspraxis, die der Lebenswelt und Lebenslage von geflüchteten Kindern und Jugendlichen gerecht werden möchte, kann es sich dementsprechend nicht leisten, die bloße pädagogische Assimilation dieser Klientel im System der Aufnahmeländer anzustreben. Weil ihre Bildungsorientierung, Zukunftsplanung, Lebensentwürfe und Kompetenzen sich oft durch als transnational zu bezeichnende Erfahrungen und Sozialisation konstituiert haben, sind sie tendenziell komplexer bzw. reicher als wenn sie lediglich in einem einzigen Kontext erworben würden. Aus diesem Grund bedeutet eine Assimilation im System des Aufnahmelandes für diese biografiebedingten komplexen und vielfältigen Kompetenzen der betroffenen Geflüchteten de facto eine Verarmung. Der konsequente Aufbau auf den mitgebrachten individuellen Ressourcen und Kompetenzen bildet – so die bildungstheoretische Annahme – die Erfolgsgrundlage für jegliche pädagogische und sozialpädagogische Förderansätze, die darauf zielen, die individuellen Wirkungen der strukturellen Benachteiligungen, denen Flüchtlinge unterliegen, abzubauen. Denn erst dadurch wird eine nicht selten durch falsche Einschätzung der Qualifikationen und Kompetenzen der geflüchteten Menschen verschuldete Abstufung bei der Eingliederung im formalen oder non formalen Bildungs- und Ausbildungssystem der europäischen Aufnahmeländer sowie der daraus folgenden unnötigen Verlängerung der Bildungs- und beruflichen Eingliederungzeit dieser Zielgruppe vermieden.

Die systematische Verfolgung des Kompetenzansatzes in der Integrationsarbeit mit Flüchtlingen und Asylsuchenden macht es möglich, die oft unter sehr widrigen Bedingungen gemachten transnationalen Fluchterfahrungen als biografische Ressource zu betrachten, die sich u.a. auch in Gestalt eines „Habitus der Überlebenskunst" resp. in Gestalt von Resilienzfähigkeiten (psychische Widerstandsfähigkeiten) gegenüber all den mit einem Flüchtlingsdasein einhergehenden Herausforderungen manifestieren können.

In dieser Weise ermöglicht die Kapitalisierung der von Flüchtlingen im *zeitlichen Verlauf* gemachten Lernerfahrungen für die Integrationsarbeit nicht nur einen Beitrag zur Förderung des Lebenslangen Lernens. Trotz der durch Flucht bedingten biografischen Brüche und Umbrüche, mit der Fokussierung der Pluralität der *Bildungsorte* (formell, nonformal, informell), die vor und während der Flucht als Erwerbsorte fungieren, wird auch ein Beitrag zum *Lebensbreiten Lernen* geleistet.

Mit dem Begriff des *Lebensbreiten Lernens* möchte ich die Abhängigkeit der Kompetenzen von ihren sozialen Begleitumständen, also ihrer Verortung betonen; d.h. auf für Bildungsinhalte konstitutiven Bildungsorten und den sich daraus ergebenden Kompetenzen bestehen. So gewinnt der informelle Sektor als Ort der Bildung, ergo auch des Kompetenzerwerbs, neben dem formellen und non formalen Sektor an Bedeutung. Die Verknüpfung dieser drei Bildungsräume ist unabdingbar, will man die gesamten Ressourcen erfassen, die Flüchtlinge und Asylsuchende dank ihrer oft transnationalen Fluchtgeschichte mit sich bringen.

Diese Überlegungen setzen die Operationalisierung des Kompetenzansatzes voraus, so dass Klarheit darüber erzielt wird, was eine Kompetenz ist und wie sich ihre Nutzbarmachung im Migrationskontext vollziehen kann. Eine ontogenetische Charakterisierung der Kompetenz hat zur Erkenntnis geführt, dass diese eine Performanz generierende Disposition oder ein Aktionspotential ist, das je nach Tätigkeitsgebiet und Kontext zu Kapital werden kann (vgl. Seukwa 2006). Dies bedeutet, dass die Kompetenz als Potential nicht etwas Materiellem entspricht, wie etwa ein Schulzeugnis oder ein akademischer Titel, denn diese sind eher Produkte gewisser Performanzen, deren Transfer in die Migrationssituation häufig mit der Akkreditierungs- bzw. Anerkennungsproblematik verbunden ist. Vielmehr ist die Kompetenz dem Individuum inhärent. Dies führt zu dem erkenntnistheoretischen Problem, den Existenzmodus der Kompetenz zu begreifen. Wie gelingt es also vom Postulat ihrer Existenz zu einer Phänomenologie der Kompetenz zu kommen und mit dieser in der Integrationsarbeit so umzugehen, dass sie zum kulturellen Kapital für Geflüchtete wird? Es handelt sich hier um ein epistemisch normatives Vorhaben, basierend auf Erkennung und Anerkennung von mitgebrachten Ressourcen als Leitlinie eines Integrationsverständnisses, das sich an der Diversität der Lebenslage in einer pluralen Gesellschaft wie Deutschland mit dem Ziel orientiert, die Handlungsfähigkeit und gesellschaftliche Teilhabe von Geflüchteten und Migrantinnen und Migranten effektiv und effizient zu ermöglichen.

Dies ist die Rationalität der in diesem Band versammelten Beiträge. Sie versachlichen im Hinblick auf die Integration geflüchteter Menschen die im Zuge des „Sommer des Willkommens 2015" in Deutschland stark emotional geführte Debatte um Flüchtlinge und liefern auf der Grundlage zahlreicher empirischer Untersuchungen wertvolle Erkenntnisse. Das Buch ist insofern eine willkommene „Kost" für alle in der Flüchtlings- und Migrationsarbeit tätigen institutionellen oder nicht institutionellen Akteure, die trotz der vorherrschenden defizitären Zuschreibungen, die mit der Kategorie Flüchtling einhergehen, auf der Suche nach konkreten Wegen zur Operationalisierung des Ressourcenansatzes sind. Auch Entscheidungsträger, die an Evidenz basierte Politiksteuerung in Sachen Integration von Migrantinnen und Migranten glauben, kommen an diesem Buch nicht vorbei.

Wollen wir es wirklich schaffen? Dieses Buch ist bestimmt nur ein kleiner Schritt dahin; jedoch was für ein wichtiger!

Literatur

Seukwa, Louis Henri: *Der Habitus der Überlebenskunst. Zum Verhältnis von Kompetenz und Migration im Spiegel von Flüchtlingsbiographien.* Waxmann Münster u.a., 2006

Einleitung

Seit über 50 Jahren lernen wir in Schulen und Hochschulen, dass wir in einer Welt kolossal zunehmender Dynamik und Komplexität leben, die im Detail kaum voraussehbar, planbar, vermeidbar sind. Steter Wandel, Selbstorganisation, Chaos und anderes sind dafür die neuen Chiffren.

In unserem Alltagsbewusstsein müssten sich Einsichten wie „Es bleibt nichts mehr wie es war" oder „Im Wandel liegen mehr Chancen als Bedrohlichkeiten" durchgesetzt haben. So scheint es jedoch nicht zu sein. Viele Menschen rufen gerade dann, wenn Veränderungen unausweichlich sind, nach der starken Hand, nach einem Sicherheit suggerierenden Politiker, nach der Kontinuität, wenn Flexibilität angesagt ist. Und die Ängste, politisch zum Teil ausgenutzt und geschürt, führen immer wieder zu (Abwehr-)Reaktionen, die denen bei früheren einschneidenden Veränderungsprozessen täuschend ähnlich zu sein scheinen.

Friedhelm Wessel schätzte am 10.09.1989[1] die damalige Situation Deutschlands wie folgt ein:

> „Asylanten und Ausländer, Flüchtlinge und Fremde, Übersiedler und Aussiedler: Kaum ein Thema hat in den letzten Tagen und Wochen die Gemüter so erhitzt wie dieses. Die Stellungnahmen sind höchst unterschiedlich: die Politiker debattieren über das Grundrecht auf Asyl, die Leute auf der Straße reden davon, dass das Boot voll sei – die einen wünschen sich eine multikulturelle Gesellschaft, die anderen ein Deutschland nur für Deutsche. Die Debatte wird mit großer Emotionalität geführt – gerade auch weil das Thema schwierig ist und viele Rücksichten erfordert. Eines macht aber schon die Diskussion deutlich: es wird viel über die Fremden geredet und beschlossen, wenige sind es aber nur, die mit ihnen reden".

Der markanteste Unterschied zu 1989 besteht 2015/16 sicher darin, dass es dieses Mal bedeutend mehr Menschen, Organisationen und aktiv Handelnde gibt, die „mit den Fremden reden" und nicht nur über sie beschließen. Wenn die „Fremden" im übertragenen Sinne als Gäste gesehen werden, dann ist der Umgang mit den Fremden und Menschen, die Asyl suchen, ein Prüfstein für die Fähigkeit der Gesellschaft, Hilfe vorzuschießen und nicht ständig zu fragen, was es die Gesellschaft sowie den Einzelnen kostet und was wir kurzfristig davon haben.

Oskar Wilde meinte einmal: „Heutzutage kennen die Leute von allem den Preis und nicht den WERT". Und Einstein formulierte: „Wer in seinem Herzen daheim ist, dem erscheinen *alle Orte auf der Erde* gleich gut! Deshalb, versuche nicht nur ein erfolgreicher, sondern ein wertvoller Mensch zu sein".

---

1 Friedhelm Wessel: Asyl – ein demokratisches Grundrecht und seine Begründung in der Bibel. Vortrag vom 10.09.1989 in der JGA, Aachen

Das vorliegende Buch ist hochaktuell. Es betrachtet den (geschichtlich sehr kurzen) Zeitraum August 2015 bis August 2016, in dem sich in der deutschen Flüchtlingspolitik ungeheuer viel zugetragen hat, politisch über Versuch und Irrtum Etliches gelernt wurde und neue Strukturen und Abläufe im Rahmen der Integrationsbemühungen entstanden, aber auch massive Ängste, Vorurteile und Widerstände in Teilen der Bevölkerung zur politischen Profilierung geschürt wurden und werden.

Das Buch entstand innerhalb von zwei Monaten und stützt sich auf folgende authentische Erfahrungen und Vorstöße:

Abschnitt 1
Volker Heyse & Stefan Ortmann: Kompetente Integration von Flüchtlingen

- Relativierung der Überfremdungsängste durch den Nachweis, dass Deutschland schon seit Jahrhunderten umfangreiche Einwanderungsströme durchlebt und gemeistert hat.
- Entideologisierter Nachweis der bei den Flüchtlingen und Migranten mehrheitlich vorhandenen vielfältigen überfachlichen Kompetenzen und Stärken, die es für eine erfolgreiche Integration zu erkennen, anzuerkennen und aktiv zu nutzen gilt. Hierbei wird zwischen Erwachsenen und Jugendlichen unterschieden, und die überfachlichen Kompetenzen werden differenziert erfasst und beschrieben.
- Es werden vielfältige, konkret gestaltbare Stufen und Schritte zu einer intelligenten und kompetenten Integration vorgeschlagen.

Abschnitt 2
Kai Vöcking: Ablauf und Registrierung in einer deutschen Erstaufnahme-Einrichtung EAE. Erfahrungsbericht eines EAE-Leiters aus der Zeit 2015/16

Erfahrungsbericht des Leiters einer Erstaufnahme-Einrichtung (EAE) auf Bundeslandebene.
- Zusammenfassung der Arbeit einer EAE ab August 2015 bis März 2016: Schilderung der Begegnung mit unvorhersehbaren Schwierigkeiten und ihrer Bewältigung.
- Es werden Ansätze dargestellt, Integration künftig schon im Rahmen der Erstaufnahme durch bessere Ablauforganisation und kompetentes Handeln zu erreichen.

Abschnitt 3
John Erpenbeck: Die Kreolen und wir

Es wird drei kompetenzbezogenen Fragen nachgegangen:
- Welche Kompetenzen sollten Migranten und Flüchtlinge, die in Deutschland bleiben, haben oder entwickeln, damit ihnen das Leben in diesem Land gelingt?
- Welche tief verinnerlichten, mitgebrachten Werte aus den Herkunftsländern und Familien sind leichter zu verändern und welche bedürfen einer intensiven Einwirkung oder sind auch gar nicht zu verändern?
- Welche interkulturellen Kompetenzen benötigen alle Deutschen, die an der Integration und Werteentwicklung beteiligt sind? Als ein informatives Beispiel der Anpassung von (Sprach-)Kompetenzen wird der Prozess gelingender „Sprachkreolisierung" herangezogen.

Abschnitt 4
Amena Shakir & Said Topalovic: Flüchtlinge und Integration.
Welchen Beitrag können Musliminnen und Muslime dabei leisten?

- Aufbauend auf den konkreten Erfahrungen bei der Aufnahme von muslimischen Flüchtlingen 2015/16 in Österreich werden aus muslimischer Sicht Forderungen an die muslimische Community (Muslimische Vereine, Moschee-Vereine, Jugendorganisationen) zu eigenen Beiträgen zur Integration und Kompetenzstärkung bei Flüchtlingen erhoben und diskutiert.

Abschnitt 5
Gunvald Herdin & Roman Wink: Kompetenzen von Flüchtlingen erfassen – Anforderungen und Gestaltung von innovativen Kompetenzfeststellungsverfahren

- Der Bertelsmann-Stiftung, seit über zwei Jahrzehnten mit Fragen von Bildung und Kompetenzentwicklung befasst, geht es in der gegenwärtigen Situation darum, die Kompetenzen von Flüchtlingen zu erfassen und Anforderungen für die Gestaltung von innovativen Kompetenzfeststellungsverfahren zu etablieren
- Wer in Deutschland formal Geringqualifiziert ist, verdient weniger, ist deutlich häufiger arbeitslos, befindet sich überproportional häufig in prekären Beschäftigungssituationen, besitzt aber berufliche verwertbare Kompetenzen. Viele der Flüchtlinge und Migranten besitzen informell erworbene Kompetenzen, die sie über berufliche Tätigkeiten in ihrem Heimatland erworben haben.
- Es werden zwei formale Kompetenzerfassungsverfahren vorgestellt, welche die Erfassung von informell und non-formal erworbenen Kompetenzen zum Ziel haben: die Externenprüfung mit ihrer gesetzliche Grundlage im Berufsbildungsgesetz (BBiG) und die Qualifikationsanalyse mit der gesetzlichen Grundlage im Berufsqualifikationsfeststellungsgesetz – (BQFG).
- Weitere, nicht formale, d.h. auf gesetzlichen Grundlagen aufbauende Instrumente (wie KODE®, Kompetenzkartei oder Profilpass) werden zwar nicht explizit behandelt, aber als durchaus berechtigt und wichtig charakterisiert.
- Es wird eine Art Anforderungskatalog an Kompetenzerfassungsinstrumente für Flüchtlinge formuliert, der Skalierbarkeit (flächendeckende Standards für große Personenanzahlen), berufliche Verwertbarkeit der Ergebnisse, bis hin zur Nachqualifizierung, und Kompetenzerfassung möglichst nahe am betrieblichen Alltag fordert.
- Ein Projekt der Bundesagentur für Arbeit und der Bertelsmann Stiftung: „Berufliche Kompetenzen erkennen" wird vorgestellt Die Erhebung der Kompetenzen erfolgt dabei mittels technologiebasierter Testverfahren, die in standardisierten Prozessen auf Basis der probabilistischen Testtheorie (Item-Response Theory (IRT)) entwickelt werden. Es gilt, bereits vorhandenen Kompetenzen sichtbar zu machen, die durch Arbeitserfahrung oder sonstige informelle Lernprozesse erworben wurden.
- Wie kompliziert eine formale Anerkennung non-formal und informell erworbener Kompetenzen (EU Anforderung bis 2018) ist, macht das schöne Beispiel des Pflegers in Deutschland deutlich, der vorurteilsfrei mit der Nacktheit beider Geschlechter umgehen muss. Hier ist zwischen fachlicher und überfachlicher Kompetenz kaum noch zu trennen.

Abschnitt 6
Johannes Sauer: Kompetenzentwicklung von Flüchtlingen – Schlüssel zur Integration – Chance für neue Lernkulturen

- Es wird nachgewiesen, dass die Integration von Flüchtlingen und Migranten eine beschleunigende und positiv verändernde Wirkung auf den Umbau des deutschen Bildungssystems von einer Wissenszentrierung zu einer Zentrierung um Kompetenz und Kompetenzentwicklung hat.
- Es werden Fakten umrissen, die einen Wandel der Lernkultur hin zu einer Lernkultur Kompetenzentwicklung erzwingen.
- Eine Analyse des Transformationslernens ist wichtig, da die Integrationsaufgaben keine singulären Probleme darstellen, sondern in die Bemühungen der großen Transformationen der letzten Jahrzehnte einfließen müssen.
- Es werden Sinn und Grenzen der Weiterbildung in der Transformation diskutiert.
- Erst eine Akzeptanz der Pluralität gleichwertiger Lernformen führt zu wirklicher sozialer Gerechtigkeit sowohl für die deutschen Arbeitnehmer als auch und besonders für die Flüchtlinge und Migranten als zu einem großen Teil künftige Arbeitnehmer in Deutschland.

Abschnitt 7
Virginia Moukouli & Wolfgang Bornträger: Individuelle Kompetenzentwicklung für geflüchtete Menschen

- Eine Kompetenzfeststellung mit dem Verfahren KODE®, das in 15 Sprachen vorliegt, sollte bei Geflüchteten so früh als möglich und an jeder Bildungsetappe (erneut) erfolgen.
- Eine kontinuierliche Begleitung – beginnend mit der Kompetenzfeststellung in der Phase der Berufsorientierung – trägt dazu bei, die Potenziale und Kompetenzen, die „persönlichen Stärken" der Geflüchteten, frühzeitig zu erkennen. So können sie optimal genutzt und gefördert werden und es wird eine Grundlage für die gesellschaftliche- und Arbeitsmarkt-Integration geschaffen.
- Ein Pilotprojekt im ersten Halbjahr 2016 hat dafür einen Lösungsansatz erbracht, den es weiter zu verfolgen gilt.

Abschnitt 8
Susanne Krauß; Maria-Anna Ziola: Von der Willkommens- zur Integrationskultur

- Es wird beispielhaft ein Projekt für Migranten beschrieben, das Flüchtlinge dabei unterstützt, langfristig am gesellschaftlichen Leben in Deutschland teilzunehmen.
- Die Projektarbeit fokussiert im übergeordneten Sinn gesellschaftliche, soziale, kulturelle und berufliche Integration. Aus dieser Zielstellung erwachsende komplexe Aufgaben werden im politischen und gesellschaftlichen Kontext beleuchtet.

- Anhand von konkreten Beispielen aus der Praxis verdeutlichen sich die vielschichtigen Probleme und Handlungsanforderungen an die Träger solcher Projekte, wenn der Anspruch erhoben wird, die deutsche „Willkommenskultur" in eine ganzheitliche und konsequente Integrationskultur zu überführen.

Abschnitt 9
Virginia Moukouli: KODE® im multikulturellen Kontext – Kompetenzentwicklung und Migration

- In einem Pilotprojekt mit griechischen Einwanderern wurde deutlich, wie wichtig der Einsatz von quantitativen und qualitativen Verfahren zur Feststellung von Handlungsfähigkeiten (Schlüsselkompetenzen) und ihrer Entwicklung ist, um Zuwanderinnen und Zuwanderer zu stärken. Gerade bei möglichen fehlenden Sprachkenntnissen und -Fähigkeiten und/oder bei Lücken in der formalen Qualifikation ist es wichtig, ihre überfachlichen Kompetenzen und Talente nicht in den Hintergrund treten zu lassen.
- Das KODE®-System funktioniert im multikulturellen Kontext besonders gut, unterstützt bei der Integration in den und beim Zugang zum deutschen Arbeitsmarkt und ist hilfreich in den verschiedenen Etappen des Integrationsprozesses.
- Das durch KODE® erfahrene „Empowerment" erleichtert es den Zuwanderinnen und Zuwanderern, den Prozess der Integration selbstbestimmt zu gestalten.

Abschnitt 10
Johanna Mutzl: KODE® als Teil der „Wertschätzenden Organisation"

- In Zeiten, in denen die Medien voll von Schlagzeilen in Bezug auf Flüchtlinge, Asyl und damit einhergehende Herausforderungen sind, zeigt sich der große Stellenwert von Wertschätzung.
- Es geht nicht nur um die Integration von Flüchtlingen in den Arbeitsmarkt – es geht um das Aufeinandertreffen von Menschen unterschiedlicher Kulturen, das Fruchtbarmachen unterschiedlicher Kompetenzen und das Interesse an der Gestaltung eines gemeinsamen Weges. Beidseitiges Interesse am jeweils anderen und eine gemeinsame wertschätzende Grundhaltung ermöglichen Entwicklung und Wachstum.
- Es wird dargestellt, auf welchen Grundsätzen die Wertschätzende Organisation aufbaut, welche Möglichkeiten sich für Individuen daraus ergeben und wie KODE® diese Prozesse bzw. den Aspekt des wertschätzenden Erkundens unterstützen kann.

Die Beiträge zeigen ganz unterschiedliche Facetten eines Prozesses, den wir mit dem Schlagwort einer intelligenten Integration gekennzeichnet haben. Es geht nicht um eine Integration um jeden Preis, um eine gut gemeinte aber oft im Emotionalen verbleibende Willkommenskultur, sondern um die zukunftsgerechte, intelligente Gestaltung dieser Facetten mit Hilfe fundierter theoretischer Überlegungen wie bester praktischer Beispiele. Beides findet sich in den Beiträgen in ausgeprägtem Maße. Von den ganz praktischen Überlegungen, wie die Aufnahme einer großen Zahl von Flüchtlingen und Migranten in kurzer Zeit menschenwürdig und zukunftsorientiert zu gestalten sei, über die Bewältigung großer kultureller und religiöser Unterschiede und sprachlicher Barrieren, die in einem bisher nie gekannten Maße eine entscheidende Rolle spielen bis hin zu Aufgaben einer gesamtgesellschaftlich sozialen, kulturellen, beruflichen und politischen Integration. Die Möglichkeiten, der Sinn und die Grenzen einer Weiterbildung innerhalb von fundamentalen Transformationsprozessen, unter echter Akzeptanz der Pluralität gleichwertiger Lernformen, werden analysiert. Schließlich werden generalisierte Anforderungen für die Gestaltung von innovativen Kompetenzfeststellungsverfahren formuliert, wobei sich Fertigkeiten, Qualifikationen und Kompetenzen manchmal überlappen. Klar wird auch, dass das KODE®-Verfahren, von einigen der hier versammelten Autoren intensiv und in verschiedenen Sprachen genutzt, diesen generalisierten Anforderungen voll genügt und im Rahmen der Integrationsbemühungen breit zum Einsatz kommen sollte.

September 2016   Die Herausgeber

Kompetente Integration von Flüchtlingen

Volker Heyse, Stefan Ortmann

1. Wider die Mär von der Überfremdung Deutschlands durch Flüchtlinge und einer extremen Kostenlast

> Jede Sekunde fliehen
> zwei Menschen
> (Fluchtatlas, 2016)

Es wird in den Medien viel über die Anzahl der Migranten und Flüchtlingen berichtet.

Um es vorweg zu sagen: Es ist bei weitem nicht so, dass Europa im Allgemeinen und Deutschland im Besonderen historisch völlig voraussetzungslos einer fortwährenden großen Einwanderungswelle macht- und kraftlos gegenüberstehen.

1.1 Die wahren Flüchtlings- und Migrationsströme

Flüchtlinge machen nach wie vor nur einen überschaubaren Teil derer aus, die nach Deutschland kommen. 2015 kamen rund zwei Millionen Ausländer nach Deutschland. Etwa 476.000 stellten Asylanträge, davon waren 163.000 syrische Flüchtlinge. Die große Mehrheit der eingewanderten Personen stammt aus EU-Staaten. Diese können ihren Wohnort frei bestimmen und müssen keiner Behörde irgendeinen Grund ihres Kommens mitteilen. Gründe können sein: Studium, Ausbildung, diverse Arbeitstätigkeiten, Familiennachzug; nur bei 23 Prozent läuft ein Asylantragsverfahren, und nur 9 Prozent haben eine Asylbewilligung. Durch Politik und Medien wird ein unrealistisches Bild gezeichnet.

Die durch etliche Medien kreierte Drohkulisse, rund 60 Millionen Menschen seien weltweit auf der Flucht und seien somit auch eine Bedrohung für Europa bzw. für Deutschland stimmt ebenfalls nicht. An der Zahl 60 Millionen ist zwar nicht grundsätzlich zu zweifeln (Markert/Moser/Scheuerlein, 2016), sie sind jedoch bei weitem keine globale Gefahr für Europa und insbesondere für Deutschland. Bisher sind die meisten ostafrikanischen Flüchtlinge von Äthiopien aufgenommen worden, und die meisten Syrer von der Türkei, vom Iran und dem Libanon (Nadler, 2016). Die meisten Afghanen wurden bislang im Iran aufgenommen. Hinzu kommen große Wanderungen seitens der lateinamerikanischen Länder in Richtung Nordamerika (USA, Kanada), die Europa allerdings nicht direkt tangieren.

Und: Der größte Teil der Flüchtlinge verlässt (bislang) nicht seine Heimatländer, sondern ist innerhalb ihrer Länder auf der Flucht und zum Teil durch die UN und andere Hilfsorganisationen registriert.

Ein Blick in die europäische Geschichte des 19. Jahrhunderts zeigt ein für viele unbekanntes Bild der Migration: Die europäische Auswanderung im 19. Jahrhundert stellt wahrscheinlich die größte Auswanderungsbewegung in der bisherigen Menschheitsgeschichte dar. Allein zwischen 1841 und 1880 verließen 13 Millionen Menschen Europa. Und zwischen 1871 und 1913 waren es sogar 34 Millionen. Unter den Emigranten waren sechs bis sieben Millionen Deutsche (Heyse/Heyse, 2014). Rund 75 Prozent blieben in den neuen Siedlungsgebieten. Es sollte nicht vergessen werden, dass die deutschsprachigen Staaten im 19. Jahrhundert zu den markantesten *Auswanderungsländern* gehörten. Einen großen Anteil an den Auswanderern machten Personen aus, die in der Landwirtschaft gearbeitet hatten, aber mit der Industrialisierung der Landwirtschaft und insbesondere im Zuge der Fortschritte in Bereichen der Land-(Maschinen-)Technik ihre Arbeit verloren hatten. Andere emigrierten aus politischen und religiösen Gründen; weitere flohen vor dem Militärdienst. Gleichzeitig öffnete sich Deutschland für Zuwanderer vor allem aus Polen, die insbesondere in den aufstrebenden Berg- und Hüttenwerken im Ruhrgebiet sowie in vielzähligen Dienstleistungen Arbeit fanden.

Durch die große Anzahl europäischer Migranten gab es in dieser Zeit in Deutschland nicht nur einen bedeutenden Bevölkerungs- und Geburtenzuwachs, sondern auch einen bedeutenden Produktivitätszuwachs in der aufstrebenden Industrie. Verbunden mit den Fortschritten in der Medizin und der besseren Hygiene, mit der Zunahme von Bildung auch in den bisher eher bildungsferneren Schichten und der besseren Versorgung mit landwirtschaftlichen Produkten kam es auf dem Gebiet des späteren Deutschen Reiches zu einer wahren Bevölkerungsexplosion: 1816 lebten knapp 25 Millionen Menschen dort, 1852 waren es bereits rund 36 Millionen, 1871 waren es bereits 41 Millionen und 1915 gar 68 Millionen

Diese demografischen Zusammenhänge – verbunden mit einer gezielten Migranten-Integration in Arbeit im 19. und am Anfang des 20. Jahrhunderts – können auch gegenwärtig wichtige Einsichten in die Bevölkerungsentwicklung, insbesondere in die Altersentwicklung, geben.

Kommen wir noch einmal auf die Ab- und Zuwanderungsströme der letzten 200 Jahre zurück, so entdecken wir in der heutigen öffentlichen Diskussion unglaubliche Vereinfachungen und Vorurteile, die in den Meinungen münden, Deutschland sei durch eine Überfremdung gefährdet, die finanziellen Anforderungen einer zunehmender Anzahl von Migranten und Flüchtlingen überforderten das Land, und die Sicherheit der Bevölkerung sei bedroht. Die nachfolgenden statistischen Beispiele (Zensus 2011) zeigen eindrücklich die enormen – und bewältigten – Einwanderungsströme, den großen Anteil derer mit Migrationshintergrund an der deutschen Bevölkerung sowie ihren Anteil an Arbeitslosen, die Hartz IV empfangen.

- Deutschland bewältigte in den Endvierzigern und in den 1950er Jahren tiefgreifende wirtschaftliche und soziale Probleme bei der Aufnahme von rund 8 Millionen Vertriebenen. Danach ging es in der BRD zwischen 1950 und 1961 um die Integration von rund 4 Millionen DDR-Flüchtlingen. Und zwischen 1962 bis 1989 waren es noch einmal rund 908.000 DDR-Flüchtlinge sowie Rentner, die nach Besuchsreisen in der BRD blieben.

Alle Menschen sind Ausländer.
Fast überall.
(unbekannt)

Wir sind nur Gast
auf dieser Welt
(Hölderlin)

- In Deutschland leben zurzeit im wesentlichen Zuwanderer aus 13 europäischen und 8 arabischen, afrikanischen und asiatischen Ländern, insgesamt 15,3 Millionen Menschen (Stand: 2011). Das ist ein Anteil von 18,8 Prozent an der Gesamtbevölkerung (81,2 Millionen Einwohner; Zensusdatenbank, 2011). Gegenwärtig (2016) sind es sogar mehr.
- Allein zwischen 1950 und 2005 kamen 1.444.847 Menschen aus Polen nach Deutschland, davon rund 800.000 zwischen 1980 und 1990. Dem Zensus 2011 gemäß leben rund 2 Millionen Menschen mit polnischem Migrationshintergrund in Deutschland, die meisten in NRW. Und: „Die größten Wanderungsbewegungen innerhalb der Europäischen Union finden zwischen Deutschland und Polen statt" (Nadler, 2016).
- Die größten Gruppen von Zuwanderern sind neben Polen Menschen aus
  - der Türkei (2,7 Millionen)
  - Russland (1,3 Millionen)
  - Kasachstan (1,2 Millionen)
  - Italien (777.000)
  - Rumänien (576.000).
- Von 5.901.827 Hartz IV-Empfängern sind 73,9 Prozent Deutsche und 26 Prozent Menschen mit Migrationshintergrund. Der Anteil der Personen aus dem Herkunftsland Türkei beträgt 5,0 Prozent am Gesamt, der aus Syrien (neu) 4,1 Prozent und der aus Polen 1,6 Prozent.

Je schneller es gelingt, die Mehrheit der *syrischen Zuwanderer* in Arbeit zu integrieren, desto schneller sinkt deren Anteil an Hartz IV – Empfängern, und aus dem höheren Steuereinkommen können die Integrationsaufwände wieder refinanziert werden. Integrationsaufwände sind in erster Linie Investitionsaufwände und nicht Kosten.

Diese Entwicklungen und Vergleiche sollen nichts verniedlichen oder beschönigen, sie zeigen jedoch, dass Deutschland in den zurückliegenden 200 Jahre mit allen Migrationswellen klar kam, die Probleme angenommen und es immer wieder geschafft hat. Insofern ist Angela Merkels vieldiskutierte Aussage „Wir schaffen das" durchaus historisch belegt.

Ein Blick zurück und in die USA zeigt weitere interessante Zusammenhänge:
- In den 1960er Jahren war der Anteil junger Frauen an der Gesamtzahl der deutschen Emigranten in die USA deutlich höher als der Männer und 61 Prozent der deutschen Einwanderer übten keinen Beruf aus. Es ist anzunehmen, dass sie jedoch über umfassende überfachliche Kompetenzen verfügten, die für eine erfolgreiche Integration maßgeblich waren.
- 9 Prozent der deutschen Emigranten hatten theologische oder theologienahe Ausbildungen. Solche Personen konnten bis 1965 außerhalb der bis dato festgelegten

Quoten einwandern. Dahinter standen einerseits die amerikanische Toleranz in Glaubensfragen und andererseits das Ansehen dieser Personen als wichtige „Werte-Verankerer" in Zeiten großer gesellschaftlicher Veränderungen und damit verbundenen Ängsten und der Suche nach Halt im Alltag.

Letzteres sollte im Zusammenhang mit der Ableitung konstruktiver Vorschläge und Maßnahmen zur erfolgreichen Integration von Flüchtlingen und Migranten in Deutschland aufgegriffen werden.

2. Die *Mühen und Chancen der Ebene* – Erkennen und Umsetzen einer deutschen Integrationskultur

Deutschland gewinnt oder scheitert bei der Bewältigung des Zueinanderfindens unterschiedlicher Kulturen. Diese historische Herausforderung trägt die seltene Chance in sich, sich von alten Zöpfen zu trennen, Gesetze aus den 1950er Jahren[1] schnell auf ihren gegenwärtigen und künftigen Bestand hin zu überprüfen und durch Gesetze, die bei schnellen und tiefgreifenden Veränderungen zu handeln gestatten, zu ersetzen. Von zunehmender Dynamik und Komplexität wird allerorten gesprochen, und Wandelfähigkeit wird gefordert, jedoch wird tagtäglich das Beharren gelebt. Durch das Anwachsen der Bevölkerung durch die Flüchtlinge und Migranten und die zum Teil enormen Betreuungsnotwendigkeiten werden die tatsächlichen Grenzen der staatlichen Verantwortung und Zuständigkeiten auf drastische Weise deutlich.

Und auch in Bereichen der Aus- und Weiterbildung muss in Deutschland dringend umgedacht werden. Eine erfolgreiche Integration schließt das Ermitteln der individuell vorhandenen überfachlichen Kompetenzen (Handlungsfähigkeiten) sowie das Nutzen und Bestärken dieser ein. Nur so können die individuellen Potenziale und Stärken der Menschen mit Zuwanderungshintergrund erkannt und für eine intelligente und kompetente Integration zur Geltung gebracht werden.

Überfachliche Kompetenzen sind Fähigkeiten, in unerwarteten, zukunftsoffenen, zuweilen chaotischen und auch lebensbedrohlichen Situationen selbstorganisiert und

---

1 Hier zwei Beispiele: Ehrenamtliche übernahmen in den letzten Jahrzehnten – und gegenwärtig in einem rasanten Zuwachs – immer mehr staatliche Aufgaben, und mit ihrer zunehmenden Professionalität verstetigen sich die Ehrenämter und sie werden staatlicherseits immer mehr sich selbst überlassen. Deutlich wird das einerseits bei den Frauenhäusern, deren Auslastung vielerorts die Kapazitätsgrenzen überschreitet und die immer mehr von Migrantinnen und Flüchtlingen in Anspruch genommen werden – nicht selten mit Wartezeiten von einem Jahr. Das Bundesland Bayern bezuschusst auf der Grundlage des entsprechenden Gesetzes von 1952 diese ehrenamtlichen Organisationen gerade einmal mit 10 Prozent der Kosten – ohne Investitions- und Erweiterungsmöglichkeiten. Die restlichen 90 Prozent müssen über Spenden und Fundraising ehrenamtlich eingeworben werden. Im Bereich der Trauma-Behandlung sieht es nicht anders aus. Die Therapieeinrichtungen sind überfordert, die ehrenamtlich agierenden Vereine und Gesellschaften ebenso. Die jungen Flüchtlinge (Kinder, Jugendliche) kommen zu bis zu 70 Prozent mit kriegs- und fluchtbedingten Traumata nach Deutschland und die Erwachsenen zu rund 40 Prozent. Ein Großteil müsste innerhalb von vier Monaten therapeutisch betreut werden. Sie stehen jedoch bis zu einem Jahr in der Warteschlange für freie Therapie- und Betreuungsplätze. Viele andere Beispiele sind aufzeigbar, um auf rückständige und blockierende Gesetze und Strukturen hinzuweisen.

kreativ zu handeln. Sie sind also Handlungsfähigkeiten, die in besonderen Herausforderungs- und Veränderungssituationen entscheidend sind.

Dem im deutschsprachigen Raum bekannten Kompetenzatlas (Heyse/Erpenbeck, 2007, 2010) zufolge kann zwischen vier Basisgruppen von Kompetenzen unterschieden werden: Personale Kompetenzen, Aktivitäts- und Handlungskompetenz, Fach- und Methodenkompetenz sowie Sozial-kommunikative Kompetenz. Innerhalb dieser Basisgruppen werden 64 empirisch nachgewiesene Schlüsselkompetenzen und entsprechende Synonyme unterschieden. Wenn eine erfolgreiche Integration Kompetenzermittlung und -entwicklung einschließen soll, dann muss auch in Einheit dieser vier Basisgruppen gedacht werden.

Abb. 1: Kompetenzatlas für Erwachsene – allgemein

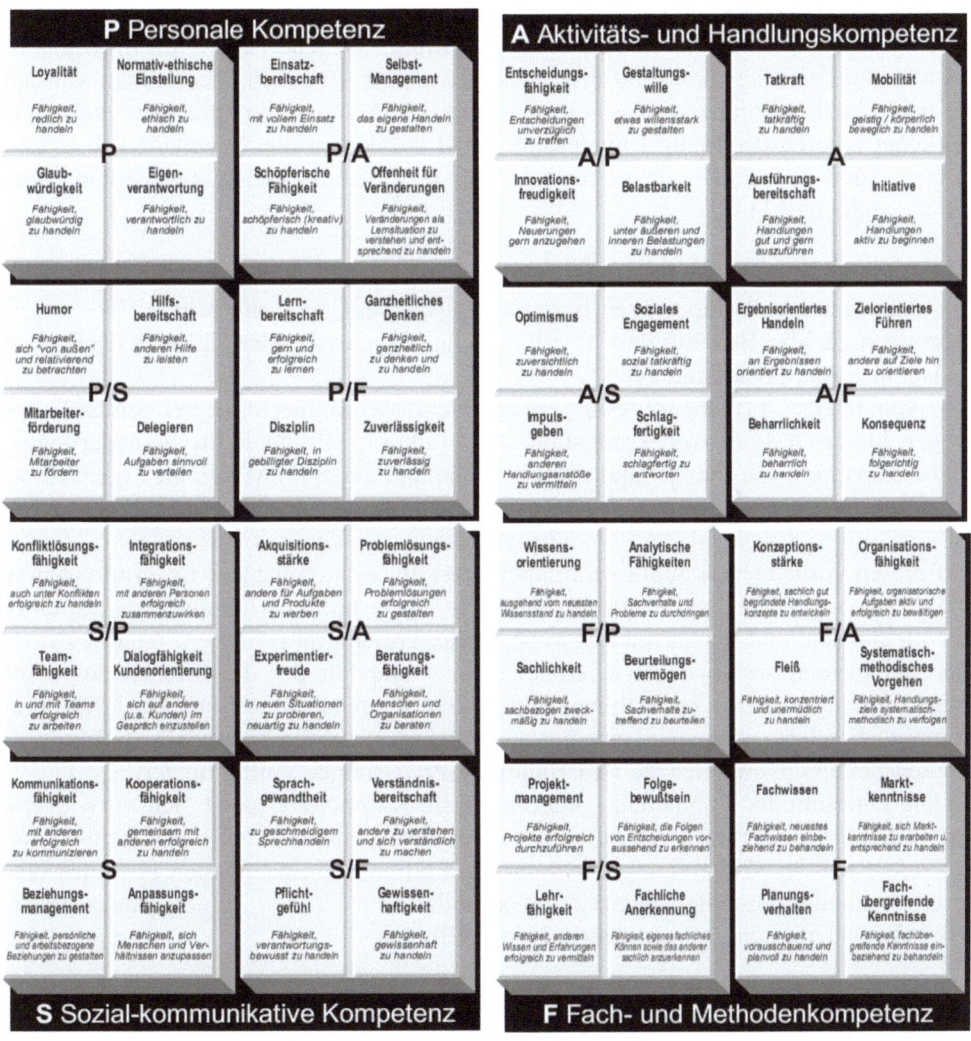

In einer mündlichen Pilotbefragung von 21 direkt mit Flüchtlingen arbeitenden Personen[2] wie ehrenamtlichen Betreuer/innen, Mitwirkenden in Integrationskursen, Ärzten und Sozialarbeitern stand die Frage nach den besonders ausgeprägten und feststellbaren Schlüsselkompetenzen bei Erwachsenen (21–38 Jahre) und Jugendlichen (14–20) aus Syrien, dem Irak und aus Afghanistan im Vordergrund. Vorgegeben waren der Kompetenzatlas für Erwachsene und der Kompetenzatlas für Jugendliche – beide mit Definitionen und deutschen Identifikationsmerkmalen (siehe Anhang dieses Buchabschnitts). Die Befragten sollten ihre persönlichen Erfahrungen bei der Begegnung mit Personen dieser Altersgruppe kennzeichnen – und nicht ihre Wunschbilder. Ferner wurde Wert darauf gelegt, dass sich diese Erfahrungen auf den Zeitraum 2015/2016 bezogen.

Jede(r) Befragte erhielt beide Kompetenzatlanten mit den spezifischen Erläuterungen, und sie sollten die mehrheitlich beobachteten Schlüsselkompetenzen auf dem jeweiligen Kompetenzatlas ankreuzen. Dabei sollte sich jede Person auf maximal 16 Schlüsselkompetenzen konzentrieren, also fokussiert vorgehen. Schließlich wurden die individuellen Ergebnisse zusammengeführt. Die Schlüsselkompetenzen mit mehrheitlicher Übereinstimmung (mindestens 60%) wurden in die Atlanten (Abb. 2 und 3) übertragen. Bei den Erwachsenen waren es im Ergebnis 14 Kompetenzen und bei den Jugendlichen 11.

Beim Vergleich beider Gruppen verwundert es nicht, dass
- solche Schlüsselkompetenzen besonders ausgeprägt sind, die primäre Voraussetzungen für die Bewältigung überdurchschnittlich wirkender Veränderungen und Herausforderungen sind
- 7 von 14 bzw. 11 besonders ausgeprägte Schlüsselkompetenzen bei beiden Gruppen identisch sind: Anpassungsfähigkeit, Tatkraft, Offenheit für Veränderungen, Belastbarkeit, Lernbereitschaft, (körperliche und geistige) Mobilität, Eigenverantwortung.

Auf diesen vorhandenen Schlüsselkompetenzen gilt es aufzubauen. Integrationskurse und Betreuungsmaßnahmen müssen in hohem Maße proaktiv, herausfordernd, aktiv bestätigend sein und Rollenspiele, Fallbeispiele, Projektgruppenarbeit, Interviews mit Integrationsverantwortlichen u.a. einbeziehen – und mit den Traditionen des deutschen Bildungssystems im Rahmen einseitigen Wissenserwerbs und des „Bulimie-Lernens" brechen, sonst wird an diesen Gruppen mit ihren besonders stark ausgeprägten Schlüsselkompetenzen und Handlungserwartungen vorbei doziert.

Die Querschnitts-Kompetenz „Interkulturelle Kompetenz" setzt sich vorwiegend aus 14 Schlüsselkompetenzen[3] zusammen und wird in interkulturellen Trainings, insbesondere bei der Vorbereitung von Führungskräften und Spezialisten für einen längeren Auslandsaufenthalt eingesetzt – verbunden mit der Vermittlung landesspezifischer Besonderheiten und speziellen Protokollfragen.

---

2 Noch nicht veröffentlicht; mündliche Befragungen im Zeitraum Mai bis Juli 2016 / Heyse.
3 Nicht veröffentlichte Delphi-Befragung von 12 Expert/innen: Kulturwissenschaftler/innen, erfahrene Expats, Fachwissenschaftler/innen, Coaches: Heyse/Erpenbeck/Ortmann, 2010.

Abb. 2: Kompetenzatlas der erwachsenen Flüchtlinge

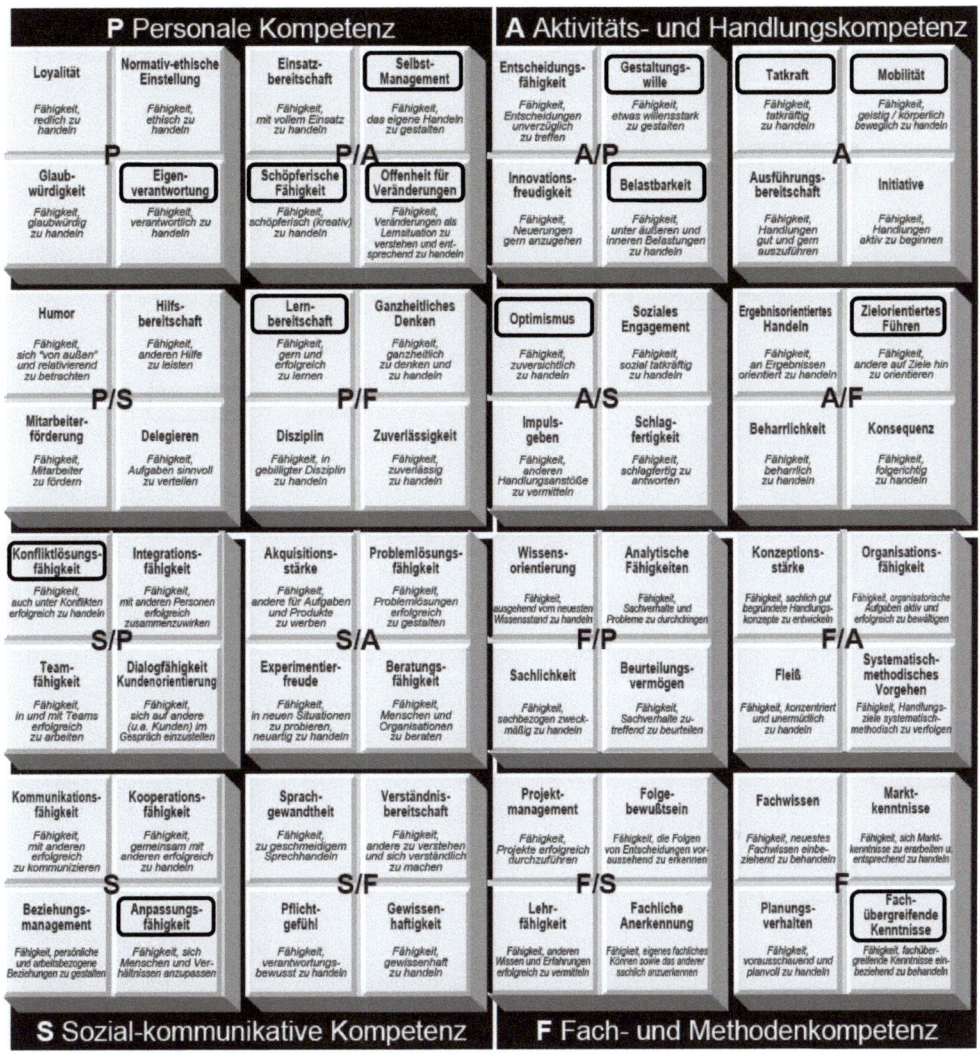

Abb. 3: Kompetenzatlas für jugendliche Flüchtlinge

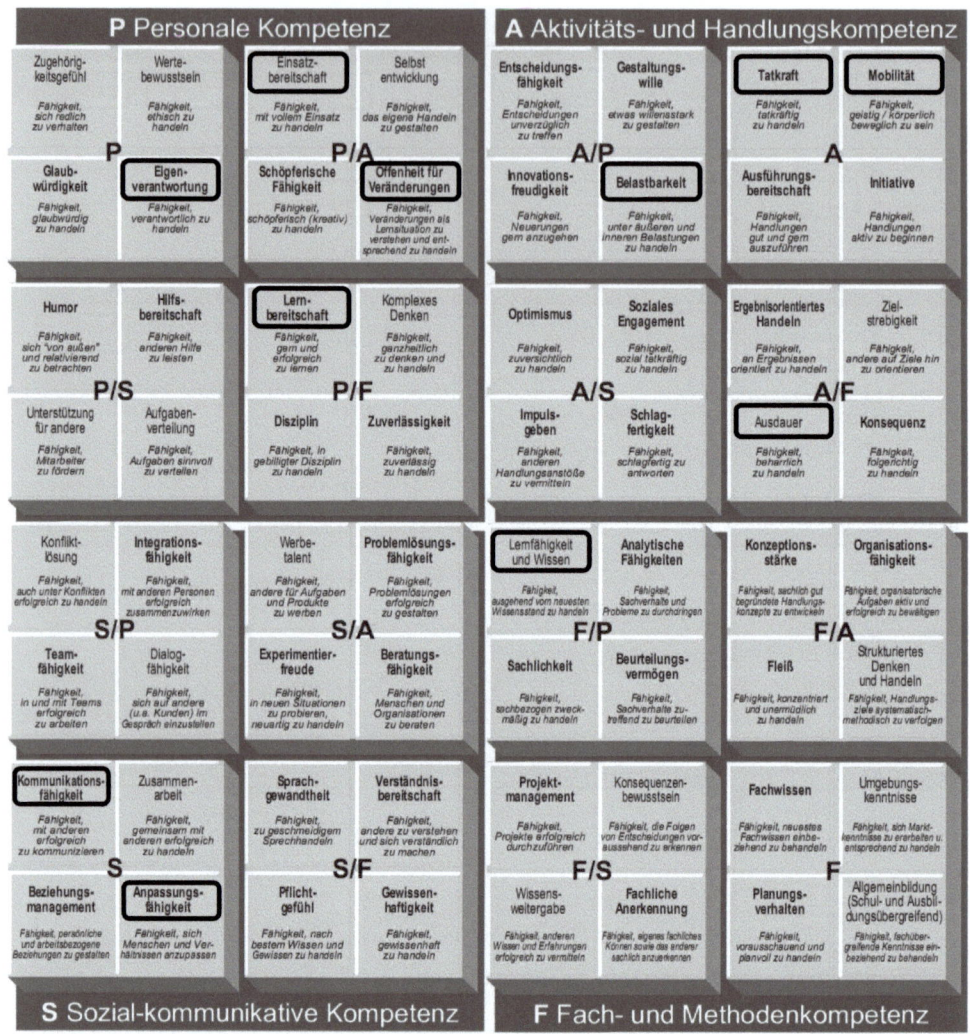

Tab. 1: Vergleich Soll-Profil und Kompetenzatlanten erwachsener/jugendlicher Flüchtlinge

Nr.	Kompetenzatlas (**Erwachsene**)	Kompetenzatlas (**Jugendliche**)	Querschnittskompetenz: *Interkulturelle Kompetenz* (Vergleich)
1	Schöpferische Fähigkeit (inkl. *Improvisationsfähigkeit*)	Ausdauer	Glaubwürdigkeit
2	Anpassungsfähigkeit	Anpassungsfähigkeit	Anpassungsfähigkeit
3	Tatkraft	Tatkraft	Beziehungsmanagement
4	Gestaltungswille	Kommunikationsfähigkeit	Kommunikationsfähigkeit
5	Offenheit für Veränderungen	Offenheit für Veränderungen	Offenheit für Veränderungen
6	Belastbarkeit	Belastbarkeit	Belastbarkeit
7	Konfliktlösungsfähigkeit	Einsatzbereitschaft	Konfliktlösungsfähigkeit
8	Lernbereitschaft	Lernbereitschaft	Lernbereitschaft
9	Mobilität	Mobilität	Mobilität
10	Eigenverantwortung	Eigenverantwortung	Folgebewusstsein
11	Zielorientiertes Handel (Zielbeharrlichkeit)	Lernfähigkeit und Wissen	Integrationsfähigkeit
12	Selbstmanagement		Kooperationsfähigkeit
13	Optimismus		Verständigungsbereitschaft
14			Hilfsbereitschaft

In Tabelle 1 wird der Vergleich der 14 Schlüsselkompetenzen der Querschnitts-Kompetenz „Interkulturelle Kompetenz" mit den bei erwachsenen Flüchtlingen beobachteten 14 und bei den jugendlichen Flüchtlingen vorgefundenen 11 durchgeführt. Auch hierbei gibt es Übereinstimmungen bei der Hälfte der Kompetenzen: Anpassungsfähigkeit, Kommunikationsfähigkeit, Offenheit für Veränderungen, Belastbarkeit, Konfliktlösungsfähigkeit, Lernbereitschaft, Mobilität.

Im Sinne der kulturellen Prägungs- und Interessenvergleiche zwischen den Deutschen und den Flüchtlingen und Migranten ist es notwendig,

- auf den Gemeinsamkeiten aufzubauen und einen für beide Seiten kulturell-inhaltlichen Ausgangskonsens herzustellen,
- die Unterschiede sachlich zu thematisieren, kulturelle Unterschiede zu verstehen und zu akzeptieren sowie auf der Ebene grundsätzlicher (kritischer) Akzeptanz Normen des Zusammenlebens zu formulieren,
- voneinander zu lernen!

Abb. 4: Gemischter Integrationskurs in Chemnitz (Bildungsinstitut Pscherer: bip aktuell 2/16)

Während Wissen und Fähigkeiten (deutsche Sprache, Grundgesetz, Rechte und Pflichten in Deutschland, bundeslandspezifische Werte und Besonderheiten, Foren des Zusammenlebens in der Gesellschaft, Religionen auf deutschen Boden ...; Fertigkeiten des Briefe- und Mail-Schreibens, Formulare richtig ausfüllen, Bewerbungen schreiben, Telefonieren ...) sehr umfassend vermittelt und geübt werden, gilt es für die beschriebenen Flüchtlingsgruppen vor allem, aktive, handlungsorientierte Schlüsselkompetenzen zu stärken und auf ihnen aufzubauen. Methoden können Fallbeispiele mit unterschiedlichen Ausgängen sein – zum Beispiel bei der Asylantragstellung. Oder Rollenspiele: Wie verhalte ich mich unterschiedlichen deutschen Behördenangestellten gegenüber? Wie hätte ich es in meinem Heimatland getan? Wie gehe ich mit mir und meinen religiösen Werten widersprechenden Alltagsgeschehnissen um – zum Beispiel bezüglich der gesellschaftlichen Stellung von Mann und Frau, der Emanzipation oder gleichgeschlechtlicher Partnerschaft und Ehe? Wie erkläre ich das meinen Kindern, meiner Familie? Was heißt in diesem Zusammenhang „kritische Toleranz" gegenüber Andersdenkenden? Will und kann ich sie hier leben? Welchen Personen kann ich im Rahmen meiner Integrationsbemühungen begegnen? Welche alternativen, ergebnisorientierten Handlungsmöglichkeiten habe ich, und worin unterscheiden die sich zu meinen zu Hause gewohnten?

Wichtig sind im Rahmen der Kompetenzstärkung und des Kompetenzerwerbs vor allem viel Feedback und viele Übungssequenzen im und für den Alltag, das Aufsuchen und Erklären der kommunalen Infrastruktur, Begegnungen mit jungen und alten deutschen Menschen, der Umgang mit Vorurteilen und das Üben von Frustrationstoleranz.

Die Erarbeitung von Drehbüchern für solcherart lebendige, aktionsbetonte, letztendlich integrationsbeschleunigende Maßnahmen und Lehr-Lernmethoden in Einheit mit Sprach- und erweiterter Wissensvermittlung ist ein ausgesprochen wichtiger *kreativer Akt* und muss kommunal und staatlich besonders gefördert werden.

Zudem bringt ein solcher „**Arbeitsplatz Mensch. Integration durch Leben**" auch vielseitige Lern- und Erfolgserlebnisse für die deutschen Akteure mit sich.

Abb. 5: Mit Spaß und Neugier lernen

(Bild: Robert Kneschke, Fotolia)

Grundsätzliche Überlegungen zur Bestätigung und Stärkung der vorhandenen Schlüsselkompetenzen und zur Nutzung dieser für das integrierende Lernen gehen von der Tatsache aus, dass überfachliche Kompetenzen kein Fachwissen sind, sondern sie ermöglichen erst die erforderliche Anwendung von Wissen und Fertigkeiten in konkreten Anforderungssituationen. Und: Kompetenzbestärkung und -entwicklung benötigen eine emotionale Färbung, ein emotionales Durchwirken des Wissens. Wenn die Lernenden nicht erkennen, dass sie ihre Einstellungen und Handlungsweisen neuen Herausforderungen gemäß verändern und erweitern müssen, wenn demgemäß nicht emotional labilisiert wird, bleiben Interventionen im Rahmen der Wissensvermittlung wirkungslos. Bei den Lernenden, in unserem Fall den Flüchtlingen, müssen Neugier und Begeisterung für Neues, Bewunderung der Lehrenden, Trainer/innen und Betreuer/innen sowie ein Auseinandersetzungsinteresse für neue Werte, Normen und Herausforderungen gestärkt werden – und es muss ein reges individuelles Feedback in der Echtzeit des Lebens durch Mitlernende und durch die Integrationskurs-Verantwortlichen erfolgen (vgl. auch: Schulvergleiche in Deutschland und Neuseeland. In: Heyse, 2015).

Aus der Tatsache, dass es keine überfachlichen Kompetenzen ohne (Fach-)Wissen und ohne Qualifikationen gibt, darf keineswegs gefolgert werden, dass die Weitergabe von Wissen sowie die Qualifizierung schon „automatisch" zu Fachkompetenzen führt. Im Gegenteil, es sollte stets von der *Einheit* von a) Wissen im engeren Sinne und Fertigkeiten, von b) Qualifikationen *und* c) von überfachlichen Kompetenzen und handlungsleitenden Werten ausgegangen werden – und das bei den anstehenden Integrationsbemühungen in besonders bewusstem Maße.

Im deutschsprachigen Raum wird im Bildungswesen immer noch (oder wieder) gegen diese Tatsache verstoßen, indem das Alltagsverständnis der Bildung diese Einheit vernachlässigt und sie fast ausschließlich auf „Wissen plus Qualifikation" stutzt – siehe Abb. 4.

Abb. 6: Bildung als dialektische Einheit vs. Simplifizierung

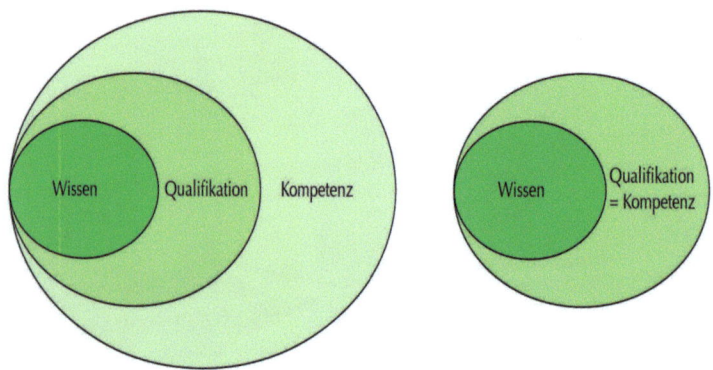

Im Rahmen moderner pädagogischer und psychologischer Zugänge – insbesondere der Ermöglichungsdidaktik (Arnold/Pätzold, 2004), der Aneignungsdidaktik (Klement, 2006) und einer Didaktik der Kompetenzentwicklungsanregungen (Heyse/Erpenbeck, 2009) in der Aus-, Weiter- und Fortbildung und deren reales Vorleben und Erleben sind vor allem folgende Förderungen zur Entwicklung von Handlungsfähigkeiten in einem „noch fremden gesellschaftlichen Raum" erforderlich:

- Selbstentfaltung, Selbstmotivation, breite Möglichkeiten des Selbstlernens und Erprobens
- Erkennen und Ermöglichen des Vorhandenseins im Handeln („Learning by doing" mit ermutigendem Feedback, „Learning on the Job" oder im Ehrenamt, in sinnvollen Freizeitgruppen)
- Emotionsregulierende Handlungsfähigkeiten: Selbstberuhigungsfähigkeiten für schwierige Anforderungssituationen und Misserfolge – auch Vorbeugung bezüglich neuer Traumata bzw. des Wiederaufflammens behandelter Traumata
- Neugier, Spaß und Erkenntnisfreude für Themen und Problemlösungen, „gefühlte Leistungsmotivation" gegenüber *selbst* gestellten Anforderungen – und beständiges Feedback.

Bekräftigung und Entwicklung von Schlüsselkompetenzen hängen maßgeblich von der Beziehungsqualität zwischen Lehrenden und Betreuenden sowie Lernenden und Erprobungsumgebung (insbesondere dem Lern-Team) ab. Dabei steht für die Interaktionspartner die gegenseitige Mitteilung ihrer Befindlichkeit im Vordergrund. Die Lern- und Erprobungsumgebung kann nachhaltig durch Mentor/inn/en und Paten (unterstützende Familien, Kirche, Sportvereine, pensionierte Betreuer/innen aus unterschiedlichen Berufsgruppen, ehrenamtliche Betreuer/innen u.v.a.m.) oder Angebote wie sogenannte „Asylotheken" in Bibliotheken (wie im Erzbistum Bamberg) individualisiert und verstärkt werden.

Integration ist Teamarbeit unterschiedlichster Personen und Organisationen. Die verschiedenen Akteure sollten vernetzt wirken, ihre Angebote abstimmen und die Resultate miteinander lernend auswerten. Eine derartige Teamarbeit bedingt eine Kultur des Vertrauens, der gegenseitigen Akzeptanz und des Voneinander-Lernens.

Besonders wichtig und anspruchsvoll ist das Lernen im Prozess der Arbeit mit wichtigen Rückmeldungen seitens der Führungskraft und des Arbeitsteams. Es gilt gewissermaßen als Zentrum der Kompetenzentwicklung. Entscheidend ist außerdem das Interiorisieren von (neuen) Werten bzw. die Weitung des eigenen Wertebewusstseins. Am nachhaltigsten wird das bei Mentor/inn/en und Integrationsbegleiter/inne/n aus dem gleichen Kulturkreis sein, die gewissermaßen *personifizierte Brücken* zwischen unterschiedlichen Kultur- und Sprachufern sind und sich als geduldige, erfahrene und authentische **„Integrations-Coaches"** erweisen. Dazu sei in diesem Zusammenhang auch auf das Beispiel der US-amerikanischen Sonderquoten in den 1960er Jahren für deutsche Einwanderer mit einer Theologieausbildung verwiesen (siehe Abschnitt 1).

Beispielhafte aktuelle Belege für authentische „Integrations-Coaches" gibt es zunehmend. So interviewte Voss (2016) den im Jahre 2011 aus dem Iran eingereisten *Reza Gamsavar*, der mit hohem selbstmotiviertem Engagement autodidaktisch Deutsch gelernt hat und sich heute ehrenamtlich als Deutschlehrer für Asylanten einsetzt. Voss hebt hervor: „Freiwillige übernehmen staatliche Aufgaben, und mit ihrer zunehmenden Professionalisierung verstetigt sich das Ehrenamt". Im Interview wurde Reza Gamsavar nach seiner Rolle als Mittler zwischen den Kulturen befragt. Im Folgenden können einige Interviewzitate (Deutschlandradio, 2016) unser Bild von notwendigen „Integrations-Coaches" belegen – hier zugespitzt auf einen Berliner „Flüchtlingskurs[4]":

- *„Für sie[5] bin ich nicht der blauäugige Deutsche. Für sie bin ich einer von denen. Sie erkennen, dass ich die deutsche Kultur internalisiert habe zum großen Teil. Und sie erkennen, dass ich auch aus ihrer Kultur sehr viel weiß, weil ich einfach aus der Kultur komme. Ich bin ein Unterhalter in meinen Kursen. Wenn jemand ein bisschen schlampig ist, dann schrei' ich: ‚Hey, Arab! Hey Arab! So machen wir das nicht, du bist hier in Deutschland, so geht das nicht!' Und das darf ich, weil ich selbst kein Deutscher bin".*

---

4 „Flüchtlingskurse" werden aus Landesmitteln bezahlt und es können unterschiedslos alle Flüchtlinge diese Kurse besuchen. Sie sind kürzer als andere Kurse und enden mit einer A2-Prüfung.

5 Die Geflüchteten (Anm. der Autoren).

- *„Sie sprechen in meinen Kursen hier sehr wenig Deutsch, leider, viel zu wenig Deutsch, um Wörter wie ‚Menschenrechte' oder ‚die Würde des Menschen' überhaupt vermitteln zu können. Aber für sie war das schon ziemlich interessant, als ich gesagt hab', dass Menschen – so mit meinen Händen, so eine Gleichheit habe ich den Leuten gezeigt – dass wir alle gleich sind, egal ob du schwarz bist, aus Kenia kommst oder aus Indonesien oder aus dem Iran oder aus dem Irak, aus Syrien. In Deutschland sind wir alle gleich. Und das ist das, was Deutschland ausmacht. Ich benutze die Merkel sehr oft als Beispiel, sie wird als ganz normaler Mensch behandelt. Sie muss ihre Steuern bezahlen, wenn sie im Bus ist, muss sie eine Fahrkarte haben. Vermutlich. Und wenn sie in der U-Bahn ohne Fahrkarte erwischt wird, dann muss sie auch ihre Strafe bezahlen. Dann darf sie weiterfahren."*

Wertevermittlung sollte – und kann, wie hier demonstriert wird – auf den Alltag bezogen, nachvollziehbar, verständlich und praktisch anwendbar von einer authentischen Person erfolgen – einer Person, mit der sich die Lernenden identifizieren können und demonstrierte Werte zu eigenen, emotional verankerten interiorisieren können. Die dafür erforderliche Sensibilität und Geduld demonstriert Reza Gamsavar mit wenigen Worten:

> *„Eines Tages saß ich hier im Deutschkurs, und da kam ein 17-jähriges Mädchen ganz schüchtern rein. Ein Mädel aus Buch, direkt hier aus der Nähe. Ja, ich bin Melanie, ich würde euch gerne helfen. Dachte ich mir, wow, geht doch, super, wir freuen uns. Das war eine großartige Erfahrung. Der Baum, der fällt, macht Krach. Der Wald wächst leise."*

Abb. 6: Francois-Marie Arouet alias Voltaire, zitiert von Nurkan Erpulat („Verrücktes Blut!" – Akademietheater Regensburg)

3. Deutschland braucht eine Vision

Deutschland braucht eine Vision für erfolgreiche Flüchtlingsintegration, eine deutsche Vision als konkreten Teil einer europäischen.

Dazu müssen die vereinzelt benannten und verstreut liegenden einzelnen Botschaften und Werte zusammengetragen und „gelebt" werden – täglich. Und diese sind insbesondere:

- Die Würde des Menschen ist unantastbar.
- Wer im Krieg vertrieben wird, hat ein Recht auf Hilfe und auf Asyl in Europa.
- Eine Diskriminierung wegen der Zugehörigkeit zu einer anderen Rasse, Religion, Kultur ist inakzeptabel.
- Deutschland *ist* Meinungsvielfalt und Meinungsfreiheit!
- Deutschland (und damit jedes einzelne Bundesland) ist und bleibt eine offene Gesellschaft. Sie ist durch Solidarität mit Flüchtlingen und durch Offenheit für das Neue gekennzeichnet.
- Deutschlands Öffnung bringt uns langfristig neue Chancen im eigenen Land und eine historisch wichtige politisch-soziale Vorbildfunktion (viele zwischenzeitlich persönlich, fachlich und wirtschaftlich gestärkte Asylsuchende gehen später in ihre Heimatländer zurück und sind dort wichtige Kompetenzträger für den Wiederaufbau der Gesellschaft und der Infrastruktur). Bei erfolgreicher Bewältigung der enormen Anstrengungen wird der Mehrwert für die Menschen auch ein größeres Maß an gegenseitiger Empathie, Achtsamkeit, gegenseitiger Hilfsbereitschaft und Gemeinsinn sein.
- Deutschland gilt als Gestalter von Möglichkeiten für die anderen europäischen Länder bei der Integration (Lernen über Erfolge und Misserfolge Deutschlands) und als Anreger für das innereuropäische Zusammenwirken der EU-Staaten.

Diese am Jetzt und an der Zukunft orientierte Vision Deutschlands muss von vielen Menschen wie unmittelbar Helfenden, Wissenschaftlern, Intellektuellen aller Art, von Pfarrern/Priestern, Journalisten, Politikern, Lehrern, Entscheidungsträgern in Politik und Wirtschaft und in Non-Profit-Organisationen sowie durch unterstützende ausländische Kommentatoren immer wieder öffentlich vertreten werden. Viele Beispiele aus dem Transformationsprozess heraus verstärken den Optimismus („Es ist neu, schwierig, aber spannend. Wir kriegen das in den Griff"). Die Integration von Flüchtlingen wird zum Dauerthema – egal mit welchen Begrenzungen bei der Aufnahme.

Deshalb muss den Menschen geholfen werden, die damit einhergehenden Entwicklungen als Chance und innovative Herausforderung anzunehmen. Das Philosophie Magazin Nr. 02/2016 lässt unter dem Titel „Was tun? Die Ankunft von einer Million Flüchtlinge zwingt Deutschland, sich neu zu erfinden" 27 Philosophen, Soziologen, Bioethiker, Philologen und weitere Wissenschaftler des In- und Auslands dazu Stellung nehmen. Hier ist ein brillant zusammengesetzter Expertenkreis befragt worden. Aber außerhalb des kleinen Kreises der Bezieher dieser Zeitschrift bleiben diese (auch die Vision Deutschlands tangierenden) Ideen in der Öffentlichkeit unbekannt.

Neben Ideen und positiven (Bewältigungs-)Erfahrungen müssen natürlich auch Probleme und negative Beispiele öffentlich diskutiert werden; die Bevölkerung ist reifer als viele Politiker es unterstellen oder selektiv wahrnehmen. Nur, die Presse hat die Verantwortung, bei solchen Darstellungen auch immer die Frage zu stellen: „Wenn es so nicht ging oder geht, *wie anders könnte es gehen?*".

3.1 Vielfältige Stufen und Schritte zu einer intelligenten und kompetenten Integration

„Die Flüchtlinge" – das ist keine homogene Gruppe. Bei 650.000 Erwachsenen gibt es 650.000 Individuen, die als solche wahrgenommen und angenommen werden wollen. Insofern kann man sich zum Beispiel nicht mit der Einschätzung begnügen: „Herr X aus Syrien war dort anscheinend Automechaniker in einer zivilen Werkstatt. Welch eine Ahnung hat er jedoch mit Hightech-Fahrzeugen wie zum Beispiel dem Audi A7?" Hier könnte jedoch eine vorteilhafte Erfahrung von Herrn X gerade im Improvisieren bei gebrauchten Fahrzeugen oder bei der Herstellung von Ersatzteilen sein … Man denke an die vielen US-amerikanischen Limousinen aus den 1950er Jahren, die heute noch in Kuba ohne Ersatzteilimporte fahren und die auf die Improvisationskünste und reichhaltigen handwerklichen Erfahrungen der Kubaner hinweisen.

Wichtiger denn je ist es, nicht nur die beruflichen Nachweise zu erfragen und Zeugnisse zu vergleichen, sondern auch zu erfassen, welche überfachlichen Kompetenzen (Schlüsselkompetenzen) die Personen haben und wohin sie beruflich gelenkt und wie sie anerkannt werden können. So gibt es auf der Welt auch sehr viele Analphabeten, die hervorragende Kraftfahrer, bekannte Künstler (Musiker, Bildhauer, Maler …), Steuermänner auf Touristikschiffen auf dem viel befahrenen Nil, Teppichweber, Kinder- und Altenbetreuer u.v.a.m. sind. Schätzungen zufolge sind rund 775 Millionen Menschen auf der Welt Analphabeten. Und „deutsches Naserümpfen" ist völlig unangebracht; es betrifft auch dieses Land in auffallendem Maße[6]. Betreffs des notwendigen Transformationslernens müssen wir umdenken und auch die sogenannten leisen oder unsichtbaren Signale erkennen und nutzen.

---

6 Das BMBF teilt mit: „Rund 7,5 Millionen Menschen in Deutschland sind sogenannte *funktionale Analphabeten*. Sie können zwar einzelne Sätze lesen oder schreiben, nicht jedoch zusammenhängende, auch kürzere Texte wie zum Beispiel eine schriftliche Arbeitsanweisung verstehen. Für etwa 14 Prozent der erwerbsfähigen Deutschen trifft das zu. Das hat die Studie „Level-One Survey (leo)" der Universität Hamburg im Jahr 2011 gezeigt. 2,3 Millionen Menschen zwischen 18 und 64 Jahren gelten der Studie zufolge als *vollständige Analphabeten*. Sie können ihren Namen und einzelne Worte schreiben. Ganze Sätze aber können sie weder lesen noch verstehen. Die Teilhabe am gesellschaftlichen Leben ist für sie besonders schwierig. Aus Angst und Scham, sich als Analphabeten offenbaren zu müssen, trauen sich nur wenige, aktiv Hilfe zu suchen" *Diese Statistik stammt also aus dem Jahr 2011 – weit vor der großen Flüchtlingswelle 2015/16.*

Was ist dringend erforderlich?

(1) *Wertschätzung und Unterstützung der Migranten*

Migranten müssen viel Qualifikation und Förderung (auch ihrer überfachlichen Kompetenzen!) erfahren, um als Arbeitnehmer/innen in unserer modernen Volkswirtschaft geeignet und begehrt zu sein. Wir dürfen sie nicht vorwiegend auf Hilfsjobs orientieren. Unternehmen (große, mittlere, kleine), die Migranten als Arbeitnehmer, als Praktikanten oder Lehrlinge aufnehmen, müssen besonders unterstützt werden.

Es müssen neue Tätigkeiten (für Migranten, aber auch für viele deutsche Jugendliche, die durch das gesellschaftliche Bildungsraster gefallen sind) gefunden werden, die die Migranten beruflich integrieren und berufsbegleitend schulisch (Analphabeten) und sprachlich-kulturell fit machen. Integrations- und Lernwillige müssen gefördert werden und die einzusetzenden Mittel müssen zuallererst als gesellschaftliche oder kommunale *Investition* und nicht vor allem als Kosten begriffen werden.

Soll Integration nicht eine leere Worthülse bleiben, muss breiter gedacht und gehandelt werden: Die Menschen, die nach Deutschland kommen, müssen als *Teil der Gesellschaft* wahrgenommen werden, und darauf muss gezielt hingearbeitet werden (Anton, 2016). Italiener, Türken, Vietnamesen, Kubaner, die in den vergangenen Jahrzehnten nachkamen, wurden letztlich nur als „Variablen einer Kosten-Nutzen-Rechnung" (Anton, 2016) betrachtet. Von gesellschaftlicher Integration, die kulturelle Assimilation und gesellschaftliche Teilhabe einschließen soll, war kaum etwas zu spüren. Und so entwickelten sich auch kulturelle Parallelwelten.

Andererseits müssen Integrations- und Lernunwillige negativ sanktioniert werden und zum Erlernen der Sprache und einer beruflichen Qualifizierung mehr oder weniger gezwungen werden.

Auf jeden Fall müssen Flüchtlinge so schnell wie möglich beruflich integriert werden. Schon allein das bedeutet für die Gesellschaft eine enorme Dynamisierung und Verabschiedung von vielen alt-bürokratischen Strukturen, Abläufen und Bewertungen.

(2) *Migranten und Flüchtlinge als Menschen sowie als eingewanderte Job-Motoren wahr- und ernstnehmen*

Besonders wichtig ist es, die Bereiche Handwerk, Gesundheits- und Pflegewesen, Baugewerbe sowie diverse Dienstleistungsbereiche mit Migranten zu bereichern. Es kann ferner im Sinne des „Learning by doing"-Tätigkeiten in aufzubauenden Flüchtlingswerkstätten, Flüchtlingsselbsthilfegruppen, aber auch in neuen Kleinunternehmen mit ausländischen Entrepeneurs geben. Das kann auch ländliche Kommunen bereichern, die Verbindung zur einheimischen Bevölkerung verdichten und das Voneinander-Lernen unterstützten. Lernen im sozialen Umfeld, flankiert durch Kommune, Kirche, Schule, Sportverein usw. muss großgeschrieben werden.

Besonderes Augenmerk ist auf die Unterstützung von Existenzgründer/inne/n aus der großen Gruppe der Migranten und Flüchtlinge zu lenken. Eine aktuelle Studie der Bertelsmann-Stiftung (2016) belegt: Wer auswandert, hat mehr Mut und will aktiv etwas schaffen. Letzteres bezieht sich auf die eigene Existenzsicherung, jedoch auch auf die zuverlässige materielle Unterstützung der Familien im jeweiligen Heimatland. Das sind starke Triebfedern. Während die Gründer-Willigkeit in Deutschland in Zeiten guter Konjunktur zurückgeht, wagen Migranten deutlich häufiger den Sprung in die Selbstständigkeit und schaffen oft auch überdurchschnittlich viele neue Arbeitsplätze. Im Jahr 2014 gab es 709.000 selbstständige Unternehmer/innen mit einer Zuwanderungsgeschichte – *ein Viertel mehr* als 2005. Ein deutlicher Anstieg von Arbeitsplätzen um 36 Prozent im gleichen Zeitraum führte zu *1,3 Millionen neuen Stellen*[7]. Und diese Entwicklung setzt sich fort. Zugute kommt vielen Zuwanderinnen und Zuwanderern, dass es in den Herkunftsländern wenige Industrie-Arbeitsplätze gibt, dafür überwiegend Selbstständige. Und: Es ist für solche Personen nach wie vor schwierig, in Deutschland Festanstellungen zu erhalten. Insofern sind viele „Notgründungen" das Tor zum Arbeitsmarkt – und die Selbstständigkeit ist zugleich Treiber für höhere Einkommen. Die Start-up-Firmen finden sich in den verschiedensten Branchen wieder: von Reinigungsfirmen über Werbefirmen bis zum Software-Start-up zur Optimierung von Supermarktbeständen (Dame, 2016), und die Anzahl Selbstständiger im produzierenden Sektor nimmt zu.

Es müssen künftig mehr passgenaue und umfassendere Beratungsangebote seitens Staat, Kammern, Kommunen und Verbänden zur Verfügung stehen und die Zusammenarbeit mit der Wirtschaft verbessert werden, um Unternehmer/innen mit Zuwanderungshintergrund zu unterstützen.

(3) Schaffung einer großen Gruppe von „Integrations-Coaches" als Brücke zwischen den verschiedenen Kulturen

Dringend erforderlich ist eine *gezielte Schnellausbildung* von Migranten mit akademischen Abschlüssen zu Migranten-Berater/innen und „Integrations-Coaches" in der Heimatsprache – sprachlich, kulturell, sozialpädagogisch, allgemein-juristisch. Diese Personen sollten nach spätestens einem halben Jahr Vorbereitung (mit tätigkeitsbegleitender Weiterbildung) in kommunalen Flüchtlingszentren und Wohngebieten mit Flüchtlingswohnungen eingesetzt werden und sind eine sehr wichtige kulturellmenschliche Brücke zur Erleichterung der Integration. Zugleich werden sie zu wichtigen Signalgeber bei Missverständnissen, sozialen und auch kriminellen Problemen und als Verdichter von Verbesserungsvorschlägen. Solche außerordentlich wichtigen Personen müssen für diese anspruchsvolle und gesellschaftlich unabdingbare Arbeit sehr gut entlohnt und damit auch in ihrer Verantwortung gefordert und bestätigt werden. Eine nennenswerte Anzahl mehrsprachlicher Flüchtlinge mit akademischen Berufen, die in Deutschland nicht anerkannt werden (Rechtsanwälte, Ärzte, Lehrer/innen etc. aus Syrien, dem Irak, Iran, aus Afghanistan und Eritrea), die jedoch über ausgeprägte überfachliche Kompetenzen vor allem in den Kompetenzgruppen „Personale" sowie „Sozial-kommunikative Kompetenzen" verfügen, sind dafür als besonders geeignet anzunehmen.

---

7 Wir sprechen vom „starken deutschen Mittelstand". Bei mehr als 1,3 Mio. neuen Stellen durch Selbstständige mit Zuwanderungshintergrund müsste es streng genommen lauten: „... starker *deutsch*-türkisch-arabisch-westeuropäisch-(südost-)osteuropäisch-russischer Mittelstand in Deutschland". Das demonstriert, wie hoch schon das kaum öffentlich gewürdigte Produktivitätspotenzial, die „internationale Blutzufuhr", allein im Mittelstand ist – und welche Chancen in der Integration zugewanderter Personen der Jahre 2015–16 zu vermuten ist.

Vorsichtigen Schätzungen zufolge ist 2016/17 an ca. 1.200 solcher Mittler zu denken – neben den arabischen, türkischen und nordafrikanischen Sozialarbeitern, die es in Großstädten schon gibt. Letztere sollten auf jeden Fall bei der Ausbildung und für den Erfahrungsaustausch vor Ort eingesetzt werden.

(4)   *Eine Bildungsoffensive ist dringend notwendig*

Ohne gezielte und differenzierte Unterstützungsmaßnahmen bleiben weit mehr als die Hälfte der Flüchtlinge unter ihren Möglichkeiten und es werden Ärger und Unruhe geschürt. Die Gesellschaft hat es seit 40 Jahren versäumt, auf die verschiedensten Migrationsströme (Türken, Russlanddeutsche, Kinder aus dem ehemaligen Jugoslawien, Syrien, Afghanistan) im Sinne einer Flexibilisierung und Anpassung unseres Bildungssystems zu reagieren. Nun dürfen die alten Versäumnisse nicht wiederholt werden. Die politisch schmale Orientierung auf den Spracherwerb der ausländischen Kinder und Jugendlichen wird den Integrationsanforderungen nicht gerecht. Stattdessen müssen sie erst sozial und kulturell ankommen und neugierig auf das neue Leben im neuen Umfeld werden, bevor sie die deutsche Sprache erlernen. Am besten ist es natürlich, wenn beides Hand in Hand geht. Dazu fehlen jedoch die Konzepte – und die voll beschäftigten kompetenten Vermittler („Integrations-Coaches").

(5)   *Konsequente Abwehr von Kräften, die die Integration verhindern wollen*

Andererseits muss konzertiert in und abgestimmt zwischen den Bundesländern gegen die Radikalisierung gewaltbereiter Gruppierungen vorgegangen werden, die die notwendigen Integrationsprozesse in Deutschland unterlaufen wollen. In Deutschland stieg die Zahl gewaltbereiter Salafisten, die der ultrakonservativen Richtung des Islam angehören, in den zurückliegenden vier Jahren von 410 auf immerhin rund 770. Die Anzahl der Anwerbe-Versuche in Flüchtlingsunterkünften nimmt nachweisbar zu.

Offenen Auges beschloss das bayerische Kabinett bereits im Sommer 2015 ein „Präventions- und De-Radikalisierungs-Netzwerk gegen Salafismus", einschließlich Ausstiegshilfen für IS-Rückkehrer. Ein umfangreiches Maßnahmenpaket kündigten die vier Staatsminister für Inneres, Justiz, Soziales und Kultus kurz nach den islamistischen Anschlägen von Paris im November 2015 an. Die Augen sind mittlerweile offenbar wieder geschlossen, und die angekündigte zentrale Beratungsstelle existiert bis heute nicht …

Eine andere, und **zwar finstere deutsche Seite** wurde in den zurückliegenden Monaten (2015/16) sichtbar: die (geschürte und politisch instrumentalisierte) „Angst vor Flüchtlingen, brennende Heime, sexuelle Übergriffe" (Jörges, 2016) und Herabsetzung der Hinzukommenden als Gruppe in ihrer Menschenwürde. Die Situation ist vergleiachbar mit den Jahren 1989/1990. Auch damals kamen Menschen aus einem „fremden, beängstigenden Kulturkreis" (aus der DDR) in die Bundesrepublik. Das waren keine Syrer, sondern Deutsche trafen auf Deutsche. 1989 kamen 343.854 Migranten, 1990 weit mehr. Jörges (2016) recherchierte in damaligen Spiegel-Ausgaben und Zeitungen und berichtet:

„Die Massen ließen sich wohl nur noch in ‚Baracken-Ghettos am Rande der Großstädte' aufnehmen, wurde der Sozialdezernent des Deutschen Städtetages zitiert. In den Auffangquartieren – ‚alten Schiffen, Turnhallen, Kasernen und Campinganhängern' – herrschten drangvolle Enge, ‚Lagerkoller und Depression'. Die anfängliche Willkommenskultur ging rasant zu Bruch. In Hamburg zerfetzten Unbekannte an Plakaten, die Verständnis für die Staatenwechsler wecken sollten, bei dem Slogan ‚Offene Grenzen, offene Herzen' den Zusatz ‚Willkommen bei uns' mit Messern. In Essen sei eine Übersiedler-Familie auf der Straße als ‚DDR-Schweine' beschimpft worden. Auf Schulhöfen diskutierten Zweit- und Drittklässler, ob ‚DDRler' raus müssten aus Deutschland. Im Oktober 1989, vor dem Mauerfall, waren noch 63 Prozent der Westdeutschen mit ihrer Aufnahme einverstanden, im Januar 1990 nur noch 33 Prozent ... Und in Köln gab es damals schon bemerkenswerte Exzesse: ‚Städtische Bedienstete seien nachts überfallen und beraubt worden. Mitarbeiterinnen der Verwaltung würden sexuell belästigt'. Nicht durch Nordafrikaner.
Hennig Scherf, Senator in Bremen, fürchtete, dass wir bald Großstadtkriege wie in den USA haben'. Die Folge: In Nordrhein-Westfalen verhängten 64 Kommunen einen Aufnahmestopp. Bremen folgte. ‚Wir halten dieser Belastung nicht mehr stand' verkündete ein niedersächsischer Bürgermeister. ‚Hoffentlich wird die Mauer bald wieder dichtgemacht.‟

Zum Glück sprach er damals nicht – im Gegensatz zu heutigen Stimmen in den Medien – vom Schießbefehl an deutschen Grenzen oder der Verschiffung von Flüchtlingen auf geografisch ferne Inseln.[8] Anscheinend lernen Teile der Gesellschaft nichts aus nahen geschichtlichen Ereignissen, die schließlich erfolgreich bewältigt wurden. Nun gilt umso mehr, solchen destruktiven Vorurteilen und Handlungen auf allen gesellschaftlichen Ebenen konsequent zu begegnen – und nicht rückwärtsgewand zu verdrängen. Stattdessen ist darauf aufmerksam zu machen, dass Flüchtlinge und Migranten Deutschland von Grund auf zum Guten verändern: „Es wird jünger, klüger, lebendiger‟ (Jörges, 2015) – und zeitversetzt auch wohlhabender.

(6)   *Öffnung kommunaler und staatlicher Arbeitsstellen für Menschen mit einem Zuwanderungshintergrund*

In Deutschland gibt es viele Möglichkeiten – analog zum Wirken des Deutschlehrers Reza Gamsavar aus dem Iran – eines sinnvollen und beiden Seiten helfenden Einsatzes. Stellvertretend für viele Stellen seien einige genannt: In Freibädern gab es immer wieder Ärger mit Flüchtlingen. In verschiedenen Bädern wurden inzwischen Flüchtlinge angestellt wie Ayham Shalghin (Syrischer Flüchtling und Bademeister in Tübingen). Wo deutsche Bademeister bei Übergriffen scheiter(te)n, setzt er sich durch. Bei der zivilen Polizeistreife, im Strafvollzug[9] können interessierte und

---

8   Wie Himmler mit seinem Vorschlag, alle deutschen Juden nach Madagaskar zu verschiffen.
9   Wichtig wären (zeitweilige) Kompromisse auf beiden Seiten. Beispiel: In einer Berliner Strafvollzugseinrichtung sollte ein junger Mann mit Zuwanderungshintergrund (Syrer) eingestellt werden. Er entsprach in seinen schriftlichen und mündlichen Bewerbungen den Anforderungen. Allerdings wollte er den Freitag arbeitsbefreit zur persönlichen Verfügung haben, da das

sorgfältig ausgesuchte und umfassend (kompetenzbasiert) vorbereitete Personen mit Zuwanderungshintergrund sehr wichtige Aufgaben lösen. Hier – und auch bei Banken und Sparkassen – gilt es noch viele Barrieren zu überwinden, die auf Vorurteilen und vorgeschobenen Sicherheitsbedenken beruhen.

Inzwischen gibt es schon ermutigende Beispiele von Arbeitsplätzen für Migranten im Öffentlichen Dienst, insbesondere in internen Bereichen der Arbeitsagentur. Dennoch erscheint der Öffentliche Dienst insgesamt noch als „Parallelgesellschaft, die aufgebrochen werden muss" (Jörges, 2013). Es geht nicht um Quotennachweise, sondern vor allem um Service-Mitarbeiter/innen, die Kunden aus gleichen Ursprungsländern in hoher Qualität beraten. Auch das ist ein wichtiger Baustein zur Integration.

Der Mehrwert für beide Seiten im Sinne des vertrauensvollen Service *von* Migranten und Flüchtlinge *für* Migranten und Flüchtlinge wird immer noch übersehen.

Resümee

Integration heißt in erster Linie, dass die Flüchtlingspolitik den Notfallmodus verlassen muss; „nur mutiges Denken ist groß genug" (Meiler, 2016). Denn die meisten erwachsenen Flüchtlinge sind sehr engagierte Leute, die sich hier eine neue Existenz aufbauen wollen. Den Flüchtlingen muss ein Image, ein Gesicht gegeben werden: durch Bildung und akzeptierendes Wahrnehmen ihrer überfachlichen Kompetenzen (Schlüsselkompetenzen). Aus Hilfsbedürftigen müssen Menschen mit umfassenden Fähigkeiten, Tatkraft und Optimismus werden.

Wir müssen viele alte Denkgewohnheiten und Blicke auf die „sichere Vergangenheit" aufgeben, uns den notwendigen Veränderungen in unserer Gesellschaft und um sie herum öffnen und die Probleme intelligent *und kompetent* lösen. Nur so gehen wir den Schritt von einer Beharrungsstufe hin auf eine kreative – und werden nicht nur die eigenen Zukunftsanforderungen bewältigen, sondern auch für viele andere Länder als Erfahrungsträger des Wandels attraktiv.

Literatur

Anton, M. (2016): Kosten-Nutzen-Gesetz … Integration ist mehr als nur Arbeit … *Süddeutsche Zeitung vom 15.06.2016.*

Arnold, R.; Erpenbeck, J. (2014): *Wissen ist keine Kompetenz.* Baltmannsweiler: Schneider Verlag Hohengehren.

Arnold, R.; Pätzold, H. (2002): *Schulpädagoguk kompakt.* Berlin: Cornelsen.

Bertelsmannstiftung (2016): Migrantenunternehmen sind Jobmotoren für Deutschland. *Pressemitteilung am 11.08.2016.* https://www.bertelsmann-stiftung.de/de/themen/aktuelle-

---

der Tag seines Moschee-Besuches sei. Die traditionellen Dienstpläne ließen das jedoch nicht zu, und über einen Kompromiss in Form eines freien Freitags alle vierzehn Tage wurde nicht nachgedacht. Der Mann wurde abgelehnt – und eine Integrationsmöglichkeit mit Verallgemeinerungscharakter vertan.

meldungen/2016/august/migrantenunternehmen-sind-jobmotor-fuer-deutschland/ (Zugriff am 12.08.2016).

BMBF (2011): *leo-Level One Studie*, hrsg. vom Bundesverband Alphabetisierung und Grundbildung e.V. / www.bmbf.de/de/nationale-strategie-fuer-alphabetisierung-und-grundbildung-erwachsener-1373.html (Zugriff am 11.08.2016).

Das Philosophie Magazin (2016): Was tun? Die Ankunft von einer Million Flüchtlingen zwingt Deutschland, sich neu zu erfinden. *Nr. 02/2016.*

Dame, F. (2016): Der eingewanderte Jobmotor. *DPA. 12.08.2016.*

EU-Projekt (2013): *KODE-NQF Anerkennung und Validierung non-formal und informell erworbenen Kompetenzen mit Zuordnung zum Nationalen Qualifikationsrahmen.* VHS Cham.

Fuest, C. (2016): Flüchtlinge: Wunsch und Wirklichkeit. *Interview in: MZ (Mittelbayerische Zeitung) vom 04.07.2016.*

Heyse, D.; Heyse, V. (2014): *Neuseeland-Lesebuch* (2. überarbeitete und erweiterte Auflage). Berlin: MANA Verlag.

Heyse, V. (2010): Verfahren zur Kompetenzermittlung und Kompetenzentwicklung. KODE® im Praxistest. In: Heyse, V., Erpenbeck, J.; Ortmann, S. (Hrsg.): *Grundstrukturen menschlicher Kompetenzen. Praxiserprobte Konzepte und Instrumente* (S. 55–174). Münster: Waxmann.

Heyse, V. (Hrsg.) (2014): *Aufbruch in die Zukunft. Erfolgreiche Entwicklung von Schlüsselkompetenzen in Schulen und Hochschulen.* Münster: Waxmann.

Heyse, V. (2015): Wissen gleich FachKompetenz? Zur Vermessung der Schulwelt und des Schülergedächtnisses. In: Heyse, V.; Erpenbeck, J.: Ortmann, S. (Hrsg.): *Kompetenz ist viel mehr. Erfassung und Entwicklung von fachlichen und überfachlichen Kompetenzen in der Praxis* (S. 19–66). Münster: Waxmann.

Heyse, V.; Erpenbeck, J. (2009): *Kompetenztraining. Informations- und Trainingsprogramme* (2. überarbeitete und erweiterte Auflage). Stuttgart: Schaeffer-Poeschel Verlag.

Jörges, H.-U. (2013): Migranten im Öffentlichen Dienst. *Interview (N24) am 29.05.2013.*

Jörges, H.-U. (2015): Schmelztiegel Deutschland (Zwischenruf aus Berlin). *Stern vom 10.09.2015.*

Jörges, H.-U. (2016): Im Hass vereint. (Zwischenruf aus Berlin). *Stern vom 11.02.2016.*

Klement, K. (2006): Individualisierung entwickeln. Methodische Trägerkriterien einer neuen Lernkultur. In: Wolf, W.; Freund, J.; Boyer, L. (Hrsg.): *Beiträge zur Pädagogik und Didaktik der Grundschule.* Wien: Jugend & Volk.

Markert, L.; Moser, Y., Scheuerlein, L. (2016): *Fluchtatlas. Gefangen in der Freiheit.* Frankfurt a.M./Wien/Zürich: Büchergilde Gutenberg.

Meiler, O. (2016): Flüchtlinge. Nur mutiges Denken ist groß genug. *Süddeutsche Zeitung vom 30.05.2016.*

Nadler, R. (2016): Menschen denken nicht in Grenzen. Interview zur Migration durch Kai Bieler. In: *median (Info-Magazin für Mitteldeutschland), Sommer 2016.*

Osterwinter, N. (2016): *Flucht, Asyl und Integration. Eine aktuelle Übersicht über Arbeitsfelder und Projektinitiativen der Bertelsmann Stiftung.* Gütersloh (Stand Juni 2016).

Voß, S. (2016): Wie, wo und bei wem lernen Flüchtlinge Deutsch? Bericht aus der Praxis. *Deutschland Radio Kultur – Zeitfragen: 08.08.2016.* (Zugriff am 12.08.2016: http://www.deutschlandradiokultur.de/bericht-aus-der-praxis-wie-wo-und-bei-wem-lernen.976.de.html?dram:article_id=362132)

Anhang

Anhang 1: Vermutliche Stärkung und Entwicklung von 14 Schlüsselkompetenzen, die auch für eine erfolgreiche Integration wichtig sind: **Erwachsene**

Gruppe Personale Kompetenz

Offenheit für Veränderungen: Fähigkeit, Veränderungen als Lernsituationen zu verstehen und entsprechend zu handeln
- Stellt sich Problem- und Handlungssituationen mit offenem Ausgang
- lernt selbstmotiviert und informell und entwickelt sich unter Nutzung von äußeren Veränderungen und Anforderungen weiter
- verarbeitet auftretenden Stress mit hoher Stabilität
- entwickelt in Situationen, die für Veränderungen offen sind, hohe Leistungen

Selbstmanagement: Fähigkeit, das eigene Handeln zu gestalten
- Erweitert unaufgefordert die eigenen Erfahrungen und das eigene Wissen
- schöpft die gegebenen Handlungsmöglichkeiten aktiv aus und versucht bewusst, sie auszuweiten
- handelt planvoll und überlegt, ohne durch Vorsicht den eigenen Wirkungsrahmen vorzeitig einzuengen
- sucht unaufgefordert nach Möglichkeiten, welche die eigenen Erfahrungen und das eigene Wissen erweitern
-

Schöpferische Fähigkeit (einschl. Improvisationsvermögen): Fähigkeit, auch in neuen, unübersichtlichen Anforderungssituationen zu handeln
- Wehrt sich gegen Inaktivität, Gleichgültigkeit und erstarrte Routine
- sucht aktiv nach Erfahrungen anderer, um angeregt zu werden und neue Ideen zu entwickeln
- sucht auch unter starken psychischen, physischen oder sozialen Erschwernissen nach Lösungen
- nimmt Probleme eher als Chancen wahr

Lernbereitschaft: Fähigkeit, gern und erfolgreich zu lernen
- Interessiert sich aktiv für Erfahrungen anderer und ist offen gegenüber Neuem
- lernt mit hoher Selbstmotivation und Entwicklungsbereitschaft
- lernt selbstorganisiert unter Nutzung informeller und non-formaler Informationen
- lernt informell im Prozess der Arbeit, lernt in der Ausführung (Learning by doing), im sozialen Umfeld und im Freizeitbereich

Eigenverantwortung: Fähigkeit, verantwortlich zu handeln
- Handelt gewissenhaft, gründlich, umsichtig
- nimmt Verantwortung aus freier Entscheidung wahr
- misst das eigene Handeln an eigenen klaren Werten und Maßstäben

- identifiziert sich mit wichtigen, rein ökonomische Ziele überragenden Wertvorstellungen für das eigene Tun

---

Gruppe Aktivitäts- und Handlungskompetenz

Belastbarkeit: Fähigkeit, tatkräftig zu handeln
- Bewältigt schwierige Situationen aktiv
- handelt lieber, anstatt lange zu reflektieren und sich übermäßig zu bedenken
- arbeitet und lernt mit starkem Antrieb
- handelt mit einer hohen Selbstmotivation

Mobilität: Fähigkeit, geistig / körperlich beweglich zu handeln
- Reagiert aktiv auf sich schnell ändernde Bedingungen und Herausforderungen
- überwindet aktiv und konsequent auftretende Mobilitätsbarrieren
- wechselt den Arbeitsplatz, den Wohnort ohne lange Bedenklichkeit, wenn es die Notwendigkeit zwingend erfordert
- reagiert aktiv auf sich schnell ändernde Bedingungen

Tatkraft: Fähigkeit, tatkräftig zu handeln
- Handelt und lernt mit starkem Antrieb
- handelt hoch (selbst-)motiviert
- bewältigt schwierige Situationen aktiv, als „Durchreißer"

Zielorientiertes Handeln / Zielbeharrlichkeit: Fähigkeit, andere auf Ziele hin zu orientieren
- Bündelt Aktivitäten auf Ziele hin und schwört andere auf diese Ziele hin
- setzt das zur Zielsetzung vorhandene Wissen und bisherige Erfahrungen aktiv ein
- richtet das eigene Handeln auf klare Ziele und Resultate aus und nicht auf spontane Aktionen
- gibt auch bei zeitweiligen Störungen und Blockaden nicht auf, sondern verfolgt die Ziele Beharrlichkeit auch über längere Zeit

Gestaltungswille: Fähigkeit, etwas willensstark zu gestalten
- Gestaltet aktiv und unter Überwindung von Widerständen und Belastungen neue Leistungen und Beziehungen
- realisiert auch unter komplizierten Bedingungen eigene Vorhaben und erträgt dabei Unbestimmtheiten und Wiedersprüche, die sich bei der Realisierung ergeben
- unterscheidet klar zwischen Wesentlichem und weniger Wesentlichem und handelt danach
- handelt sehr aktiv bei erhöhten Herausforderungen und versucht, auch auf neuen Wegen die Herausforderung zu meistern

Optimismus: Fähigkeit, zuversichtlich zu handeln
* Realisiert die eigenen Ideen und Vorstellungen auf der Grundlage einer positiven, oft heiter getönten Zukunftserwartung
* kommuniziert und kooperiert gern mit anderen und aktiviert sie dadurch
* vermittelt positive Überzeugungen
* löst Konflikte lieber durch Entkrampfung, Humor

Gruppe Fach- und Methodenkompetenz

Fachübergreifende Kenntnisse: Fähigkeit, fachübergreifende Kenntnisse und Erfahrungen einbeziehend zu bewerten
* Blickt über den „Tellerrand" der eigenen Kenntnisse hinaus
* erweitert die eigenen Kenntnisse und Erfahrungen unaufgefordert mit Hilfe informeller und non-formaler Möglichkeiten
* ist offen gegenüber Erfahrungen unterschiedlichster Personen (Erfahrungsträger) zur Optimierung eigener Problemlösungen

---

Gruppe Sozial-kommunikative Kompetenz

Anpassungsfähigkeit: Fähigkeit, sich Menschen und Verhältnissen anzupassen
* Bringt sich in schwierigen (sozialen) Situationen idealorientiert ein
* ist stolz auf gemeinsam erreichtes
* Realisiert soziale Anpassung nicht als Unterwürfigkeit, sondern als Beitrag zur eigenen Unabhängigkeit
* sieht Anpassungsfähigkeit als Beitrag zur eigenen Selbstverwirklichung

Konfliktlösungsfähigkeit: Fähigkeit, auch unter Konflikten erfolgreich zu handeln
* Erkennt die Interessengegensätze anderer und kennt die eigene Interessenlage
* löst Widerstände und Blockaden durch überzeugendes Handeln
* hält Konflikte aus und kann die eigenen Interessen kritisch hinterfragen
* schafft Vertrauen und tritt sicher auf.

Anhang 2: Vermutliche Stärkung und Entwicklung von 14 Schlüsselkompetenzen, die auch für eine erfolgreiche Integration wichtig sind: **Jugendliche**

Gruppe Personale Kompetenz

Eigenverantwortung: Fähigkeit, Fähigkeit, verantwortlich zu handeln
- Kennt die eigenen Stärken und Schwächen kennen
- fühlt sich allein dafür verantwortlich, dass einmal übernommene Verpflichtungen und Aufgaben auch zu einem guten Ergebnis führen
- fühlt sich in Gruppen (insbesondere in religiösen oder in der Familie) aus eigenem Antriebfür andere mitverantwortlich und bringt das auch in schwierigen Situationen zum Ausdruck

Einsatzbereitschaft: Fähigkeit, mit vollem Einsatz zu handeln
- Setzt sich aktiv für notwendige Aufgaben auch unter schwierigen Bedingungen ein
- muntert andere auf, motiviert sie zum Handeln und ärgert sich über „Drückeberger"
- engagiert sich für persönlich wichtige Sachverhalte und Problemlösungen

Offenheit für Veränderungen: Fähigkeit, Veränderungen als Lernsituationen zu verstehen und entsprechend zu handeln
- Ist aufgeschlossen gegenüber neuen Herausforderungen und Lösungen
- verschafft sich in herausfordernden Situationen Informationen zum selbstorganisierten Handeln
- setzt sich aktiv mit neuen oder veränderten Situationen, die physisch, psychisch oder sozial belastend sind, auseinander

---

Gruppe Aktivitäts- und Handlungskompetenz

Belastbarkeit: Fähigkeit, unter äußeren und inneren Belastungen aktiv zu handeln.
- - Verhält sich auch unter großen schwierigen Bedingungen zielorientiert
- nimmt ungünstige und feindliche Bedingungen als Herausforderung an und strebt schnelle Lösungen für sich an
- kämpft um das eigenen Überleben (und das der Familienangehörigen.

Ausdauer: Fähigkeit, beharrlich zu handeln
- Verfolgt die (Flucht-) Ziele mit viel Ausdauer
- überwindet durch konsequenten Einsatz auftretende Hindernisse, Störungen

Tatkraft: Fähigkeit, tatkräftig zu handeln
- Zieht aktives Handeln langen Diskussionen vor
- packt an

- verhält sich in schwierigen Situationen als „Fighter" für die Durchsetzung der eigenen Interessen

Mobilität: Fähigkeit, sich körperlich und geistig beweglich zu sein
- Reagiert auf neue Herausforderungen und Bedingungen flexibel
- stellt sich schnell auf Neues ein
- nimmt Veränderungen an lernt zur Bewältigung dieser situativ

---

Gruppe Fach- und Methodenkompetenz

Lernbereitschaft: Fähigkeit,
- Ist neugierig, wissbegierig
- lernt gern und möchte Wissen und Handlungsfähigkeiten auch selbstständig aneignen
- um letzteres zu erreichen, wird vieles selbst organisiert

Lernfähigkeit und Wissen: Fähigkeit, ausgehend vom neuesten Wissensstand zu handeln
- Lernt weitgehend selbstorganisiert
- tauscht das neu erworbene Wissen und die Erfahrungen mit anderen aus
- nutzt die gewonnenen Erkenntnisse und Erfahrungen für die weitere Existenzsicherung – und Weiterentwicklung

---

Gruppe Sozial-kommunikative Kompetenz

Kommunikationsfähigkeit: Fähigkeit, mit anderen Personen erfolgreich zu kommunizieren
- Verhält sich gesprächsbereit
- konzentriert sich auf das richtige Verstehen der Gesprächspartner, insbesondere solcher mit anderen kulturellen und sprachlichen Hintergründen
- bemüht sich darum, sich selbst auch klar und deutlich auszudrücken
- wendet nonverbale Kommunikationsformen zur Verständigung an

Anpassungsfähigkeit: Fähigkeit, sich neuen Menschen und Verhältnissen anzupassen
- Stellt sich auf neue Menschen, Situationen und Veränderungen ein
- setzt sich (zwangsläufig) mit Neuem auseinander, auch wenn erhebliche Unterschiede zu den eigenen Einstellungen und bisherigen Überzeugungen festgestellt werden
- wird durch schwierige soziale Situationen herausgefordert, etwas dafür zu tun, dass sinnvolle gemeinsame Aktionen möglich werden.

Ablauf und Registrierung in einer deutschen Erstaufnahme-Einrichtung (EAE)

Erfahrungsbericht eines EAE-Leiters aus der Zeit 2015/16

Kai Vöcking

1. Einleitung

Pressemitteilungen zur Integration von Flüchtlingen dominieren seit Monaten in den Medien. Nicht ohne Grund, denn im Jahr 2015 suchten mehr Menschen als je zuvor Asyl in Deutschland. Im Vergleich zum Vorjahr wurde eine Steigerung um 155% bei den Asylerstantragstellern festgestellt. Diese statistischen Werte sind allerdings nicht besonders aussagekräftig, da es durch den massiven Ansturm von Flüchtlingen zu teilweise unüberschaubaren Zuständen (beim Bundesamt für Migration und Flüchtlinge (BAMF) gekommen ist. Viele Flüchtlinge hatten nicht sofort die Möglichkeit einen Asylantrag zu stellen. Mehr Menschen als tatsächlich registriert wurden (laut dem EASY-System[1], welches die Flüchtlinge zahlenmäßig und nach Nationalität und Altersgruppen erfasst), haben Schutz und Unterstützung in Deutschland gesucht. Die geschätzte Zahl liegt bei etwa 1,1 Millionen Menschen für 2015.

Abb. 1: Flüchtlingszugänge von Januar 2015 – Mai 2016 für Deutschland und Thüringen

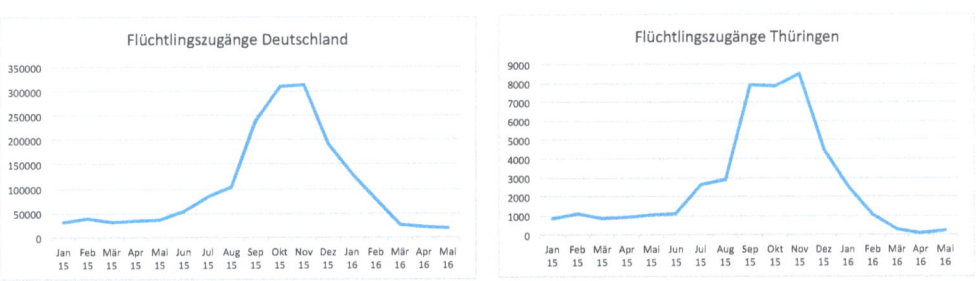

Quellen: eigene Darstellung, Eigenrecherchen, Thüringer Landesverwaltungsamt, Ministerien, Presseberichte

Nicht nur für Thüringen war damit eine völlig neuartige Situation entstanden, die die Verantwortlichen täglich zwang, Entscheidungen zu überdenken und das Handeln den Ereignissen entsprechend auszurichten.

---

1 Erstverteilung von **Asyl**suchenden

Abb. 2: Verteilung nach dem Königsteiner-Schlüssel in Deutschland

(Quelle: BAMF)

Generell stützt sich die Verteilung der Flüchtlinge in Deutschland auf mehrere Kriterien und wird mit Hilfe des Easy-Systems auf der Grundlage des Königsteiner Schlüssels[2] ermittelt.

Im Jahr 2015 sind aufgrund des Verteilschlüssels etwa 35.000 Flüchtlinge nach Thüringen gekommen. Für 2016 können bis Mai des Jahres etwa 3.500 Flüchtlinge in Thüringen verzeichnet werden.

In Thüringen standen 2015 10 Landesaufnahmestellen in Eisenberg, Gera-Ernsee, Gera-Liebschwitz, Suhl, Gotha, Ohrdruf, Bad Lobenstein, Mühlhausen, Hermsdorf und Erfurt zur Verfügung bzw. wurden eigens zur Bewältigung des Flüchtlingsansturms neu geschaffen.

Als reine Erstaufnahmeeinrichtungen (EAE), in denen die Flüchtlinge zu Beginn untergebracht wurden, galten Eisenberg und Suhl und später auch Gera-Ernsee (im ehemaligen Wismut-Krankenhaus). In diesen EAE findet die erste Registrierung, die medizinische Erstuntersuchung, die Erstversorgung und das Röntgen statt. Hiernach erfolgt dann die Umverteilung auf die anderen Landesaufnahmestellen oder im Idealfall auf Gemeinschaftsunterkünfte oder Wohnungen in den Kommunen.

Zum Anfang des Jahres 2016 wurden sukzessive die Flüchtlingsrouten geschlossen und die Flüchtlingszahlen erheblich reduziert. Dies führte im Februar/März zur Schließung der meisten Landesaufnahmestellen oder sie wurden in den Standby-Modus versetzt.

Als Einrichtungsleiter der EAE Gera-Ernsee habe ich die Geschehnisse intensiv begleitet. Täglich wurde ich vor neue Herausforderungen und Probleme gestellt, die zunächst die reine Aufnahme der Flüchtlinge betrafen. Es gab keinen Masterplan für diese Situation. Vielmehr mussten die Abläufe entwickelt werden, die erst einmal die Unterbringung der Flüchtlinge gewährleisteten. Gerade in dieser Zeit wurde deutlich, wie die beteiligten Akteure in den größtenteils unüberschaubaren und schwierigen Situationen selbstständig zurechtkamen oder eben auch nicht. Der Druck war hoch, fertige Lösungen gab es nicht. Um agieren zu können, brauchte man insbesondere eine hohe Aktivitäts- und Handlungskompetenz. Es wäre sicherlich interessant und hilfreich gewesen, die Akteure mit einem gezielten Kompetenzansatz zu begleiten, aber dieser Schritt wurde nicht gemacht. Und so zeigt der folgende Beitrag zunächst die organisationalen Schwierigkeiten und infrastrukturellen Probleme aus meiner persönlichen Sicht auf. Ich beschreibe sowohl den Beginn von Prozessgestaltungen als auch die Versuche, Integration in den Fokus der Aktivitäten zu rücken.

Schon in den EAE und auch in den anderen Landesaufnahmestellen in Thüringen wurden je nach Verweildauer bereits Sprachkurse und integrationsfördernde Maßnahmen eingeleitet. Die Erfahrung hat aber gezeigt, dass die Flüchtlinge zielgerichteter gefördert werden müssen, um bei den Integrationswilligen eine erfolgreiche Integration zu gewährleisten. Sprachbarrieren sind dabei das größte Integrationshemmnis. Die Sprache ist eine der Kompetenzen, die so früh wie möglich aufgebaut werden

---

2 Nach dem sogenannten „Königsteiner Schlüssel" wird festgelegt, wie viele Asylsuchende ein Bundesland aufnehmen muss. Dies richtet sich nach Steuereinnahmen (2/3-Anteil bei der Bewertung) und der Bevölkerungszahl (1/3-Anteil bei der Bewertung). Die Quote wird jährlich neu ermittelt. Daneben spielt auch eine Rolle, in welcher Außenstelle des Bundesamtes das Heimatland des Asylsuchenden bearbeitet wird, denn nicht jede Außenstelle bearbeitet jedes Herkunftsland. Zudem bestehen Aufnahmequoten für die einzelnen Bundesländer.

muss. Da überwiegend Flüchtlinge aus Syrien und Afghanistan in der Einrichtung waren, dominierten die Sprachen Persisch und Arabisch in verschiedenen Dialekten. Ca. 20–25% der Flüchtlinge sprachen auch gebrochenes oder gutes Englisch. Einige wenige Asylsuchende, z.B. ehemalige Übersetzer der Bundeswehr aus Afghanistan, sprachen auch Deutsch.

Ein zweiter wichtiger Schritt zur dauerhaften Integration ist der Zugang zum alltäglichen Leben in Deutschland. Erste Beispiele in NRW zeigen, das sogenannte „Integrationsmanager" eine Hilfe für die soziale und berufliche Integration sind. Hierzu ist es wichtig, den Zugang zu Beschäftigungen[3] zu erleichtern und damit die Asylsuchenden aus der Hilfebedürftigkeit hinaus zu begleiten.

2. Schaffung von Voraussetzungen für die Unterbringung von Flüchtlingen

Die im Folgenden geschilderten Erfahrungen aus einer Erstaufnahmeeinrichtung beziehen sich ausschließlich auf die EAE Gera-Ernsee (ehemaliges Wismut-Krankenhaus).

Im September wurde vom Land Thüringen mit dem Eigentümer, der Stadt Gera ein Mitvertrag ausgehandelt, um den Gebäudekomplex des ehemaligen Wismut-Krankenhauses in Gera-Ernsee für die Unterbringung von Flüchtlingen zu nutzen. Bis September 2015 hatte das Land für die Unterbringung von Flüchtlingen auch die Messehalle in Erfurt genutzt, die aber aufgrund von Messeveranstaltungen wieder geräumt werden musste. Anfang 2016 erwarb das Land nach vielen Schwierigkeiten in den Verhandlungen den Komplex des alten Krankenhauses.

Der Gebäudekomplex Wismut-Krankenhaus wurde ab Anfang Oktober 2015 für die Unterbringung der Flüchtlinge vorbereitet. Aufgrund der Stilllegung 2014 waren erhebliche Baumaßnahmen nötig, um eine reibungslose Unterbringung zu gewährleisten. Die Kapazität sollte bis auf ca. 2.000 Flüchtlingen ausgebaut werden.

In den ersten Wochen dominierten infrastrukturelle Probleme das Geschehen. Vorrangig mussten die Flüchtlinge erst einmal untergebracht werden. Auf dem Gelände gibt es drei Gebäude (ehemaliges Kulturhaus, Frauenklinik und Bettenhaus mit Verwaltungskomplex), von denen zwei schnell zur Nutzung bereitgestellt werden konnten.

Das Bettenhaus ist ein siebengeschossiges Haus mit ausgebautem Kellergeschoss und in T-Form angebautem Verwaltungskomplex. In den beiden Teilen waren zunächst ca. 1.700 Plätze geplant. Das kleinere Gebäude ist die ehemalige Frauenklinik mit zwei Etagen und ca. 280 Plätzen. Das dritte Gebäude auf dem Gelände ist

---

3 In den ersten drei Monaten ihres Aufenthaltes besteht für Geflüchtete ein absolutes Arbeitsverbot. Danach ist die Aufnahme einer Erwerbstätigkeit theoretisch nicht ausgeschlossen. Erschwert wurde dies jedoch durch das sogenannte „Vorrangprinzip", wonach zunächst ausgeschlossen werden musste, dass für den jeweiligen Arbeitsplatz ein/e Deutsche/r oder aufenthaltsrechtlich besser gestellte/r Ausländer/in zur Verfügung stehen könnte. Ein ungehinderter Arbeitsmarktzugang wird erst nach 15 Monaten Aufenthaltsdauer gewährt. Aufgrund des neuen Integrationsgesetzes vom August 2016 wird auf das Vorrangprinzip unten bestimmten Voraussetzungen verzichtet.

Abb. 3: Lageplanskizze der Gebäude der EAE Gera-Ernsee

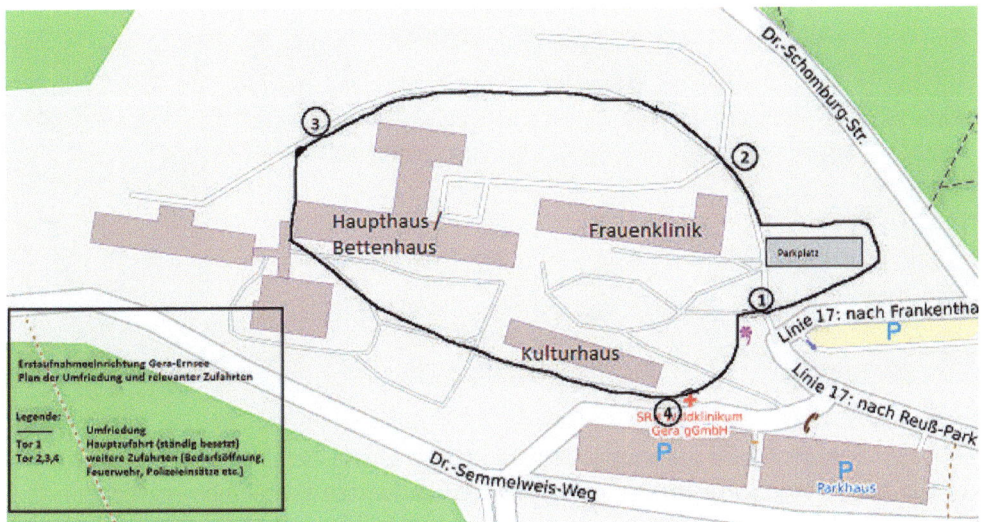

das ehemalige Kulturhaus mit Kino-Saal, Cafeteria und weiteren „Versammlungsräumen".

Die größten Probleme bei der Wiederinbetriebnahme der Gebäude lagen in der Versorgung mit Wasser, Warmwasser, der elektrischen Versorgung sowie der brandschutztechnischen Sicherungsanlage für die neue Nutzung. Alle Anlagen mussten einer genauen Prüfung und Freigabe unterzogen werden. Das angrenzende Waldkrankenhaus war ursprünglich durch viele Versorgungsleitungen mit dem Wismut-Krankenhaus verbunden, diese wurden jedoch bei der Stilllegung gekappt. So hatte zum Beispiel das Bettenhaus (siehe Abb. 4) von Oktober bis Ende November kein warmes Wasser, da die Warmwasserversorgung vor der Stilllegung über das Waldkrankenhaus erfolgte. Neue Warmwasseraufbereiter für das riesige Gebäude mussten bestellt und installiert werden. Darüber hinaus war die gesamte Schließanlage für die Zimmer und Nebenräume nicht mehr vollständig und musste ausgetauscht werden.

Rechts neben dem Bettenhaus liegt die zweigeschossige ehemalige Frauenklinik, bei der ebenfalls alle Versorgungsleitungen geprüft und zum Teil erneuert werden mussten.

Die gesamte Brandschutzanlage wurde geprüft, ein neues Brandschutzgutachten erarbeitet und sie wurde den neuen Anforderungen Stück für Stück angepasst. In einer Übergangszeit nahm der Sicherheitsdienst die Brandsicherung aufgrund der fehlenden Alarmierungsanlage vor.

Durch schlechte elektrische Anlagen wurden in dem großen Gebäude zunächst nur die sieben Geschosse des Bettenhauses zu Nutzung freigegeben. Im fünfgeschossigen Anbau konnte aus diesem Grund bis Mitte 2016 nur das Erdgeschoss genutzt werden, da in den anderen Geschossen eine Gefahr durch die Elektrik bestand.

Zu den täglichen Havarien gehörten aufgrund der Bausubstanz und unregelmäßigen Nutzung einiger Bereiche: Rohrbrüche, Verstopfungen, Legionellen, undich-

Abb: 4: Wismut-Krankenhaus Archivfoto: Thomas Bergner OTZ

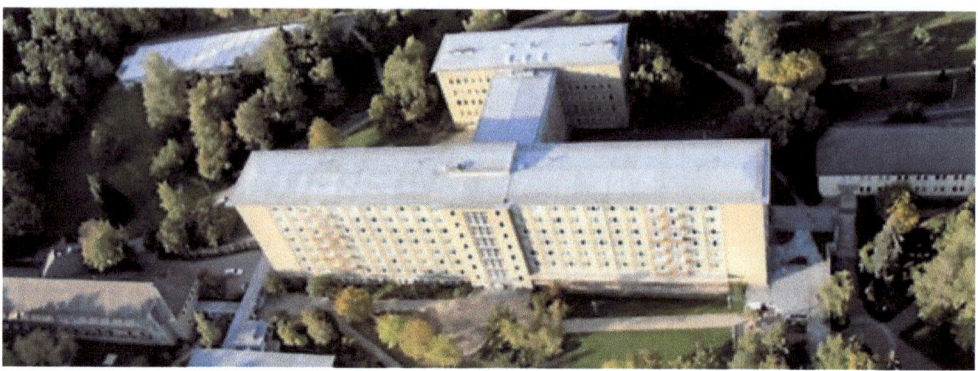

tes Dach, Schimmelbildung durch stehende Nässe sowie defekte Fenster und Aufzüge. Die bestehende Infrastruktur mit all den geschilderten Problemen wurde somit zu einer täglichen Herausforderung für die eingesetzten Mitarbeiter und erforderte eine hohe Handlungs- und Organisationsfähigkeit.

Erschwert wurde das Vorgehen weiterhin dadurch, dass die Zuständigkeiten für die verschiedenen agierenden Firmen und Träger bei verschiedenen Ministerien und Landesämtern angesiedelt sind. Hierzu zählt als Betreiber das Thüringer Landesverwaltungsamt; für Vergaben beim Catering, beim Wachdienst, bei der Reinigung und bei Bauschäden das Thüringer Amt für Liegenschaftsmanagement; für Bauausführungen das Thüringer Landesamt für Bau und Verkehr; für medizinische Maßnahmen das Sozialministerium. Generell ist das Ministerium für Migration zuständig und wenn es um Mittelfreigaben geht, ist trifft das Finanzministerium Entscheidungen.

Für die soziale Betreuung ist ein Träger zuständig. Anfang Oktober 2015 waren nur einige wenige Festangestellte und Ehrenamtliche im Einsatz. Hier wurden jedoch schnell Grenzen erreicht, da fast täglich neue Flüchtlinge ankamen, die Unterkünfte beziehen mussten. Dies hatte eine schnelle Aufstockung des Personals zur Folge, so dass bis Anfang 2016 etwa 25 Mitarbeiter in Gera für die soziale Betreuung zuständig waren. Die medizinische Erstuntersuchung wurde zunächst durch vier Mitarbeiter des angrenzenden Waldklinikums übernommen, die Ihre Behandlungsräume im medizinischen Bereich vor Ort hatten. Änderungen in der Aufbau- und Ablauforganisation des Trägers gab es jedoch in dieser Zeit fast täglich. Es fehlten Erfahrungswerte zum Umgang mit derartigen Flüchtlingsbewegungen. An Integration war noch nicht zu denken, vielmehr mussten erst einmal die Abläufe im Bereich der Aufnahme geregelt und gefestigt werden.

Ende Januar wurde die medizinische Abteilung des Trägers in der EAE Eisenberg geschlossen und die Mitarbeiter haben den Bereich der Erstuntersuchungen in Gera-Ernsee vom Waldklinikum übernommen. Nach Schließung bzw. Stilllegung der Aufnahmestellen in der Umgebung, die von demselben Träger betrieben wurden, wurde das gesamte Personal in Gera zusammengezogen, so dass ab Februar 2016 etwa 45 Mitarbeiter für die soziale Betreuung und die Erstuntersuchungen zur Verfügung standen. Wieder entstand ein neues Team, welches die fortlaufenden Veränderungsprozesse bewältigen musste.

Gearbeitet wurde im Verwaltungsbereich in Tagschichten (8:00–16:30 Uhr), der Soziale Dienst arbeitet in Wechselschichten, so dass an Werktagen von 7:00–19:00 Uhr eine Betreuung gewährleistet war (7:00–15:30 Uhr und 10:30–19:00 Uhr). An Wochenenden und Feiertagen gab es verkürzte Schichten. Bei den Ankünften der neuen Flüchtlinge wurde bei Bedarf eine Nachtschicht eingeteilt.

Es gab zwischen Februar und April 2016 etwa 45 Mitarbeiter. Darunter einen Einrichtungsleiter und vier Teamleiter für die soziale Betreuung, die Registrierung, den medizinischen Bereich und die Verwaltung inklusive Lager. Für den letzten Bereich war der Einrichtungsleiter in Personalunion zuständig. Einschließlich der Teamleiter waren zu dieser Zeit in der Registrierung fünf Mitarbeiter, im Medizinbereich sieben Mitarbeiter und in Verwaltung/Lager fünf Mitarbeiter zuständig. Die übrigen Kollegen arbeiteten in der sozialen Betreuung.

Ohne extrem motivierte Mitarbeiter wäre die Betreuungsarbeit gerade im Anfangszeitraum gar nicht zu bewältigen gewesen. Auf eine soziale Einstellung, möglichst eine Fremdsprache, Tatkraft und Einsatzwille wurde bei allen eingestellten Mitarbeitern sehr geachtet. Die fachlichen Qualifikationen spielten auch eine Rolle, die aber gegenüber den anderen Kompetenzen als zwar nicht unwichtig, aber doch untergeordnet anzusehen war, da es im Rahmen der Betreuung auch Aufgaben gab, bei denen persönliche Kompetenzen stärker gefragt waren als reine Qualifikationen durch Hochschul- oder Ausbildungsabschlüsse. Im Stadium der neuen Organisationsstrukturen, als auch die Mitarbeiterzahl erhöht wurde, sank nicht die Motivation, aber die Mitarbeiter konnten gezielter ihren Aufgaben nachgehen als vorher.

In Gera gibt es zudem zwei Vereine, die die Arbeit mit den Asylbewerbern unterstützen. Hierbei handelt es sich um den Verein Akzeptanz e.V. und den Freundeskreis für Flüchtlinge. Der Verein Akzeptanz unterstützte mit Beratung und Tipps und der Freundeskreis für Flüchtlinge konnte z.B. helfen, über Lottomittel des Landes Kinderspielzimmer mit Möbeln und Spielzeug einzurichten. Darüber hinaus war er bei der Organisation und Durchführung von Kinderfesten auf dem Gelände behilflich.

Im Gebäude und für die Bewachung des Geländes sowie die Zufahrt mit Eingangskontrollen für Gäste, Flüchtlinge und Mitarbeiter ist darüber hinaus ein Wachschutzunternehmen in drei Schichten und ca. 20 Personen je Schicht rund um die Uhr für die Sicherheit zuständig.

Von Oktober 2015 bis Mitte April 2016 konnte auch auf die Unterstützung der Bundeswehr zurückgegriffen werden. Diese war mit je 10–15 Soldaten in zwei Schichten und bei Bedarf auch in der Nacht im Einsatz. Die Soldaten hatten in der Vorbereitungsphase die Aufgabe, die Betten aufzubauen und später im Betrieb waren sie als Unterstützung für den Träger im Lager, in der Ausgabe von Hygieneartikeln und zur Begleitung der Mitarbeiter im Hause eingesetzt.

Das Sicherheitskonzept, das von der ortsansässigen Polizei, dem TLVwA[4] und den anderen Beteiligten erarbeitet wurde, sah eine ständige Präsenz der Polizei vor

---

4 Thüringer Landesverwaltungsamt

Ort vor. Die Polizei richtete sich deshalb eine kleine Wache im Gebäude ein und war tagsüber ständig mit zwei Beamten im Hause.

Die Erfahrung aus der Vergangenheit hatte gezeigt, dass eine zentrale Essensausgabe eine erhöhte Gefahr durch steigende Aggressivität und Probleme unter den Volksgruppen darstellen könnte. Deshalb war allen beteiligten Institutionen wichtig, dass die Essensausgabe für die Flüchtlinge dezentral durchgeführt wurde. Der Aufwand für den Caterer der vor Ort für die Versorgung mit Frühstück, Mittag und Abendessen zuständig war, war deshalb sehr hoch, da in jeder Etage (bei entsprechender Belegung) auch eine Essensausgabe eingerichtet und mit zwei Mitarbeitern besetzt werden musste. Für das Catering-Unternehmen waren deshalb auch bis zu 20 Mitarbeiter mit der Organisation und Durchführung der Versorgung im Objekt beschäftigt.

Für die Einhaltung der Hygiene hatte das TLVwA den Reinigungsdienst des Waldklinikums beauftragt, sowohl Gänge und Treppenhäuser als auch die diversen Waschräume, Toiletten und Verwaltungsräume in regelmäßigen Abständen zu reinigen. Die Gänge der neun Etagen (zwei in der ehemaligen Frauenklinik und sieben im Bettenhaus) wurden täglich mit großen Maschinen gereinigt, die Nassbereiche meistens sogar zweimal täglich.

Aufgrund der vielen Erkrankungen bei den Flüchtlingen und der guten Voraussetzungen des ehemaligen Krankenhauses richtete das Waldklinikum eine Krankenstation im Erdgeschoss mit 35 Betten ein. Diese Krankenstation war rund um die Uhr durch Mitarbeiter des Waldklinikums besetzt. Sie wurde allerdings im April 2016 aufgrund der sinkenden Flüchtlingszahlen zeitweise geschlossen.

Um die anwesenden Flüchtlinge relativ schnell auf den Arbeitsmarkt in Gera und Umgebung aufmerksam zu machen und um erste Kontakte zu knüpfen, richtete sich auch die Bundesanstalt für Arbeit im Gebäude zwei Räume ein und war an zwei Tagen in der Woche mit zwei oder drei Mitarbeitern vor Ort.

Im Rahmen der verschiedensten Baumaßnahmen und Havarien im Hause waren und sind bis heute viele externe Firmen auf dem Gelände im Einsatz. Jede Firma agiert ihrer Profession und dem Auftrag entsprechend unter der Kontrolle des Einrichtungsleiters. Abstimmungen untereinander zielten in erster Linie darauf ab, Abläufe im Haus bzw. Objekt zu optimieren. Integrationsarbeit mit den Flüchtlingen fand und findet insbesondere durch die Mitarbeiter des Trägers statt. Diese Arbeit künftig zielgerichteter und intelligenter zu vernetzen, wird im Verlaufe dieses Beitrags noch Thema sein.

3. Retrospektive

3.1 Schwierigkeiten bei der Flüchtlingsregistrierung

Nach einem Bericht des Bayerischen Rundfunks vom Dezember 2015 gibt es in Deutschland 2015 nach Schätzungen und Aussagen des Chefs des Bundesamtes für Migration und Flüchtlinge, Frank-Jürgen Weise, rund 300.000 nicht registrierte Flüchtlinge. Neben gefährlichen Lücken im System wird deutlich, dass die Behörden mit der Registrierung überfordert sind. Das kann passieren, wenn Flüchtlinge illegal über die grüne Grenze kommen. Oder wenn die Behörden vom Ansturm so überfordert sind, dass sie die Menschen zuerst verteilen und dann erst erfassen. In den letzten vier Monaten 2015 war das der Fall.

Das Problem der Flüchtlingsregistrierung beginnt nicht erst in Deutschland, sondern viel früher, in der Türkei und an den Außengrenzen der Europäischen Union. Auch auf der weiteren Fluchtroute läuft vieles unkoordiniert.

Es wird weiter berichtet, dass in einigen Staaten nach Ende 2015 lediglich jeder dritte von täglich bis zu 2.000 Flüchtlingen erfasst wird. Auch Serbien und das erste EU-Land Kroatien kontrollierten nicht lückenlos. Das erste Schengen-Land Slowenien registriert zwar, behält aber die Daten für sich, ein Austausch mit anderen europäischen Staaten findet offenbar nicht statt. Österreich wiederum stellt sich auf den Standpunkt: Wer aus einem Schengen-Staat kommt, ist schon bearbeitet.

Weiter heißt es: Erreichen die Flüchtlinge dann die deutsche Grenze, werden sie zunächst von der Polizei in Empfang genommen. Es erfolgt eine Schnellkontrolle mit erkennungsdienstlichem Abgleich der Fingerabdrücke im Polizeisystem. Liegt etwas gegen den Flüchtling vor (z.B. Verdacht einer Straftat), dann kann dieser in Personengewahrsam genommen werden. Frauen, Kinder und alte Männer werden bei großem Andrang an manchen Übergangspunkten nicht weiter kontrolliert und einfach durchgelassen, heißt es weiter.

In Deggendorf gab es andere Vorgehensweisen. Hier wurden sogenannte Bearbeitungsstraßen für die Neuankömmlinge eingerichtet. Wer also über einen der fünf offiziell festgelegten Übergabepunkte aus Österreich nach Bayern kommt, wird mit Reisebussen in diese Zentren gebracht und dort sehr gründlich (ca. eine Stunde) durch die Bundespolizei erfasst. Neben Gepäckkontrolle und kurzen medizinischen Untersuchungen werden biometrische Fotos gemacht und Fingerabdrücke aller zehn Finger genommen. Die Dokumente (wenn vorhanden) werden geprüft und Name, Herkunft und Fluchtgrund werden erfasst. Problematisch wird es allerdings bei den Flüchtlingen, die illegal über die grüne Grenze nach Deutschland kommen. Diese Menschen entgehen der polizeilichen Registrierung.

Die meisten der einreisenden Flüchtlinge können keine Papiere vorweisen. Deshalb kommt so gut wie kein Flüchtling, egal auf welchem Wege, legal nach Deutschland. Ohne Papiere erfolgt automatisch eine Anzeige durch die Bundesbehörden. Der Straftatbestand lautet: Illegale Einreise nach Deutschland. Dieser Sachverhalt begründet dann die Sammlung und Speicherung der Daten durch die Bundespolizei. Leider stehen die erfassten Daten nur den Polizeibehörden und den europäischen Sicherheitsbehörden zur Verfügung. Zivile Behörden haben keinen Zugriff und müssen die Daten nochmals erheben, wenn die Flüchtlinge in die Erstaufnahmestellen der Länder weitergereist sind.

Dort beginnt die zweite Runde der offiziellen Registrierung. Vieles, was in Deggendorf schon erfasst wurde, muss hier erneut aufgenommen werden: Personendaten, Fotos, medizinische Untersuchung. Neben den hausinternen Systemen, werden diese Daten dann in das landeseigene System, z.B. Asyl4Win, bis Anfang 2016 in Thüringen im Einsatz, eingegeben. Doch darauf hat wiederum das Bundesamt für

Migration und Flüchtlinge keinen Zugriff. Das registriert dann noch einmal, in der eigenen Datenbank „Maris".

Im Endeffekt wurden die Flüchtlinge auf Grund der fehlenden Vernetzung zwischen den Akteuren dann mindestens viermal in verschiedenen Systemen mit nahezu identischen Daten registriert. Auch im Nachgang erfolgte kein Abgleich erhobener Daten.

3.2 Bisheriger Prozess in einer Erstaufnahmeeinrichtung in Thüringen

In der Zeit bis zum Januar 2016 verlief die Ankunftssituation für Flüchtlinge in den Erstaufnahmeeinrichtungen sehr suboptimal.

Die Flüchtlinge wurden an der deutsch-österreichischen Grenze zunächst nur kurz kontrolliert oder durchgelassen und sind dann nach Deutschland eingereist. Aufgrund der wachsenden Kritik und der Probleme mit den unregistriert eingereisten Menschen, wurden an den Hauptübertrittspunkten der Grenzen sogenannte Übergabepunkte eingerichtet, an denen die Flüchtlinge zumindest im Schnellverfahren registriert wurden um einen vagen Überblick über die Flüchtlingsströme zu bekommen.

In der ersten Zeit wurden alle ankommenden Menschen in Busse gesetzt, die sie in die zuständigen Bundesländer schafften. In jedem Bundesland gibt es Erstaufnahmeeinrichtungen, die die Flüchtlinge aufgenommen haben und für Registrierung und medizinische Versorgung sorgen.

Für Thüringen waren das die EAE in Eisenberg, in Hermsdorf und ab Oktober 2015 auch in Gera-Ernsee.

Eine Registrierung erfolgte bis Januar 2016 über das Thüringer Landesverwaltungsamt für das Land Thüringen im sogenannten Asyl4Win, einem DOS-basierten Programm, das weder mehrplatzfähig noch web-basiert war. Hierfür wurden Namen, Nationalität, Verwandtschaftsverhältnisse, Alter, Geburtsort, Sprache etc. erfragt und sich vor Ort ein Bild gemacht. Der Flüchtling erhielt dann eine BÜMA[5] als vorläufiges Aufenthaltspapier und einen sogenannten Hausausweis, mit dem sich die Flüchtlinge im Rahmen der Residenzpflicht frei bewegen konnten. Danach wurde die Anzahl der Flüchtlinge für die Berechnung des Verteilschlüssels nach Geschlecht und Nationalität im EASY-System (Königsteiner Schlüssel) registriert.

Die wichtigste Erfassung leistet das BAMF zur kompletten erkennungsdienstlichen Behandlung der Flüchtlinge. Neben den oben genannten Daten werden hier mit

---

5 Bescheinigung über die Meldung als Asylsuchender; die BÜMA gilt als Identitätsdokument und weist nach, dass sich die Person in Deutschland befindet, um einen Asylantrag zu stellen, aber noch in keinem laufenden Asylverfahren ist. Dem Asylverfahren ist damit quasi ein weiteres Verfahren vorgeschaltet. Der Ankunftsnachweis soll als ein Behörden- und länderübergreifendes Dokument fungieren. Nachdem die BÜMA ausgestellt wurde müssen sich die Flüchtlinge (wenn noch nicht geschehen oder direkt dort ausgestellt) unverzüglich, spätestens innerhalb einer Woche bei der in der BÜMA genannten Aufnahmeeinrichtung melden. Wichtig: ab der Registrierung und der Ausstellung der BÜMA haben die Betroffenen Anspruch auf Leistungen nach dem AsylbLG. Auch beginnt ab jetzt die dreimonatige Wartefrist für den Zugang zum Arbeitsmarkt.

Lichtbild und Fingerabdrücken alle relevanten Möglichkeiten der Zuordnung ausgeschöpft.

Als vierte und für die Betreuung vor Ort wichtige Art der Erfassung wurden die Flüchtlinge in den verschiedenen Einrichtungen bei Ankunft auf einfachste Art (teilweise handschriftlich) erfasst, damit die Einrichtung wusste, wer im Hause ist und ein entsprechendes Quartier zugeordnet werden konnte.

In Gera-Ernsee ist für diese hausinterne Erfassung ein schon in anderen Bundesländern erprobtes Quartier-Management-System eingeführt worden, in dem die ankommenden Flüchtlinge mit verschiedenen Daten wie Name, Nachname, Geburtsdatum, Nationalität, Geschlecht, Sprache und Verwandtschaftsverhältnissen im Hause aufgenommen wurden. Hierzu gehörten dann noch ein Foto sowie eine fortlaufende Nummer, die dann auf einer Chipkarte gespeichert wurden. Diese Chipkarten hatte zunächst nur Gültigkeit in der entsprechenden Einrichtung.

Sowohl im Eingangsbereich der Einrichtung als auch in den verschiedenen Ausgabeküchen installierte man Kartenscanner, so dass diese internen Karten sowohl für das Betreten und Entfernen aus der Einrichtung als auch für eine Registrierung der Essensaktivitäten genutzt wurden. Hierzu war es natürlich nötig, dass die Flüchtlinge die Karten mit sich führen.

In der ersten Zeit waren in Gera-Ernsee zwei, später vier Registrierungsplätze, eingerichtet um die Ankömmlinge direkt im QMM[6] zu registrieren. Im Oktober, November 2015 wurden die Flüchtlinge in Bayern an den Grenzen in Busse gesetzt und diese wurden dann in die Bundesländer geschickt. Für Gera-Ernsee hieß das, dass die Einrichtung am Nachmittag vom „Stab Asyl"[7] Bescheid bekam, was in Nachrichten wie der folgenden mitgeteilt wurde: „Es sind sieben Busse mit jeweils 50 Flüchtlingen unterwegs nach Thüringen, Abfahrt 16:00 Uhr, vier Busse fahren nach Gera und drei nach Eisenberg." In der Regel waren es zwischen 100 und 380 Flüchtlinge, die drei bis fünf Mal pro Woche am Abend nach Gera kamen.

Wenn man bedenkt, dass ein Bus von der bayerisch-österreichischen Grenze über 500 km Autobahn zurücklegt und Staus z.B. rund um München nicht zu kalkulieren sind, konnten wir uns ausrechnen, dass die Busse nicht vor 22:00 in Gera sein konnten. Bei Staus konnte es auch sehr viel später werden.

Für die Mitarbeiter und die Helfer von der Bundeswehr, die im Vorfeld die freien Zimmer kontrolliert und erfasst hatten, begannen die weiteren Vorbereitungen für die Neuankömmlinge. Es wurden u.a. die Wartebereiche mit Bänken ausgestattet und Essenspakete und Getränke herangeschafft und bereitgestellt. Die Aufgaben für die Nacht wurden mit den Mitarbeitern, dem Wachdienst und der Bundeswehr besprochen und verteilt. In der Anfangsphase wurden auch noch ehrenamtliche Helfer hinzugezogen, da es zu wenig hauptberufliche Mitarbeiter gab bzw. sie schon in den anderen Schichten eingeteilt waren.

---

6 Quartiermanagement
7 Stabstelle mit verschiedenen Vertretern aus beteiligten Betreibern, Politik, Ämtern und Ministerien, die täglich über die neuen Flüchtlingszahlen und deren Verteilung berieten.

Die Busse kamen in den Anfangszeiten teilweise drei bis fünf Mal pro Woche, und darüber hinaus zeitlich nicht kalkulierbar, so dass eine Arbeitsverteilung in Schichtplänen für die Mitarbeiter immer schwieriger wurde und auch die Mitarbeiter in der Flüchtlingshilfe (haupt- und ehrenamtliche) an ihre Belastungsgrenzen kamen. Teilweise wurde nach einer normalen Frühschicht einfach noch eine Nachtschicht angehängt, da sonst die Abwicklung der Erfassung gar nicht zu realisieren war. 20–22 Arbeitsstunden am Tag waren in den Monaten Oktober bis Dezember 2015 keine Seltenheit.

Wenn die Busse nun gegen 22:00–23:00 Uhr in Gera angekommen waren, dauerte die Registrierung an zwei Plätzen etwa zwei Stunden pro Bus, später bei vier Plätzen nur noch etwa eine Stunde.

Die Busse fuhren vor und die neuen Bewohner der Einrichtung wurden im Bus zunächst begrüßt. Da es keine hauptamtlichen Dolmetscher gab, suchten sich die Mitarbeiter Sprachmittler aus den Reihen der Flüchtlinge. Hier kamen sowohl schon in der Einrichtung lebende Flüchtlinge zum Einsatz als auch Neuankömmlinge, die Englisch oder Deutsch sprachen und gerne helfen wollten. Einige Sprachmittler beteiligten sich sehr gerne und begleiteten in der Zeit ihrer Anwesenheit in der Ersteinrichtung Gera fast jeden Bus beim Check In.

Die Flüchtlinge wurden in die Wartebereiche gebracht, nach Familien und Alleinstehenden sortiert und mit Lunchpaketen und Getränken versorgt. Aufgrund der fortgeschrittenen Zeit, es war dann meistens gegen 23:00–24:00 Uhr, wurden die Familien mit Kindern zunächst registriert und auf ihre Zimmer begleitet. Im Anschluss daran wurden auch die Alleinreisenden (meist Männer) dem Prozedere unterzogen und auf die Zimmer verteilt.

Zwei Mitarbeiter waren die ganze Nacht mit der Registrierung im QMM beschäftigt und ein weiterer Mitarbeiter nahm die registrierten Bewohner entgegen, der sie zur Security brachte, um z.B. nach Waffen und elektrischen Geräten suchen.

Aufgrund der Weitläufigkeit des Gebäudes sowie der vielen langen Flure und Zimmer, wurde beschlossen, dass die Mitarbeiter des Trägers die Flüchtlinge nur in Begleitung auf die Zimmer bringen durften. Deshalb kamen mindestens ein Mitarbeiter des Wachdienstes und zwei Soldaten hinzu und unterstützten beim Verlegen auf die Zimmer.

Im Vorfeld wurde vom TLVwA die Anzahl der Betten pro Zimmer vorgeschrieben. Die Beschaffenheit des alten Krankenhauses zwang dazu, nicht alle Zimmer für die Belegung mit Flüchtlingen zu nutzen, da in vielen Zimmern fest eingebautes Mobiliar für Ärzte und Schwestern vorhanden ist. Druckluft- und Sauerstoffsowie andere krankenhausrelevante Anschlüsse und einige elektrische Unterverteilungen für die Flure sind in bestimmten Zimmern eingebaut. Diese Räumlichkeiten sind von der Belegung mit Flüchtlingen ausdrücklich ausgeschlossen. Die Bundeswehr als Aufbauunterstützung hatte die Aufgabe, die Zimmer vor der ersten Belegung mit Stahlrohrbetten auszustatten. Spiegel, Handtuchstangen, Papierhandtuchhalter etc. und alle anderen Materialien, die eine potenzielle Gefahr darstellen könnten und von den Bewohnern als „Waffen" hätten benutzt werden können wurden aus den ehemaligen Krankenzimmern ausgebaut. Die Stahlrohr-Doppelstockbetten wurden aufgebaut und lose Teile und Stangen wurden zusätzlich vernietet, um auch hier größtmögliche Sicherheit für die Flüchtlinge und Mitarbeiter der involvierten Unternehmen zu gewährleisten. Diese präventiven Sicherungsmaßnahmen sind durch das TLVwA und die Polizei initiiert worden, da in der Vergangenheit in anderen Einrichtungen diesbezüglich schon schlechte Erfahrungen gemacht wurden.

Die Belegung erfolgte je nach Voraussetzung und Größe der Räume in 14-Bett-, 8-, 6-, 4- und 2-Bett-Zimmern (jeweils Doppelstockbetten). Es wurde bei den Belegungen darauf geachtet, dass je Zimmer streng nach Nationalitäten, Geschlecht etc. getrennt wurde, um Spannungen schon im Ansatz zu vermeiden. Die 14-Bett-Zimmer eignen sich hervorragend für Großfamilien und in den meisten 8-Bett-Zimmern waren auch kleinere Familien oder nur allein reisende Männer einer Nation untergebracht. Um eine Art „Ghettobildung" zu vermeiden, wurden die Flure nicht nach Nationen oder Ethnien getrennt belegt. Wichtig war, auf einen „gesunden Mix" zu achten.

Wie bereits erwähnt, kamen die Busse mit den Flüchtlingen zunächst direkt aus Bayern und eine genaue Koordination war aufgrund des Fahrtweges und seiner Unwägbarkeiten nur schwer möglich.

Ab etwa Dezember 2015 stellte man das Prozedere der Flüchtlingsbeförderung ein wenig um. Die Flüchtlinge kamen mit Sonderzügen von Bayern nach Bitterfeld oder Saalfeld. Von dort aus ging es dann mit Bussen weiter zu den Erstaufnahmeeinrichtungen. Die Sonderzüge waren meistens mit ca. 650 Menschen besetzt. Ein Teil wurde nach Sachsen-Anhalt gebracht und der andere Teil kam nach Ostthüringen in die EAE's. Die neue Organisation der Beförderung hatte den Vorteil, dass die Busse mit den Flüchtlingen kalkulierbarer am Endpunkt ankamen. Auf dem Weg von Bitterfeld oder Saalfeld nach Gera war das Staurisiko sehr gering. Die Bahn war in der Regel pünktlich, so dass die Ankunftszeit verlässlicher bestimmt werden konnte. In den Zügen wurden die Flüchtlinge nochmals gezählt, die EAE hatten somit relativ genaue Zahlen und die Ankunftszeiten waren gegen 20:00–21:00 Uhr und nicht um Mitternacht.

Sowohl für die Mitarbeiter in der Flüchtlingshilfe als auch für die Geflüchteten, die meistens mit ihren Familien reisten, darunter auch kleine Kinder, die schon den ganzen Tag „auf den Beinen" waren, hatten die Sonderzüge enorme Vorteile, da sich die Registrierung und Zuteilung der Zimmer nicht bis in den frühen Morgen verzögerte.

Darüber hinaus konnten auch die Teamleiter der Flüchtlingshilfe genauer planen. Die Tage, an denen die Sonderzüge ankamen, waren festgelegt und die Dienstpläne mit den entsprechenden Spät- bzw. Nachtschichten konnten schon im Vorfeld angepasst werden. Vorher war das nicht mit dieser Sicherheit möglich. Busse wurden nicht schon lange vor ihrem Eintreffen angekündigt und die Mitarbeiter mussten nicht an eine normale Schicht noch eine Schicht für die Registrierung und Verteilung der Flüchtlinge auf die Zimmer anhängen.

Die Registrierung am Abend im QMM des Trägers wurde in der Anfangszeit an zwei Arbeitsplätzen vollzogen. Die ankommenden Flüchtlinge bekamen Erstaufnahmebögen in den entsprechenden Sprachen und die Sprachmittler halfen beim Ausfüllen. Dann suchten sich die Mitarbeiter aus den Wartebereichen, in denen sich teilweise 150–200 Menschen aufhielten, die Familien mit kleinen Kindern heraus, die als erste zur Registrierung durften. Die ausgefüllten Formulare wurden den Registrierungsmitarbeitern übergeben. Für die korrekte Registrierung ist es wichtig, die Strukturen der Familien zu durchleuchten, damit diese im System vermerkt werden konnte. Es gibt Möglichkeiten, Vater, Mutter, Ehepartner, Kind, Bruder, Schwester und sonstige Verwandte einzugeben. Name, Vorname, Geburtsdatum, Nationalität und Zimmernummer waren weitere Eingaben, die nötig waren. Hatte man beispielsweise eine Familie mit Mutter, Vater, drei Kindern, der Großmutter (z.B. Mutter des Vaters) und einem Cousin, war es sinnvoll, mit der Großmutter anzufangen. Alle Angaben für diese Person wurden eingegeben. Für das nächste Familienmitglied musste dann das Verwandtschaftsverhältnis eingegeben werden. Hier musste dann *Kind* für den Vater eingegeben werden. Nachdem die vollständigen Angaben notiert waren, war die *Ehefrau* an der Reihe, dann ein *Kind* und dann die *Geschwister* sowie der Cousin als *sonstiger Verwandter* am Schluss. Somit war im System die Verwandtschaftszuordnung: Großmutter (Mutter), Sohn mit Ehefrau, deren Kinder und der Cousin festgehalten.

Die familiäre Zuordnung war sowohl für die Zimmervergabe (hier sieben Personen, also war ein 8-Bett-Zimmer ideal) als auch für die Registrierung der Statistik und die spätere Verlegung wichtig. Man konnte z.B. nicht einen Teil der Familie in eine andere Einrichtung oder eine Kommune verlegen und zwei der Kinder in der Einrichtung lassen.

An jedem Registrierungsplatz war eine kleine Kamera installiert, mit der für das System auch ein Bild der registrierten Person gemacht werden musste. Zum Schluss wurde für jeden Flüchtling eine Chipkarte in speziellen Druckern ausgedruckt, die Name, Nachname, Bild und eine laufende Nummer enthielt. Diese wurde dann den Flüchtlingen ausgehändigt. Die Flüchtlinge wurden dann zum Security-Check gebracht, wo die Personen und ihr Gepäck nach Waffen und ähnlichem durchsucht wurden. Nach erfolgter Durchsuchung wurden die neuen Bewohner durch das Personal (wie schon oben beschrieben) auf die Zimmer gebracht.

In dieser Zeit waren zu den normalen Arbeitszeiten auch Mitarbeiter des TLVwA ständig im Gebäudekomplex und in eigenen Büros anwesend. Am Tag nach der Aufnahme der neuen Flüchtlinge im QMM hatten sie die Aufgabe, die Registrierung im Asyl4Win und für das Easy-System vorzunehmen. Im gleichen Gebäudeteil waren auch Mitarbeiter bzw. Beauftragte des BAMF für eine weitere Registrierung der Flüchtlinge für den Bund untergebracht. Zunächst waren für das BAMF Bundeswehrsoldaten abgestellt, später Mitarbeiter des Zolls.

Abb. 5: Akteure im Rahmen des Erstaufnahmeprozesses und der Registrierung

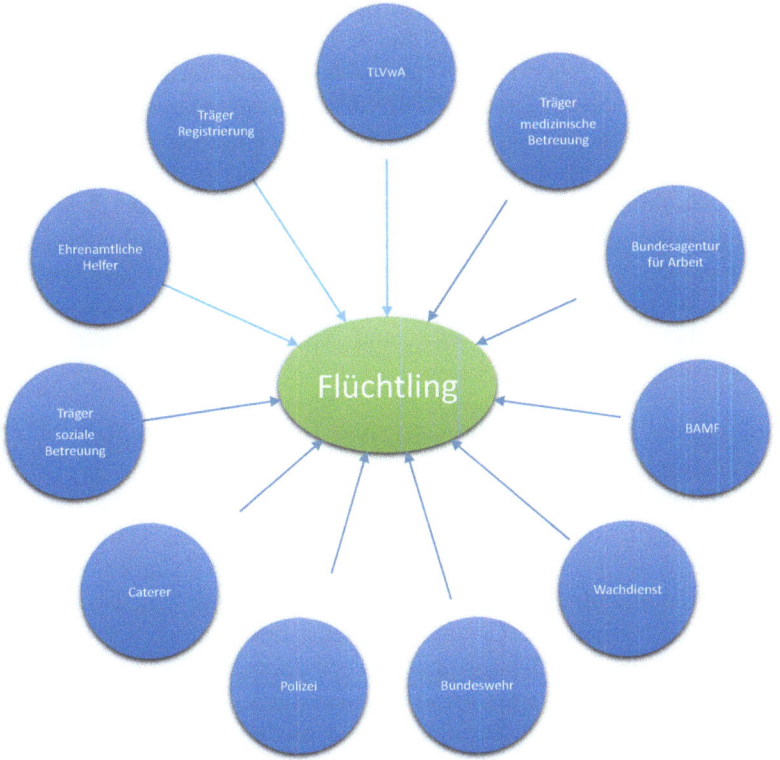

eigene Darstellung

3.3 Medizinische Untersuchung/Betreuung

Allgemeine Informationen

Die Grundlage für eine „Zwangsuntersuchung" der geflüchteten Menschen in Thüringen findet sich im § 62 Asylverfahrensgesetz (AsylVfG)[8]. Asylbewerber kommen aus unterschiedlichen Gebieten der Welt, in denen oft Infektionskrankheiten ende-

---

8   § 62 AsylVfG
   (1) Ausländer, die in einer Aufnahmeeinrichtung oder Gemeinschaftsunterkunft zu wohnen haben, sind verpflichtet, eine ärztliche Untersuchung auf übertragbare Krankheiten einschließlich einer Röntgenaufnahme der Atmungsorgane zu dulden. Die oberste Landesgesundheitsbehörde oder die von ihr bestimmte Stelle bestimmen den Umfang der Untersuchung und den Arzt, der die Untersuchung durchführt.
   (2) Das Ergebnis der Untersuchung ist der für die Unterbringung zuständigen Behörde mitzuteilen. Wird bei der Untersuchung der Verdacht oder das Vorliegen einer meldepflichtigen Krankheit nach § 6 des Infektionsschutzgesetzes oder eine Infektion mit einem Krankheitserreger nach § 7 des Infektionsschutzgesetzes festgestellt, ist das Ergebnis der Untersuchung auch dem Bundesamt mitzuteilen.

misch sind, die in Deutschland nicht vorkommen. In den Erstaufnahmeeinrichtungen leben diese Menschen auf engstem Raum zusammen. Darüber hinaus ist die medizinische Versorgung in den Herkunftsländern in der Regel eingeschränkt. Dadurch tragen insbesondere Kinder und Jugendliche, die in Deutschland Asyl suchen, ein erhöhtes Risiko, an Infektionen zu erkranken, und gefährden in der Folge auch Andere. Dies macht eine systematische Untersuchung des Gesundheits- und Impfstatus von Asylbewerbern erforderlich.

Die Maßnahmen der nachfolgenden Empfehlungen dienen in erster Linie dem Schutz der in einer Einrichtung zusammenlebenden Personen. Als Maßstab wurden überwiegend die Maßnahmen herangezogen, die auch für die Allgemeinbevölkerung in Deutschland im Rahmen von Infektionsschutzmaßnahmen durchgeführt werden. Der Schwerpunkt liegt auf der allgemeinen Prävention (Impfung und Hygiene) sowie dem Einleiten entsprechender Infektionsschutz- und Behandlungsmaßnahmen beim Auftreten von Krankheitszeichen.

Wie werden ankommende Flüchtlinge betreut? Wer ist dafür zuständig?

Flüchtlinge, die in Thüringen ankommen, werden in den EAE zunächst registriert und erhalten dann eine Erstuntersuchung. Sie umfasst eine Anamneseerhebung sowie eine allgemeine ärztliche Untersuchung auf übertragbare Krankheiten. Dazu gehören eine Röntgenuntersuchung der Lunge ab dem 16. Lebensjahr, ein Tuberkulintest bei Kindern und Schwangeren und eine Überprüfung des Impfstatus ab dem 14. Lebensjahr. Verantwortlich ist der öffentliche Gesundheitsdienst des Landes, der für diese Aufgaben Partner bzw. Helfer benötigt (örtliches Gesundheitsamt, Kliniken, Helfer auf Honorarbasis, freiwillige Helfer oder andere Institutionen, die für die Untersuchungen qualifiziert sind). Dasselbe trifft auch auf die medizinische Betreuung der ankommenden Flüchtlinge zu.

Wie funktioniert die Regelversorgung der Flüchtlinge und Asylbewerber?

Neben der Erstuntersuchung sowie der medizinischen Betreuung ankommender Flüchtlinge besteht generell auch ein hoher Bedarf an medizinischer Regelversorgung der Flüchtlinge und Asylbewerber, die in Thüringen leben. Das betrifft in erheblichem Maße die ortsansässigen Praxen und/oder den ärztlichen Notdienst sowie die Krankenhäuser.

Verordnungen für Asylbewerber, die unter §1 AsylblG[9] fallen, erfolgen zu Lasten des Sozialhilfeträgers auf den Namen des Patienten.

Wer sind die zuständigen Behörden?

Die „zuständige Behörde" ist in der Regel der kommunale Sozialhilfeträger. In den meisten Thüringer Landkreisen und kreisfreien Städten ist dies das Sozialamt. In

---

9   AsylblLG = Asylbewerberleistungsgesetz
    Im Asylbewerberleistungsgesetz (AsylblLG) sind seit 1993 die Höhe und Form von Leistungen geregelt, die materiell hilfebedürftige Asylbewerber, Geduldete sowie Ausländer, die vollziehbar zur Ausreise verpflichtet sind, in der Bundesrepublik Deutschland beanspruchen können. Ursachen für die Hilfebedürftigkeit können z. B. in fehlendem Erwerbseinkommen (teilweise auch bedingt durch eine fehlende Arbeitserlaubnis) oder nicht ausreichendem Einkommen und Vermögen liegen, das zur Bedarfsdeckung ausreicht.

manchen Kommunen hat das Amt eine andere Bezeichnung. Bei unbegleiteten minderjährigen Flüchtlingen ist die „zuständige Behörde" der Träger der Jugendhilfe, also in der Regel das kommunale Jugendamt. Bei Flüchtlingen, die in Einrichtungen in Verantwortung des Landes untergebracht sind (Erstaufnahmeeinrichtungen, Erstaufnahmestellen, Notunterkünfte) ist das Landesverwaltungsamt Thüringen verantwortlich.

Übersicht Untersuchungsumfang Gesundheitsuntersuchung Asylbewerber gemäß § 62 AsylVfG

Untersuchung	Altersgruppe	Parameter
Körperlich	Alle	Orientierend zur Feststellung übertragbarer Krankheiten – Gesamt- und Ernährungszustand – Temperatur – Husten, Auswurf – Auskultationsbefund der Lunge – Haut, Haare (Krätze, Läuse, Wunden, Exanthem)
Stuhlprobe	Alle	Typhus, Parathyphus, Shigellose, Giardiasis
Tuberkulose	Alle	Tuberkulose Anamnese (durchgemachte TB, aktuelle Symptome, Grunderkrankung mit TB Risiko)
	Ab 15 Jahren	Röntgen-Thorax
	Kinder < 15 Jahren, Schwangere	Körperliche Untersuchung, Anamnese, IGRA oder THT
Blutentnahme	Ab 13 Jahren mit unklarem Impfstatus	Immunstatus Masern, Varizellen (IgG-Antikörper)
Impfungen	verschiedene	verschiedene

Quelle: Thüringer Landesamt für Verbraucherschutz

Vorgehensweise in der EAE Gera-Ernsee

In den ersten drei Monaten unterstützte das Waldkrankenhaus Gera als direkter Nachbar und ehemaliger Nutzer des Gebäudekomplexes den Träger im Auftrag des TLVwA bei der Erstuntersuchung und beim Röntgen der Flüchtlinge. Dazu wurde eine noch im Haus befindliche Röntgenanlage wieder in Betrieb genommen und nach den medizinischen Richtlinien geprüft. Die ehemaligen medizinischen Untersuchungsräume richtete man im Erdgeschoss wieder her. Ein Großteil des Mobiliars war aus Krankenhauszeiten noch eingebaut und konnte so sehr schnell wieder für die Erstuntersuchungen genutzt werden. Das Waldkrankenhaus eröffnete im November 2015 darüber hinaus eine kleine Krankenstation im ehemaligen Wismut-Krankenhaus im Erdgeschoss (ehemalige Palliativstation). Dieser Bereich hat separate Zugänge und kann vom restlichen Komplex der Flüchtlingsunterkunft abgetrennt werden. Das Krankenhaus richtete zu diesem Zweck die Krankenzimmer mit etwa 30 Krankenbetten und weiterer Ausstattung für Schwerstern-, Arztzimmer und Nebenräume in der Station ein.

Die Station war bis April durch mindestens einen Pfleger oder eine Schwester rund um die Uhr besetzt. In den Vormittagsstunden kam ein Arzt zur Visite, der auch bei Bedarf schnell aus dem Krankenhaus in die sogenannten „Ausliegerstation" gerufen werden konnte.

Im Dezember 2015 zeichnete es sich ab, dass die Erstaufnahmeeinrichtung in Eisenberg aufgrund niedrigerer Flüchtlingszahlen vor der Schließung stand. Dort waren Ärzte und medizinisches Personal des Trägers für die Erstuntersuchung stationiert. Diese wurden zum Januar 2016 nach Gera-Ernsee beordert und ersetzten fortan die Mitarbeiter des Waldkrankenhauses, die bis dahin die Erstuntersuchung durchführten.

Die Untersuchungen übernahmen zwei Ärzte und Schwestern des Trägers. Das Röntgen erfolgte seit dieser Zeit auch durch den Träger und Mitarbeiter einer Röntgenpraxis in einem eigens dafür angeschafften Röntgen-Bus. Dieser stand zunächst in Hermsdorf und dann in Gera-Ernsee.

Die Flüchtlinge kommen aufgrund der Strapazen der Flucht oft mit Erkrankungen und Erschöpfungserscheinungen in der EAE an. Für die medizinische Erstversorgung bei den Ankünften waren zwei Rettungssanitäter unter den Mitarbeitern. Diese versorgten die Geflüchteten im Rahmen ihrer Möglichkeiten und leiteten bei Bedarf weitere Schritte für die medizinische Versorgung ein. Bei schweren Krankheitserscheinungen wurden noch in der Nacht ein RTW und ein Notarzt gerufen, der eine genaue Einschätzung vornahm und dann auch ggf. die kranken Menschen ins Krankenhaus brachte. Neben körperlichen Erkrankungen wie Erkältungen, Erschöpfung, Verwundungen durch den Krieg, ansteckenden Krankheiten etc. zeigten viele Menschen durch die Erlebnisse in ihrem Heimatland und auf der teilweise monatelangen Flucht auch psychische Krankheitssymptome.

Bei allen anderen Kranken wurde am nächsten Morgen entschieden, ob sie einem Arzt vorgeführt werden sollten oder nicht. Da die Flüchtlinge natürlich noch keine Krankenkasse bzw. Krankenkarte besitzen, gibt es für diese Fälle Behandlungsscheine vom TLVwA, die zu einem niedergelassenen Arzt mitgenommen werden. Die Schwierigkeit bestand für die Mitarbeiter des Trägers jedoch darin, Praxen in der Nähe zu finden, die die Flüchtlinge auch behandeln wollten. Die Sprachbarriere und auch die fehlenden Ortskenntnisse stellen für die Kranken schon im Vorfeld dieser Behandlungen bei den verschiedenen Fachärzten ein großes Problem dar. Wenn die Mitarbeiter einen Arzt gefunden hatten, der sich bereit erklärte, jemanden aus unserer EAE zu behandeln, musste ein Sprachmittler gefunden werden, der den Patienten begleitete.

Bei fehlender Ortskenntnis musste auch noch ein Ortskundiger den Kranken zum Arzt begleiten, damit dieser auch zum Termin beim Arzt ankam. In Ausnahmefällen konnten die Flüchtlinge auch mit einem Taxi zum Arzt gebracht werden. Die

Kosten wurden dann, jedoch nur nach vorheriger Absprache mit dem TLVwA, übernommen.

Die überwiegende Mehrzahl der neuen Flüchtlinge fällt unter § 1 AsylbLG, nach welchem sich die Abrechnungsmodalitäten für Behandlungen von Flüchtlingen richtet. In Notfällen ist auch hier eine Behandlung möglich. Ansonsten kann nur eine Leistung abgerechnet werden, wenn ein Originalbehandlungsschein des Sozialhilfeträgers vorliegt.

Für eine normale Behandlung muss ein Originalbehandlungsschein der zuständigen Behörde vorliegen. Die ärztlichen Leistungen, einschließlich der Versorgung mit Arznei- und Verbandmitteln, sind in diesen Fällen per Gesetz (§ 4 AsylbLG) grundsätzlich beschränkt auf Behandlungen akuter Erkrankungen und Schmerzzustände sowie sonstiger zur Genesung, zur Besserung oder zur Linderung von Krankheiten oder Krankheitsfolgen erforderlichen Leistungen sowie auf die Gewährung ärztlicher und pflegerischer Hilfe und Betreuung, Hebammenhilfe und Arznei-, Verband- und Heilmittel für werdende Mütter und Wöchnerinnen sowie die amtlich empfohlenen Schutzimpfungen und medizinisch gebotenen Vorsorgeuntersuchungen. Ist eine Weiterbehandlung bei einem weiteren Arzt nötig, muss die zuständige Behörde hierfür einen neuen Originalschein ausstellen.

Werden diese Abrechnungsmodalitäten nicht beachtet, verweigern die zuständigen Behörden eine nachträgliche Begutachtung und lehnen eine Kostenübernahme ab. Verordnungen erfolgen zu Lasten des Sozialhilfeträgers auf den Namen des Patienten, nicht über den Sprechstundenbedarf. Einen Sonderfall bilden minderjährige unbegleitete Flüchtlinge. Diese erhalten ihren Originalbehandlungsschein vom Träger der Jugendhilfe (nach § 40 SGB VIII). Hier erfolgt die Abrechnung wie bei Flüchtlingen nach § 1 AsylbLG, jedoch zu Lasten des Trägers der Jugendhilfe.

In unserem Fall handelt es sich um Flüchtlinge, die sich in Einrichtungen des Landes befinden. Die zuständige Behörde ist hier das Thüringer Landesverwaltungsamt.

Mit dem Wechsel des medizinischen Teams vom Waldklinikum zum Team des Trägers änderte sich für die Bewohner der EAE sehr viel. Die Ärzte (seit Juni 2016 nur noch ein Arzt) sind nicht nur für die Erstuntersuchung nach § 62 AsylVfG zuständig, sondern haben auch die sonstige allgemeinmedizinische Betreuung der Bewohner übernommen. Den Besuch bei Fachärzten z.B. bei Schwangeren oder bestimmten Leiden kann das Ärzte-Team des Trägers allerdings nicht ersetzen. Für die Mitarbeiter stellt dieser Umstand eine erhebliche Erleichterung dar, da die Organisation von Arztbesuchen beim Allgemeinmediziner wegfällt. Sie bringen oder schicken die Flüchtlinge einfach in den medizinischen Bereich im Haus. Hier werden sie behandelt und mit den nötigen Medikamenten versorgt. Bei der Diagnose einer schwerwiegenden Erkrankung werden die Flüchtlinge, nach Rücksprache zur Weiterbehandlung in das Krankenhaus gebracht.

3.4 Soziale Betreuung

Als Einrichtungsleiter musste ich mit meiner Teamleiterin für die soziale Betreuung in den ersten zwei Monaten mit nur wenig festangestelltem Personal und einigen Ehrenamtlichen den Tagesablauf und die Betreuung der Flüchtlinge gewährleisten. Auf Grund der enormen Flüchtlingszuströme war unter diesen Voraussetzungen zunächst keine intensive Betreuung möglich. Jeder musste immer und überall mit anpacken und die Situation hat von den Mitarbeitern sehr viel Flexibilität abverlangt.

Das Personal wurde sukzessive aufgestockt und auch die soziale Betreuung der Menschen wurde weiter ausgebaut. In der ersten Zeit kamen sehr viele allein reisende Männer und wenige Familien. Als die Diskussion um die Begrenzung des Nachzuges der Familien aufkam, konnten wir feststellen, dass vermehrt Familien mit Kindern nach Deutschland kamen. Neben der Beratung und medizinischen Betreuung gewannen die Kinderbetreuung und die Organisation des Tagesablaufes immer mehr an Bedeutung.

Zu den Hauptaufgaben des Personals vor Ort gehörte vor der Ankunft neuer Flüchtlinge die Bereitstellung der Zimmer in einem ordentlichen und sauberen Zustand sowie ordnungsgemäße und aktuelle Belegungslisten für die Zimmer. Die hohe Fluktuation durch Flüchtlinge, die schon nach kurzer Zeit (manchmal nur Stunden) die Einrichtung wieder verließen, um in andere Länder, z.B. in die Beneluxstaaten, nach Skandinavien oder in deutsche Großstädte wie Hamburg, Berlin, Köln oder Stuttgart, zu Verwandten weiterzureisen, bedeutete eine logistische Herausforderung. Sowohl bei der Verteilung der Zimmer als auch bei der Planung für das Essen musste immer neu geplant werden.

Begrüßung, erste Erklärungen zum Ablauf in der EAE und erste Versorgung – sowohl medizinisch als auch beratend – folgten direkt nach der Ankunft der neuen Bewohner. Die Registrierung sowie die Verteilung und Begleitung der Flüchtlinge auf die Zimmer waren weitere Aufgaben des sozialen Teams.

Mit der Einstellung von mehr Personal konnte auch die Betreuung der Flüchtlinge über das Notwendigste hinaus erweitert werden. Es wurden Kinderzimmer zum Spielen, Basteln und Fernsehen sowie Unterrichtsräume für erste Deutschkurse eingerichtet. Über Spenden kamen unter anderem zwei Tischtennisplatten mit Zubehör und Bälle für Fuß- und Basketball ins Haus, die für die Freizeitgestaltung genutzt werden konnten. Mit Hilfe von freiwilligen Helfern wurden regelmäßige Kinderfeste organisiert und durchgeführt. Mitglieder des sinfonischen Orchesters Gera kamen einmal im Monat und spielten für die Flüchtlinge. Sportverein und Musikschule boten sich an, mit den Kindern und Erwachsenen Sport zu treiben und zu musizieren.

Mit der Vielzahl der neuen Aufgaben und organisierten Angebote mussten auch die Ablauforganisation und die Verantwortungsbereiche der Mitarbeiter überarbeitet werden. Darüber hinaus waren auch immer mehr Mitarbeiter (zunächst durch Neueinstellungen später auch die aus den anderen Einrichtungen des Trägers) in Gera-Ernsee im Einsatz. Die ständigen Veränderungen hatten Einfluss auf das Betriebsklima.

In einer Art Brainstorming wurden daher zunächst alle bisherigen Aufgaben und Tätigkeiten des sozialen Teams zusammengetragen. Hierbei stellte sich heraus, dass eine Vielzahl der Tätigkeiten über die eigentliche Arbeit eines Sozialarbeiters hinausgeht. Die gesamte Struktur wurde überarbeitet und es war aufgrund der besseren Personalstruktur möglich, verschiedene kleine Teams für Registrierung, Verwaltung/ Lager, medizinische Versorgung und den sozialen Bereich zu bilden.

Abb. 6: Organisationsstruktur des sozialen Teams in der EAE Gera-Ernsee

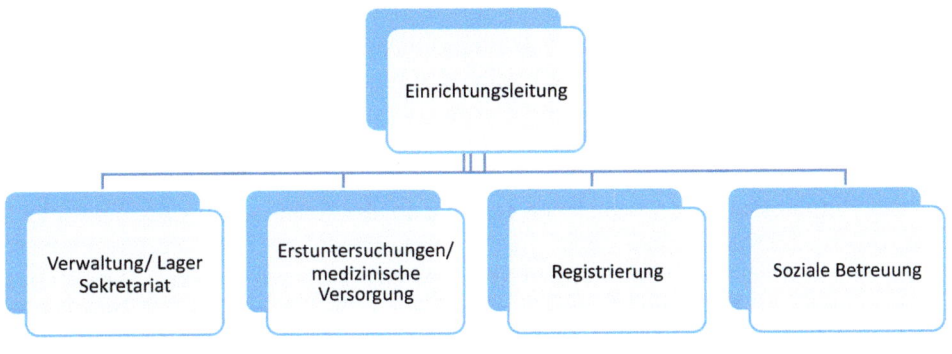

(Quelle: eigene Darstellung)

Die meisten Mitarbeiter waren in der sozialen Betreuung tätig, da in diesem Bereich auch die vielfältigsten Aufgaben vereint waren. Es wurden Unterbereiche für Kinderbetreuung, Beratung der Flüchtlinge, Sportaktivitäten, Feste, Kontakte mit Institutionen von außen (z.B. Sport- und Musik- und Kulturvereine), Sprachkurse, kulturelle Informationen etc. gebildet. Die Mitarbeiter bekamen damit weitergehende Verantwortungen für ihre Aufgaben.

Im Rahmen der organisatorischen Änderungen wurden dann in jeder Etage Zimmer für die Sozialarbeiter eingerichtet und mit Schildern ausgewiesen. Diese sollten für diese Etage für die Bewohner als Anlaufstelle bei allen Fragen und Problemen zur Verfügung stehen.

Es gab tägliche Teamsitzungen, um die Abläufe und Neuigkeiten, wie z.B. Busankünfte oder Transfers, zu kommunizieren und bestimmte Aufgaben zu verteilen. Für jede Etage im Haus waren meistens zwei Mitarbeiter verantwortlich und den Tag über zuständig. Sie hatten, neben Sonderaufgaben z.B. bei Busankünften, überwiegend die Aufgabe als Ansprechpartner für die Flüchtlinge zur Verfügung zu stehen. Es waren feste Reinigungszeiten vorgegeben, in denen die Flüchtlinge ihre Zimmer und Gemeinschaftsräume zu reinigen hatten. Neben Sauberkeit und den nötigen Aktivitäten in den Reinigungszeiten mussten sie auch auf Ruhe auf den Fluren achten und eventuelle Schäden im Gebäude, z.B. verstopfte Duschen oder Toiletten, an die Verwaltung melden.

Unter den Mitarbeitern gab es auch Kollegen, die entweder schon im arabischen Raum gelebt hatten und so der Sprache mächtig waren oder direkt aus dem Sprachgebiet stammten. Diese Kollegen kannten den Kulturkreis und bekamen die Aufgabe, in regelmäßigen Treffen den Flüchtlingen sowohl die Kultur als auch die Sprache ihrer neuen/derzeitigen Heimat näher zu bringen.

Diese ersten Sprachkurse und das Kennenlernen der Kultur und Gepflogenheiten in unserem Land konnten allerdings nur ein erster Impuls sein, da die Flüchtlinge höchstens zwei bis drei Wochen in unserer Einrichtung verbrachten. Somit mussten sich auch die Mitarbeiter ständig wieder auf neue „Schüler" einlassen und den „Lehrstoff" wiederholen. Der Andrang für diese ersten Schritte in ein neues Leben in Deutschland war allerdings sehr groß, so dass diese fast täglich Angebote auf dem Plan standen.

Sportlich engagierte Mitarbeiter bekamen die Aufgabe, zusammen mit Ehrenamtlichen aus Sportvereinen mit den Asylsuchenden regelmäßig Sport zu treiben. Vor allem Ballspiele waren sehr beliebt.

Die soziale Betreuung bestand zu einem weiteren Teil auch in der medizinischen Versorgung kleiner und großer Probleme bei den Flüchtlingen. Im sozialen Team waren zwei Rettungssanitäter, von denen je einer in der Früh- und in der Spätschicht eingeteilt war. Sie hatten zum einen die Aufgabe, für die erste Versorgung kleinerer Beschwerden da zu sein, zum anderen koordinierten sie auch in den Anfangsmonaten, als noch keine Ärzte des Trägers vor Ort waren, die weitere Vorgehensweise bei schwereren Verletzungen oder Krankheiten. Sie stellten in dieser Zeit die Kontakte zu den Ärzten her und sorgten dafür, dass die Flüchtlinge ins Krankenhaus oder zu den zuständigen niedergelassenen Ärzten und Fachärzten kamen. Als Anfang 2016 die Ärzte aus der Einrichtung in Eisenberg nach Gera versetzt wurden, wurde das Verfahren extrem vereinfacht, denn die kranken Menschen konnten Ärzte direkt im Hause aufsuchen

Es war weiterhin vorgesehen, neben den Anlaufpunkten auf den Etagen auch einen zentralen Informationspunkt für die Flüchtlinge im Eingangsbereich der Einrichtung zu installieren, der durch einen kompetenten Mitarbeiter besetzt war. Dieses Büro sollte den Flüchtlingen als zentraler Anlaufpunkt mit festen Öffnungszeiten für alle Fragen z.B. zum Asylverfahren, zu Transfers, für Familienzusammenführungen etc. zur Verfügung stehen.

Mit der Umstrukturierung Anfang 2016 wurde die Arbeit der Teams und damit auch des sozialen Teams professioneller und aufgabenbezogener. Die Zeit, in der weniger Flüchtlinge in die EAE kamen, konnte so genutzt werden um die tägliche Arbeit besser zu strukturieren und gezielter für die Flüchtlinge da zu sein.

3.5 Neue Regelungen zum Durchlauf und zur Registrierung ab Februar 2016

Das neue Durchlaufsystem in Thüringen
Nach den Vorstellungen von Migrationsminister Lauinger sollte das neue System im Wesentlichen nach einem Drei-Stufen-Konzept funktionieren.

Jeder Asylbewerber, der nach Thüringen kommt, sollte in einer ersten Stufe zuerst in den Osten des Freistaates nach Gera-Ernsee, Hermsdorf oder Eisenberg gebracht werden; eine Region, die migrationspolitisch demnächst „Ankunftsportal Ostthüringen" heißen wird.

Die wichtigste Einrichtung soll das ehemalige Wismut-Krankenhaus in Gera sein, das Platz für bis zu etwa 1.400 Menschen bietet. In diesem Ankunftsportal sollen die Flüchtlinge zwei bis drei Wochen bleiben und zeitnah zumindest registriert sowie erstuntersucht und geröntgt werden. Außerdem sollen sie hier erste Informationen zum Asylverfahren und den für ihr Asylverfahren so wichtigen Termin in einer Außenstelle des Bundesamtes für Migration und Flüchtlinge (BAMF) bekommen.

Die für Thüringen zentrale Außenstelle wird im Flüchtlingsheim in Suhl sein. Nachdem die Flüchtlinge registriert, untersucht, aufgeklärt und mit einem BAMF-Termin versorgt sind, wird jeder Flüchtling für die zweite Stufe nach Suhl geschickt. In der dortigen Landeserstaufnahmestelle sollen Mitarbeiter des BAMF für die übergroße Mehrzahl der Menschen innerhalb von sieben bis zehn Tagen darüber entscheiden, ob sie in Deutschland asylberechtigt sind oder nicht. Entscheidungen im Schnellverfahren – mit Hilfe des sogenannten Heidelberger Modells – sind der seit Monaten immer wieder geforderte Schlüssel dazu, endlich Ordnung in die oft chaotische Flüchtlingssituation in Deutschland zu bringen. Bisher dauern die Verfahren Monate, nicht selten auch Jahre. Die zentrale Idee des Heidelberger Modells ist es, dass viele Teilschritte des Asylverfahrens nun unmittelbar nacheinander und an einem Ort erledigt werden; ohne endlosen Wartezeiten, ohne langen Fahrten, ohne unsinnigen Verweise von einem Staatsbediensteten an einen anderen.

In Suhl soll jeder Flüchtling deshalb in Zukunft nur noch eine bis zwei Wochen bleiben. Laut Migrationsminister Lauinger sollten in Zukunft etwa 1.000 Menschen pro Woche in Suhl registriert werden.

Für diejenigen, deren Asylantrag in Suhl vom BAMF anerkannt wird, endet das Asylverfahren dann. Sie sind fortan keine Asylbewerber mehr, sondern anerkannte Flüchtlinge. Diese Menschen können dann entweder Hartz IV beantragen oder arbeiten gehen. In jedem Fall sollen sie in die deutsche Gesellschaft integriert werden.

Wenn Asylbewerber in Suhl keinen positiven Bescheid bekommen, tritt Stufe drei mit noch nicht entschiedenen oder abgelehnten Asylverfahren in Kraft. Noch nicht zu entscheiden kann der Asylantrag z.B. sein, weil die Schicksale der Flüchtlinge so komplex sind, dass sie als sogenannte C-Fälle nicht im Schnellverfahren entschieden werden können. Negativ kann der Bescheid sein, weil er aus verschiedenen Gründen abgelehnt wurde. Im Idealfall soll das aber nur wenige Menschen betreffen. Diese Menschen sollen dann in die Erstaufnahmeeinrichtungen des Landes in Mühlhausen, Ohrdruf, Gotha und Sonneberg verteilt werden. Bei abgelehnten Anträgen ist eine direkte Abschiebung aus Suhl nicht möglich, da der Rechtsstaat die Möglichkeit des Rechtsmittels gegen den entsprechenden Bescheid des BAMF vorsieht. Das soll auch aus einer dieser Einrichtungen heraus geschehen können.

Ist der Fall zu komplex für das Heidelberger Modell, sollen die Asylbewerber in diesen Einrichtungen auf die BAMF-Entscheidung warten, die nach dem Versprechen der Behörde demnächst auch in komplexeren Fällen in maximal fünf Monaten erfolgen soll.

Die Politik präferiert vor einer unfreiwilligen Abschiebung, egal, ob der Asylbewerber nach dem Heidelberger Modell oder nach der C-Fall-Prüfung Deutschland verlassen muss, die Möglichkeit der freiwilligen Ausreise.

Abb. 7: Asylverfahren nach dem Heidelberger Modell

Hintergrundinformationen zum Heidelberger Modell

Kernstück des Modellverfahrens ist die Einteilung der Asylsuchende in vier Gruppen, abhängig von den voraussichtlich nötigen Verfahrensschritten:

Cluster A: Herkunftsländer mit sehr guter Bleibeperspektive
– gilt für Syrien, Eritrea, Religiöse Minderheiten im Irak
– Komplettverfahren innerhalb von 24–48 Stunden
– in der Regel positiver Bescheid
– direkte Weiterleitung an Kommunen
– direkter Beginn von Integrationsmaßnahmen (Integrationskurse, Arbeitsmarktzugang)

Cluster B: Sichere Herkunftsländer
– gilt insbesondere für Westbalkanstaaten
– Komplettverfahren innerhalb von 24–48 Stunden
– Rückkehrberatung vor der Registrierung
– in der Regel negativer Bescheid
– Verbleib in einer Einrichtung bis zur freiwilligen Ausreise oder Rückführung

Cluster C: Komplexe Fälle (außerhalb Cluster A und B)
– Komplettverfahren oder
– Weiterleitung zur Bearbeitung in einer Außenstelle

Cluster D: Dublin-Fälle:
– Weiterleitung zur Bearbeitung in einer Außenstelle

(Quelle: Bundesamt für Migration und Flüchtlinge)

Der geregelte Asylstatus beim Verlassen einer Erstaufnahmeeinrichtung ist das zentrale Ziel des Konzeptes.

Dieses Argument erscheint als wichtiger Meilenstein bei der Integration von Migranten. Vertreter der Kommunen beklagen sich seit einigen Monaten massiv, das häufig Integrationsmaßnahmen für Menschen angeboten werden müssen, bei denen völlig unklar sei, ob sie in Deutschland bleiben dürfen.

Die neue Registrierung in Thüringen

Das bereits beschriebene System der verschiedenen Registrierungen der Flüchtlinge und die chaotischen Zustände bei der Verteilung gilt es perspektivisch für Thüringen neu zu regeln, um aus der Phase des Reagierens auf den immensen Flüchtlingsstrom zu einem geordneten Agieren zu gelangen. Aufgrund geringer werdender Flüchtlingsankünfte in Deutschland und damit auch in Thüringen war es nun angebracht, bestimmte Umstellungen nicht nur beim Durchlauf mit den verschiedenen Portalen sondern auch in der Registrierung zu realisieren.

Das Registrierungssystem QMM, das in Thüringen zunächst nur in Gera genutzt wurde, um die Zimmerverteilung, Essensausgaben und Ein- und Ausgangskontrollen zu überwachen, wurde erweitert, um die Voraussetzungen zur Ablösung des alten landeseigenen Systems bei der Registrierung in Thüringen zu gewährleisten.

Hierzu haben sich in den drei Monaten vor Einführung des QMM über alle Einrichtungen in Thüringen die Verantwortlichen aus dem TLVwA, dem Träger und dem Softwareanbieter darüber verständigt, was das System leisten muss. Ein Pflichtenheft wurde erarbeitet, in dem beschrieben wurde, welche Schnittstellen und Auswertungsmöglichkeiten nötig sind, was ergänzt werden muss, wie die Eingaben vereinfacht werden können etc.

Das QMM in der alten Form hatte nur begrenzte Aufgaben. Um die neuen Aufgaben zu erfüllen, wurde das System modulweise erweitert. Es war für das TLVwA wichtig, weitere Daten zu erheben und einzupflegen. Bessere Bilder waren nötig und die Krankenakten sollten eingescannt und hinterlegt werden können. Durch die Vielzahl neuer personenbezogener Daten war aus datenschutzrechtlichen Gründen auch das Berechtigungskonzept komplett zu überarbeiten. Auch alle Daten der Erstuntersuchung sollten nun im System hinterlegt werden.

Neben der Ablösung des veralteten Systems des Landes sollte die doppelte und dreifache Registrierung durch den Träger (hausintern) und das Land (*Easy* und Asyl4win) eine erhebliche Vereinfachung und geringere Belastung für Personal und Flüchtlinge mit sich bringen. Das System ist so konzipiert, dass es die Daten zentral über das Web auf einem Server speichert und alle angeschlossenen Einrichtungen und Institutionen gemäß dem Berechtigungskonzept auf die Daten zugreifen können.

Nach und nach sind die verschiedenen Aufnahmeeinrichtungen mit entsprechender Hard- und Software ausgestattet worden. Die Registrierung der Flüchtlinge erfolgte nun bei der ersten Aufnahme, die Daten (wie schon oben beschrieben) wurden abgefragt und im System hinterlegt, Bilder wurden gemacht und jeder Flüchtling bekam eine Chipkarte, auf welcher Bild, Name, Vorname, BAMF-Nummer, Geburtsdatum, laufende Nummer und Nationalität gespeichert waren. Bei einem Transfer in eine andere Einrichtung mussten die Flüchtlinge mit Hilfe eines Kartenlesers und der Chipkarte nur ausgeloggt und bei der Zimmerverteilung in der neuen Einrichtung in gleicher Form wieder eingeloggt werden. Die Daten konnte die empfangende Einrichtung direkt über das Internet abrufen und verarbeiten. Da nach der Erstuntersuchung mit Röntgen und den Impfungen diese Daten auch im System hinterlegt werden, kann so auch der Untersuchungsstatus des Flüchtlings überwacht werden.

In der Vergangenheit kam es vor, dass Flüchtlinge in Kommunen oder andere Einrichtungen transferiert wurden, obwohl noch nicht alle Untersuchungen durchgeführt worden waren, oder noch nicht alle Ergebnisse vorlagen. Das hatte zur Folge, dass Flüchtlinge mit teilweise ansteckenden Krankheiten aus den Erstaufnahmeeinrichtungen in andere Unterbringungen verlegt wurden. Des Weiteren konnten Untersuchungsergebnisse nicht mehr den Flüchtlingen eindeutig zugeordnet werden, da diese schon transferiert waren. Auch so etwas kann nun nicht mehr passieren, da ein Ampelsystem für die Untersuchungsergebnisse eingeführt wurde.

Die medizinische Abteilung pflegt alle zur Verfügung stehenden Daten und Ergebnisse in das System ein und vermerkt bestimmte Untersuchungen als abgeschlossen. Wurde beispielsweise ein Flüchtling untersucht, aber noch nicht geröntgt, steht die „Ampel" auf Rot. Ist das Röntgen erledigt und die Ergebnisse liegen noch nicht vor, steht die „Ampel" auf Gelb. Sind alle Ergebnisse da und in Ordnung, steht die „Ampel" im System auf Grün und einem Transfer steht aufgrund seiner individuellen Krankheitsakten nichts mehr im Weg.

Da die Transferlisten[10] nicht vor Ort, sondern im TLVwA erstellt werden, kommt eine weitere Besonderheit zum Ampelsystem hinzu. Da die Eingaben bei der ersten Registrierung auch die Strukturen der Familienverbünde enthalten, werden Familienmitglieder durch das System erst auf Grün, und damit frei zum Transfer, gesetzt, wenn alle Familienmitglieder „auf Grün" sind. Dies verhindert, dass Familien auseinandergerissen werden und z.B. die Eltern transferiert werden sollen, die Kinder aber nicht. Aufgrund der unterschiedlichen Traditionen in der Namensgebung sind die Familienverbünde für die Entscheider im TLVwA nicht immer als solche direkt zu erkennen. Das Ampelsystem ist mittlerweile so ausgereift, dass diese Fehler nicht mehr passieren.

Beim Verlegen aus einer EAE in eine andere Einrichtung oder eine Kommune wurden auch immer die Unterlagen zu den ärztlichen Untersuchungen mitgegeben, damit die Gesundheitsämter nachvollziehen können, mit welchem Krankheitsstatus sie es zu tun haben. Diese Praxis soll im Idealfall durch das neue System ebenfalls entfallen, da die Gesundheitsämter einen Zugang zum System bekommen können, mit dem dann auf die personenbezogenen Daten (im Rahmen ganz enger Zugriffsbestimmungen) zugegriffen werden kann.

Eine weitere Verbesserung konnte im Februar 2016 bei den Ankünften in Thüringen realisiert werden. Vom Migrationsministerium wurde im Rahmen des im vorigen Kapitel beschriebenen Dreistufen-Modells ein Ankunftssystem für Ostthüringen entwickelt, das für die Mitarbeiter und Flüchtlinge eine erhebliche Vereinfachung darstellen sollte. Leider wurde dieses System relativ schnell durch die extrem sinkenden Flüchtlingszahlen wieder überholt.

Wie schon im Vorfeld beschrieben, kamen die Züge und Busse in der letzten Zeit relativ geregelt und vorausschaubar an. Als erste Anlaufstellen waren weiterhin die Erstaufnahmeeinrichtungen in Eisenberg, Hermsdorf und Gera-Ernsee geplant.

Die Flüchtlinge wurden noch in der Nacht bzw. am Abend mit Nahrungsmitteln versorgt und nach Familien oder Nationalitäten getrennt auf die Schlafbereiche aufgeteilt.

In einer Halle in Hermsdorf (s. Abb. 8) wurden beispielsweise verschiedene Bereiche für das Material, die Unterbringung, die Essensausgabe, die Verwaltung, die Registrierung durch den Träger, die Registrierung durch das BAMF, für Sanitärbereiche sowie für Spielflächen Kinder und für die Kleiderausgabe abgetrennt. In einem Teil der Halle hatte das BAMF acht bis zehn Registrierungsplätze aufgebaut. In einem anderen Teil waren sechs Registrierungsplätze des Trägers im Auftrag des TLVwA mit angeschlossenem Fotostudio für die „Passbilder" untergebracht.

---

10 Die Listen, auf denen die Namen der Flüchtlinge stehen, die zu einem bestimmten Termin mit Bussen aus der Erstaufnahmeeinrichtung in eine andere Einrichtung oder eine Kommune gebracht werden.

Abb. 8: Die ebenerdige Industriehalle in Hermsdorf, die mit Hilfe von Bauzäunen und Planen in verschiedene Bereiche mit jeweils vier bis fünf Doppelstockbetten abgetrennt wurde, war für die Ankünfte in den Abendstunden als erste Anlaufstelle für die Busse vorgesehen.

(Quelle: MDR)

Am Morgen nach der Ankunft wurden die Flüchtlinge bereichsweise, also nach Familien, oder so wie sie untergebracht waren zum Registrierungsbereich des BAMF gebracht. Bundeswehrsoldaten waren hierfür abgestellt und haben die Vorregistrierung von der Deutschen Grenze auf Richtigkeit überprüft und noch nicht registrierte Ankömmlinge registriert. Alle Flüchtlinge hatten nun eine BAMF-Nummer, die für die weitere Registrierung nötig war. Dann wurden die Menschen zum Registrierungsplatz des Trägers gebracht, wo man sie zunächst in dem eigens eingerichteten Fotostudio fotografierte. Dieses „Passfoto" wurde im System gespeichert und die Flüchtlinge gelangten dann zu den eigentlichen Registrierungsplätzen des Trägers. Die Mitarbeiter des Registrierungsteams nahmen nun die persönlichen Daten (siehe Beschreibung oben) auf und verknüpften diese im System mit dem Bild. Abschließend bekamen die registrierten Flüchtlinge dann ihre Chipkarte mit Bild, Name, Vorname, Geburtsdatum, BAMF-Nummer und Nationalität ausgehändigt. Die Prozedur war damit für viele aber noch nicht erledigt. Alle die über 15 Jahre alt und nicht schwanger waren, mussten danach zum Röntgen. Hierfür hatte der Träger ein Röntgenmobil angeschafft, das in Hermsdorf im Außenbereich der Halle stand und von einem Röntgenteam bedient wurde (später nach Schließung der Halle in Hermsdorf wurde das Röntgenmobil nach Gera-Ernsee gefahren und dort wieder aufgestellt). Die Aufnahmen wurden in einer Röntgenpraxis ausgewertet und die Ergebnisse per Mail an das Ärzteteam nach Gera-Ernsee weitergeleitet, wo einige Tage später auch die Erstuntersuchung durchgeführt wurde.

Da in der Regel um die 250–300 Flüchtlinge zugleich ankamen, benötigten die Teams vom BAMF, dem Träger und Röntgen etwa zwei Tage, um alle Flüchtlinge entsprechend aufzunehmen. Die Verweildauer in Hermsdorf wurde deshalb auf zwei bis drei Tage beschränkt. Danach wurden die Flüchtlinge mit Bussen (meistens vom Fahrdienst der Bundeswehr) von Hermsdorf nach Gera-Ernsee gebracht.

Da alle Flüchtlinge, die verlegt werden sollten, schon im QMM registriert waren und eine Chipkarte mit Daten erhalten hatten, brauchten sie auch in Gera nicht neu registriert werden. Mit der Chipkarte checkte man sie bei Abfahrt aus Hermsdorf aus und bei Ankunft in Gera-Ernsee durch einfaches Scannen der Karte wieder ein. Das Registrierungsteam übernahm anschließend noch die Zimmerverteilung nach einem vorgefertigten Zimmerplan und erfasste dies im System. Andere Mitarbeiter versorgten die Flüchtlinge im weiteren Verlauf mit unterschiedlichen Hygieneartikeln für Frauen, Männer und Kinder und begleiteten sie auf die Zimmer.

Das neue System mit dem Ankunftsportal Hermsdorf/Gera hatte einige signifikante Vorteile. Die Nachtschichten mit den langwierigen Komplettregistrierungen in Gera fielen weg. In der Halle in Hermsdorf konnten die Flüchtlinge ohne großen Registrierungsaufwand in die einzelnen „Bettenboxen" verteilt werden. Auch die ebenerdige, große übersichtliche Halle in Hermsdorf war ein Vorteil gegenüber Gera-Ernsee mit seinen sieben Etagen und vielen einzelnen Zimmern. Die zeitaufwendige Registrierung mit anschließendem Röntgen in Hermsdorf am Morgen nach der Ankunft beginnen. In Hermsdorf wurden die Flüchtlinge aus den einzelnen „Boxen" zum Registrieren beim BAMF, dann zum Registrieren beim Träger und anschließend direkt zum Röntgen in einer Art „Registrierungsstrecke" geführt. Man konnte sichergehen, dass jeder alle nötigen Punkte absolviert hatte.

In Gera-Ernsee wäre diese Vorgehensweise nicht möglich gewesen, da das große Haus mit den langen Fluren und insgesamt über 400 Zimmern sehr unübersichtlich ist. Eine koordinierte Registrierung aller angekommenen Flüchtlinge ist damit fast unmöglich.

Die Ankünfte in Thüringen waren zweimal in der Woche vorgesehen. Nach einer Verweildauer von zwei bis drei Tagen konnte die Halle in Hermsdorf ohne große Hektik für die nächsten Ankömmlinge vorbereitet werden. Auch die Ankünfte von Hermsdorf in Gera konnten im Vorfeld vorbereitet werden. Die genauen Zahlen für Nationalitäten, Geschlecht, Familien etc. waren so schon früh bekannt. Mitarbeiter des medizinischen Personals waren im Vorfeld schon in Hermsdorf und haben die Flüchtlinge begutachtet. Somit waren auch Besonderheiten und Krankheiten bekannt, und die Mitarbeiter in Gera-Ernsee waren z.B. auf Gehbehinderte vorbereitet. Für Rollstuhlfahrer und andere eingeschränkte Personen stand in Gera-Ernsee das Erdgeschoss zur Verfügung. Bei besonderen Krankheiten konnte sich auch das medizinische Personal vorbereiten und entsprechende Maßnahmen einleiten.

Das ganze System Hermsdorf/Gera mit den Mitarbeitern in Registrierung, Versorgung etc. war auf 300–600 Flüchtlinge in der Woche ausgelegt. Nachdem aber die

Flüchtlingszahlen weit unter diese Voraussetzungen sanken, war das Ankunftsportal Hermsdorf/Gera so nicht mehr aufrecht zu erhalten. Die Halle in Hermsdorf wurde vorübergehend stillgelegt und die Mitarbeiter wurden nach Gera-Ernsee versetzt. Auch das Röntgenmobil wurde abgebaut und nach Gera-Ernsee gebracht.

Alle neuen Flüchtlinge wurden ab diesem Zeitpunkt direkt nach Gera gefahren. Die Registrierungsplätze waren schon von zwei auf vier aufgestockt worden und auch das Fotostudio wurde in Gera aufgebaut, um die Registrierungen vollständig in Gera vornehmen zu können. Die komplette Registrierung, die Kontrolle des BAMF, die Erstuntersuchungen und das Röntgen erfolgen seither in Gera. Die Verweildauer beträgt nun zwei bis drei Wochen, bis die Asylbewerber mit der gesamten Familie, wie schon im Vorfeld beschrieben, im Ampelsystem auf „Grün" stehen, also alle nötigen Untersuchungen und Befunde abgeschlossen waren, und eine Verlegung nach Suhl erfolgen kann.

4. Resümee

Zusammenfassend muss angemerkt werden, dass wir hier in Deutschland nicht auf den Ansturm der vielen Flüchtlinge Mitte bis Ende 2015 vorbereitet waren. Vorrangig fehlte es an Unterbringungsorten für die Flüchtlinge. Neben Turnhallen und Messehallen wurde alles für die Unterbringung genutzt, was schnell für diesen Zweck nutzbar gemacht werden konnte. Wäre die Unterbringung nicht gelungen, hätte das eine humanitäre Katastrophe durch den nahenden Winter zur Folge gehabt, das wussten alle Beteiligten. Niemand konnte zu diesem Zeitpunkt jedoch vorhersagen, wie viele Flüchtlinge kommen würden.

Die Einreise, die Aufnahme und die Verteilung waren unorganisiert und es fehlte im Anschluss an Personal bei der Versorgung der Asylsuchenden. Ohne die vielen Ehrenamtlichen wären die vielen Aufgaben nicht zu schultern gewesen. Durch das Chaos in den ersten Wochen der Flüchtlingsaufnahmen in Deutschland, verbunden mit dem Mangel an Personal, wurden die wenigen festen Mitarbeiter der Hilfsorganisationen, aber auch die Ehrenamtlichen, einer extrem hohen zeitlichen, körperlichen und psychischen Belastung ausgesetzt.

Bei der Registrierung erhob man die persönlichen Daten mehrfach, da die verschiedenen Ämter, Behörden und Institutionen von Land, Bund und Kommune nicht miteinander gearbeitet und auch systemtechnisch nicht verknüpft waren und es teilweise bis heute noch nicht sind. Eine bessere Verzahnung der Systeme, wie sie in Thüringen mit dem QMM-System eingeführt wurde, hat die Arbeit erleichtert und auch viel Stress bei Mitarbeitern und Flüchtlingen vermieden.

An eine Integration, sei Sie vorübergehend oder gar nachhaltig, war in diesen Monaten gar nicht zu denken. Alle Beteiligten hatten mit dem Aufbau einer funktionierenden Infrastruktur, kleineren Optimierungen aus dem Tagesgeschäft heraus und der Sicherung der momentanen Situation zu tun.

In den Monaten zwischen Februar 2016 bis heute (September 2016), nachdem die Flüchtlingszahlen merklich zurückgegangen sind, konnten Veränderungen gezielt in Angriff genommen werden. Die Zusammenarbeit z.B. des TLVwA und des Trägers wurde immer intensiver, auch durch die gemeinsame Registrierung der Flüchtlinge in einem System, das im Februar eingeführt wurde. Durch die landesweite Einführung eines Systems und einer Chipkarte für die Flüchtlinge konnten Prozesse und Abläufe besser aufeinander abgestimmt und im Zuge dessen auch die Beschaffung des Materials für die Versorgung der Flüchtlinge vereinfacht und beschleunigt werden.

Die Beruhigung durch weniger Neuankünfte in der EAE und die erhöhte Personalstärke ermöglichten es auch, die soziale Betreuung neu zu ordnen und auszubauen. Es war Zeit für die Einführung neuer Strukturen mit ganz klaren Verantwortlichkeiten.

Erste Integrationsmaßnahmen wurden, z.B. mit einfachen Deutschkursen und Kursen zur Kultur, auf den Weg gebracht. Für die Erwachsenen und auch für die Kinder konnten z.B. Fußball, Basketball, Tischtennis, Malen, Basteln, Vorführung von Märchenfilmen und Spielenachmittage angeboten werden, um die zur Verfügung stehende Zeit effektiv zu nutzen und Langeweile zu vermeiden.

Eine schnellere Möglichkeit der Einreichung und der Bearbeitung von Asylanträgen kann eine erfolgreiche Integration erheblich fördern. Das lange Warten auf einen Termin beim BAMF und die daraus resultierende „verschenkte" Zeit führt zu Frustrationen und damit auch teilweise Aggressionen bei den Asylsuchenden. Darüber hinaus sind für die Einreichung von Asylanträgen und die persönlichen Termine beim BAMF noch Transfers, verbunden mit Umzügen von einem Flüchtlingsheim in ein anderes, notwendig.

Gemessen an den derzeitigen Flüchtlingszahlen wäre es durchaus möglich, die verschiedenen Stufen des Aslyverfahrens und damit auch für eine mögliche Integration in unsere Gesellschaft und Arbeitswelt „unter einem Dach" zu bewältigen. In NRW wurde bereits eine „Einrichtung neuen Typs" in der eröffnet. Die Erstaufnahmeeinrichtung Gera-Ernsee in Thüringen ist mit seiner Größe und den Gegebenheiten vor Ort hervorragend für Integrationsangebote dieser Art („alle unter einem Dach") geeignet. Neben den jetzt schon eingerichteten Bereichen für medizinische Erstuntersuchungen und der allgemeinmedizinischen Versorgung, den sozialen- und Freizeitaktivitäten, der Registrierung für Land und Träger sowie der Außenstelle der Bundesagentur für Arbeit wäre es von Vorteil, auch eine Außenstelle des Bundesamtes für Migration und Flüchtlinge (BAMF) vor Ort einzurichten. So können Flüchtlinge direkt bei der Erstaufnahme ihren Asylantrag stellen und die Bearbeitung sowie die Termine für die Anerkennungsgespräche könnten auch direkt vor Ort erfolgen. Sicherlich würde sich damit auch die Verweildauer der Flüchtlinge in Thüringens EAE Gera-Ernsee verlängern. Bei den derzeitig geplanten 300 Flüchtlingen, die im Monat nach Thüringen kommen können, reicht die Kapazität von ca. 1.500 Betten (ohne jeglichen Abgang mitzurechnen) für bis zu 5 Monate aus. Diese Zeitspanne muss für das Verfahren nicht ausgenutzt werden. Rechnet man mit einer durchschnittlichen Verweildauer von zwei bis drei Monaten, wären ganz andere Schritte zur Integration möglich als heute.

Die Aufgabe einer intelligenten und damit erfolgreichen Integration muss so früh wie möglich beginnen und so konstant wie möglich ausgeführt werden. Eine Verlegung nach zwei bis drei Wochen in eine andere Einrichtung bietet keine guten Voraussetzungen und wirkt eher kontraproduktiv. Eine Außenstelle der Bundesagentur für Arbeit (BA) ist jetzt schon vor Ort. Durch die kurzen Zeitabschnitte, in denen die Flüchtlinge in der EAE wohnen und damit auch den Mitarbeitern der BA zu Gesprächen sowie zur Feststellung der Gültigkeit von Qualifikationsnachweisen aus dem Ausland zur Verfügung stehen, ist eine konkrete Feststellung von Kompetenzen, Fähigkeiten und Qualifikationen gar nicht möglich. Bei einer längeren Verweildauer könnten auch hier erheblich bessere Ergebnisse für eine Integration in den Arbeitsmarkt und so in unsere Gesellschaft erfolgen. Gerade vor dem Hintergrund der Zusammenarbeit mit dem BAMF, das für die Asylverfahren zuständig ist, könnten Verzahnungen in den Abläufen geschaffen werden. Das hätte zur Folge, dass nicht diejenigen, die keine Bleibeperspektive haben, gefördert werden. Für diejenigen, die sicher in Deutschland bleiben können, stünden dann mehr Plätze in den entsprechenden Integrationskursen, Sprachkursen und Qualifikationskursen zur Verfügung.

Für diejenigen, die mit einer Bleibeperspektive in die Kommunen kommen, haben die Agentur für Arbeit und die Jobcenter in allen Teilen des Landes Thüringen 35 verschiedene Projekte unter der Überschrift „Arbeit für Thüringen" initiiert.

Ziel ist die Förderung von zielgruppenspezifischen Projekten zur beruflichen oder sozialen Integration, einschließlich der Förderung von Begleitstrukturen für benachteiligte Zielgruppen (zu denen natürlich auch Migranten und Flüchtlinge zählen). Die Maßnahmen sind für ca. 4.700 Teilnehmer und Teilnehmerinnen über eine Laufzeit bis Ende 2018 ausgelegt. Über dieses Programm stehen bisher ca. 7,5 Millionen Euro an Landesmittel zur Verfügung, die sich entsprechend auf die kommenden Haushaltsjahre bis 2018 verteilen. In dieser Zeit muss es gelingen, nachhaltige Integrationsstrukturen aufzubauen.

Ein weiteres Hemmnis beim erfolgreichen Einmünden in den Arbeitsmarkt stellt die Vergleichbarkeit unserer Abschlüsse mit denen aus den Heimatländern der Asylsuchenden dar. Eine Anerkennung ausländischer Abschlüsse für Handwerk, Medizin und Wissenschaft, eventuell auch mit entsprechenden Qualifikationsprüfungen oder Nachschulungen, hätte eine erhebliche Verbesserung der Integrationschancen zur Folge.

In einem Fernsehbeitrag im Juli 2016 war zu sehen, dass ein syrischer Arzt aufgrund fehlender Papiere seinen Beruf in Deutschland nicht ausüben darf. Er wollte stattdessen als Kellner arbeiten, um selbst Geld zu verdienen, was er aber auch nicht durfte, weil zunächst deutsche Bewerber berücksichtigt werden müssen. Es hatte bereits einige Bewerber gegeben, nach den Angaben der Besitzerin sind sie jedoch unzuverlässig und damit unzumutbar für sie.

In diesem Punkt ergibt sich ein enormer Nachholbedarf unserer Institutionen, Ämter und natürlich der Politik, um solche integrationshemmenden Faktoren zu minimieren. Unsere Politik hat mit dem neuen Integrationsgesetz auf diese Missstände reagiert und unter anderem den Verzicht auf eine Vorrangprüfung beschlossen. Flüchtlinge mit guter Bleibeperspektive sollen nun leichter eine Arbeit aufnehmen können, weshalb die Arbeitsagentur – abhängig von der regionalen Arbeitsmarktlage – für drei Jahre auf die Vorrangprüfung verzichtet.

Problematisch ist jedoch weiterhin, dass die Integration in den Arbeitsmarkt fokussiert auf Abschlüsse und deren Nachweise ist, andere Kompetenzen werden weitgehend außer Acht gelassen. Es ist meiner Ansicht nach wichtig, nicht nur auf die Abschlüsse zu schauen, da diese doch oft mit den hier geltenden Vorschriften nicht vereinbar sind. So zieht beispielsweise auch ein Jobcenter-Geschäftsführer in Ostthüringen öffentlich folgende Bilanz: „Maximal 20 Prozent der Flüchtlinge haben eine verwertbare Ausbildung nach deutschen Standards."[11]

Um eine intelligente Integration in den Arbeitsmarkt zu gewährleisten, muss weitergedacht werden als nur bis zu einem Papier, welches eine bestimmte Qualifikation nachweist. Wir sind es in Deutschland gewohnt, dass wir für „Alles und Jedes" Zertifikate, Diplome oder andere Nachweise bekommen und diese vorweisen müssen. In anderen Kulturen ist das oftmals nicht so verbreitet. Darüber hinaus kommen die Flüchtlinge meistens aus Kriegs- oder Bürgerkriegsgebieten. Sie flüchten vor Verfolgung, Feuer, Bomben und Granaten. In dieser Situation sind oftmals die wichtigen Papiere, falls überhaupt vorhanden, unwiederbringlich vernichtet oder auf der oftmals dramatischen Flucht verloren gegangen. Vor einem solchen Hintergrund ist es für die Akteure der Integration unumgänglich, andere Wege im Rahmen der Entscheidungsfindung zu gehen. Neben den reinen fachlichen Qualifikationen sollten auch Kompetenzen der geflüchteten Menschen eine wichtige Rolle bei der Eingliederung in den Arbeitsmarkt spielen. Diese Kompetenzen müssen festgestellt und fachmännisch, durch speziell dafür ausgebildete und vernetzte Integrationsmanager, begleitet werden.

Betont werden sollte abschließend noch der hohe Humanitätsgehalt all dessen, was die vielen selbstlosen Mitarbeiter und Helfer täglich vollbracht haben und noch immer vollbringen. Gerade diese hinter den Kompetenzen liegende Wertehaltung ist ausschlaggebend dafür, dass sich die Flüchtlinge aufgenommen fühlen und letztlich fließen genau diese erlebten Werte in ihre Kompetenzen ein. Dass gerade diese Entwicklungsprozesse wichtig sind, zeigen aktuelle Diskussionen und Ereignisse. Wertbezogene Fragen und Analysen, wie sich Werte für Menschen unterschiedlicher Kulturen differenziert darstellen, werden im Rahmen einer intelligenten Integration von großer Bedeutung sein.

---

11 Spanier, T. (2016): Flüchtlingsausbildung – Deutliche Worte vom Chef des Jobcenters in Saalfeld. OTZ vom 07.07.2016, abrufbar unter http://saalfeld.otz.de/web/lokal/politik/detail/-/specific/Fluechtlingsausbildung-Deutliche-Worte-vom-Chef-des-Jobcenters-in-Saalfeld-1786569036 (02.09.2016).

Die Kreolen und wir

John Erpenbeck

Mit der großen Anzahl an nach Deutschland kommenden Migranten und Flüchtlingen ist auch eine Flut von Literatur zum Thema Integration entstanden. Die Bücher befassen sich mit nahezu allen Fragen der Integration: von der medizinischen und sozialen Erstversorgung bis zur Unterkunft und Ernährung; dann mit Fragen der Sprache und der Bildung; dann zentral mit Fragen der beruflichen Bildung und eines Arbeitsplatzes; schließlich mit solchen der sozialen Wertvermittlung – vom familiären über den lokalen bis zum Landes- und nationalen Bereich (Butterwege, 2010; Heckmann, 2014; Heyse, 2016).

Es kann nicht die Aufgabe des Kompetenzforschers oder praktischen Kompetenzentwicklers sein, der Literaturflut weitere Wellen hinzuzufügen. Vielmehr könnten drei direkt *kompetenzbezogene Fragen* im Mittelpunkt seiner Überlegungen stehen:

1. Welche Kompetenzen sollten Migranten und Flüchtlinge, die in Deutschland bleiben, haben oder entwickeln, damit ihnen das Leben und Arbeiten in diesem Land gelingt.
2. Ausgehend von der Überzeugung, dass Werte die Kerne von Kompetenzen bilden: Welche tief verinnerlichten, mitgebrachten Werte aus den Herkunftsländern und Herkunftsfamilien sind leichter zu verändern und welche bedürfen einer intensiven Einwirkung oder sind auch gar nicht zu verändern.
3. Welche interkulturellen Kompetenzen benötigen diejenigen, die Kompetenzentwicklungen der Migranten und Flüchtlinge fördern und deren Wertentwicklung begleiten sollen.

1. Kompetenzanpassung

Das erste und vorrangige Ziel bei der Integration von Migranten und Flüchtlingen in die Gegebenheiten in Deutschland kann nur darin bestehen, sie angesichts der vielfältigen Problemsituationen, denen sie im Lande begegnen, handlungsfähig zu machen. Das heißt nichts anderes, als ihre Kompetenzen dort wo vorhanden zu erkennen, dort wo nicht vorhanden zu fördern und zu entwickeln. Die Problematik einer so simplen Aussage liegt darin, dass gleiche Kompetenzen in ungleichen Förderfeldern – Erstversorgung, Unterkunft, Ernährung, Sprache, Bildung, berufliche Bildung, Arbeit, Werthandeln –, aber auch ganz ungleiche Kompetenzen in jedem einzelnen dieser Förderfelder gefragt sind. Blicke in die erwähnte Literaturflut zeigen, dass Letzteres den Autoren wie auch den in Deutschland Handelnden wohl bewusst ist. Ersteres hingegen wird kaum reflektiert, es sollte und könnte Gegenstand eigener Überlegungen und Forschungen sein.

Wenn valide festgestellt wird, dass eine Person beispielsweise über hohe sozial-kommunikative Kompetenzen verfügt, wofür ein Verfahren wie KODE® hervorragend geeignet ist (Heyse, 2010), so ist das eine Feststellung, die bei der ersten Eingewöhnung im Lande, beim Sprachen lernen und in der Arbeitstätigkeit gleichermaßen wichtig wird. Der Kompetenzblick ermöglicht deshalb, gedoppelte Entwicklungsanstrengungen zu vermeiden und Kompetenzen, die sich in einem Bereich deutlich zeigen, auf einen anderen zu übertragen.

Vom KODE® Verfahren ausgehend liegt es deshalb nahe zu prüfen, welche der vier Grundkompetenzen für die Integration von Migranten und Flüchtlingen eine besondere Rolle spielen, und in welchen Bereichen das besonders der Fall ist.

Personale Kompetenzen stehen zunächst im Mittelpunkt aller Bemühungen. Die meisten Migranten und Flüchtlinge sind traumatisiert (geschätzt ca. 40% der Flüchtlinge)[1], haben Schreckliches erlebt und müssen sich nach einem monatelangen Ausnahmeleben in ein ganz ungewohntes, für sie mit vielen Fallen versehenes Normalleben einfügen. Manches davon lässt sich als Sachwissen lernen, das meiste jedoch muss der widerständigen Wirklichkeit als Erfahrung abgerungen werden (Arnold & Erpenbeck, 2014). Damit dieser Alltagskampf gewonnen werden kann, ist ein hohes Maß an Selbstbewusstsein, an Bewusstsein des eigenen Wertes und der Gültigkeit vieler eigener Werte vonnöten. Das betrifft zunächst natürlich den Bereich der normativ-ethischen Einstellungen, und dieser reicht tief in weltanschauliche, religiöse, soziale und alltagsverfestigte Sphären der Personen hinein. Belehrungen sind hierbei kaum, Informationen nur wenig von Nutzen. Es geht um Wertveränderungen bzw. Wertentwicklungen, die ein emotionales „Umlernen" erfordern, das, so es überhaupt gelingt, viel Zeit in Anspruch nimmt und mit großer Unsicherheit verknüpft ist. Dazu gehören auch Glaubwürdigkeit und Eigenverantwortung. Der nächste Abschnitt – Wertveränderung – soll darauf programmatisch eingehen. Aber auch andere Bereiche der Personalen Kompetenz sind zu beachten und von der Zumutung abzuschirmen, man könne durch Belehrungen viel erreichen. Dazu gehören das Selbstmanagement, also die Fähigkeit, das eigene Handeln selbstorganisiert und kreativ zu gestalten, die Einsatzbereitschaft und die Offenheit für Veränderungen, die nach allen vorhergehenden brachialen Veränderungen oft auf ein Minimum abgesackt ist, dazu gehören die Lernbereitschaft, aber auch so wichtige Primärtugenden wie Zuverlässigkeit und Disziplin, und schließlich Hilfsbereitschaft und Humor. Gerade der Humor ist ein deutlicher Indikator für die Kulturabhängigkeit personaler Kompetenzen.

Aktivitäts- und Handlungskompetenzen stellen einen weiteren großen Problembereich für Migranten und Flüchtlinge dar. Tatkraft und Initiative wurden durch Umstände und Erfahrungen arg beschnitten, nur die Mobilität verstärkte sich notgedrungen. Selbst für den Aktiven und Umtriebigen im Herkunftsland, den Unternehmer, den Handwerker, den Selbständigen ist es extrem schwierig, Entscheidungsfähigkeit, Innovationsfreudigkeit und Gestaltungswillen zu beweisen, lediglich die Belastbarkeit wurde natürlich bei vielen Flüchtlingen gestärkt. Beharrlichkeit und Konsequenz sind, wo vorhanden, natürlich „Kompetenzjuwelen" und als solche pfleglich zu behandeln. Mit allen organisatorischen und psychologischen Mitteln ist Optimismus,

---

1 Vgl. https://www.tagesschau.de/inland/traumata-101.html.

selbst wo er nur in Spuren vorhanden ist, zu finden und zu stärken. In einer innovationsgetriebenen Wirtschaft wie der deutschen ist die Aktivitäts- und Handlungskompetenz der eigentliche Motor beruflich-betrieblichen Handelns. Sie ist durch keinerlei Weiterbildung, sondern nur durch reale Arbeit am konkreten Arbeitsplatz zu erzielen. Die Verweigerung, Migranten und Flüchtlinge so schnell es geht in Arbeitsprozesse zu integrieren ist nichts anderes, als eine Form von Kompetenzverlust mit unabsehbaren Folgen.

Fach- und Methodenkompetenzen, könnte vermutet werden, sind leichter aufzubauen, als die vorgenannten Kompetenzen. Diesem Irrtum kann allerdings nur aufsitzen, wer Fach- und Methodenwissen mit den entsprechenden Kompetenzen verwechselt. Wer Migranten und Flüchtlingen berufliches Können vermitteln will weiß, dass es mit der Darbietung von Fachwissen in keiner Weise getan ist, dass es sich vielmehr um die Fähigkeit handelt, neuestes Fach- und Methodenwissen einbeziehend selbstorganisiert und kreativ in Problemsituationen zu handeln. Weiterbildungsveranstaltungen und Seminare richten da wenig aus. Es muss vielmehr das Handeln in solchen Situationen ermöglicht und trainiert werden (Arnold & Schüßler, 2010). Auch fachübergreifende Kenntnisse und Marktkenntnisse nützen nur dem, der sie operativ ins Feld führen kann, sonst werden sie in kürzester Frist vergessen. Erst wenn sie von anderen im Arbeitsprozess anerkannt werden und das von der Kompetenzen entwickelnden Person als fachliche Anerkennung wahrgenommen wird, haben sie ihren Platz in der Kompetenzentwicklung. Sachlichkeit, Beurteilungsvermögen und analytische Fähigkeiten kann man nicht über Instruktionen lernen, sie entwickeln sich im erfolgreichen Arbeitsprozess, begleitet von erfolgreichem systematisch-methodischen Vorgehen und viel Fleiß. Unternehmen, denen es mit der Integration von Migranten und Flüchtlingen wirklich ernst ist, haben deshalb ein viel breiteres Kompetenzspektrum im Blick als nur Fachwissen und fachübergreifendes Wissen. Sie haben die Personen in ihrer Ganzheit im Blick – Personen, die in den verschiedenen Facetten selbstorganisiert und kreativ handeln.

Sozial-kommunikative Kompetenzen sind oft diejenigen, die von Migranten und Flüchtlingen am ehesten ein- und mitgebracht werden. Sie haben es oft gelernt, in den widrigsten und schwierigsten Situationen zu kommunizieren, manchmal bis an Legalitätsgrenzen gehend, um persönliche, familiäre und weiter greifende soziale Ziele durchzusetzen. Allerdings sind Kommunikationsformen extrem kulturabhängig. Was in einem Land, beispielsweise im Aufnahmeland, bestenfalls ein Schmunzeln hervorruft, kann im Herkunftsland zu Gefängnis und Tod führen. Was im Herkunftsland tolerierte oder sogar gesetzlich akzeptierte Sitte ist, wird im Aufnahmeland eventuell juristisch geahndet. Sich an die Gesetze des Aufnahmelandes zu halten, ist ein guter, wenn er aber im Konflikt mit überkommener Sittlichkeit und Ethik steht, nicht durchweg wirksamer Rat. Werte sind, im Gegensatz zu Sachaussagen, nicht wahr oder falsch. Sie sind nicht validiert, sondern akzeptiert und werden gelebt. Sie haben sich, als Ordner sozialer Selbstorganisation, durch Regeln und Normen verfestigt und mit Hilfe von Religion, Erziehung, Kunst und Brauchtum tief ins Unterbewusstsein gegraben. Wer jedoch im Aufnahmeland kommunizieren will, wird oft an den Menschen im Lande gar nicht deutlich bewusste Wertgrenzen stoßen, wird in nicht gezeichnete Fettnäpfchen treten, und wird im schlimmsten Fall mit Gesetzen in

Konflikt kommen. Die Sprache selbst ist kein emotions- und wertfreies Instrumentarium, sondern transportiert in hohem Maße Wertmaßstäbe mit, wie der letzte Abschnitt dieses Beitrags am Beispiel sogenannter Kreolisierung zeigen will.

Der Exkurs in die vier Grundkompetenzen von Migranten und Flüchtlingen – die Ausführungen ließen sich fast beliebig ausweiten – zeigt zumindest eines ganz deutlich: Wirkliche, wirksame Integration gelingt nicht über Formen von Faktenvermittlung, nicht über Formen von Training, obwohl das die ersten Schritte sein mögen. Integration gelingt *nur* über Formen von Kompetenzentwicklung – und an der Spitze dieser Formen steht keine wie immer geartete Weiterbildung, sondern das Handeln in der Praxis (Erpenbeck, Sauter & Sauter, 2016). Das gilt sowohl für die berufliche Integration als auch für die soziale Integration, wie das große Wirtschaftsunternehmen deutlich erkannt haben (Halasz, 2015). Sicher ist es teurer und schwieriger, für Migranten und Flüchtlinge erschwinglichen Wohnraum bereitzustellen, als sie im Sondermileu von Turnhallen und Lagern kampieren zu lassen. Der Betreuungsaufwand von Menschen ohne die notwendigen personalen, aktivitätsbezogenen, fachlich-methodischen und sozial-kommunikativen Kompetenzen ist aber auf die Lebensspanne bezogen um ein Vielfaches höher, als rechtzeitig kompetenzentwickelnde Maßnahmen zu ergreifen.

2. Werteveränderung

Das Nadelöhr gelingender Integration ist, wie die Überlegungen zur Kompetenzanpassung zeigen, nicht in erster Linie die *Wissensentwicklung*, obwohl sie eine wichtige Grundlage darstellt. Es ist vielmehr die *Kompetenzentwicklung*, also die Entwicklung der Fähigkeiten, in neuen, offenen Problemsituationen selbstorganisiert und kreativ zu handeln. Diese ist ohne eine gelingende *Wertentwicklung* nicht zu erreichen. Wertentwicklung ist jedoch langwierig, schwierig und da, wo Wertvorstellungen in Form von Emotionen tief im Unterbewusstsein verankert sind, manchmal auch unmöglich. Ein illustratives Beispiel:

> „Aus der Perspektive einer Leiterin einer der vielen inzwischen entstandenen Beratungsstellen von/für muslimische/n Frauen und junge Mädchen sind typische Alltagskonflikte im interkulturellen Kontext von überwiegend (sehr) jungen Frauen, Konflikte mit dem Elternhaus, dem Ehepartner, mit dem sie oft unfreiwillig verheiratet wurden, oder der weiteren Verwandtschaft. Die Mädchen bzw. jungen Frauen, die sie berät, befinden sich offenbar in einem Identitätskonflikt. ‚Man kann die Traditionen des Herkunftslandes nicht mehr leben, man möchte sie auch nicht mehr unbedingt leben. Man hat keinen Leitfaden, wie man (hier) mit diesen Traditionen umgehen kann. Die Anforderungen dieser Gesellschaft gehen konträr in die ganz andere Richtung. … Also, wenn du das alles wegwirfst, das ist ja ohnehin alles veraltet, dann bist du emanzipiert. Wenn du dich dieser Sache zuneigst, bist du völlig verloren.‘“ (Autorengemeinschaft, 2016)

In einem für diese Frage paradigmatischen Text hat Gerhard Roth klargelegt, „warum es so schwer ist sich [und andere] zu verändern" (Roth, 2015). Das Zürcher Ressourcenmodell, inzwischen auch im Bereich der Bundesagentur für Arbeit erfolgreich angewendet, versucht Pfade zu bahnen, das Unterbewusste zu verstehen und zumindest einzubeziehen (Krause & Storch, 2011; KURSNET, 2016).

Das *Feld der menschlichen Wertungen* ist unendlich weit. Objekte von Wertungen können Dinge, Eigenschaften, Relationen, Prozesse, Gedanken, Phantasien, Sprach- und Denkformen sein – buchstäblich alles kann bewertet werden. Das erfolgt durch individuelle wie durch gemeinschaftliche Subjekte der Wertung, durch Individuen, Familien, Gruppen, Gemeinschaften, Schichten, Klassen, Organisationen, Unternehmen, Netzwerke, Länder, Staaten, Nationen, Völker, durch übernationale, sogar globale Subjekte bis hin zur Weltgesellschaft. Prinzipiell kann zudem jedes dieser individuellen oder gemeinschaftlichen Subjekte jedes andere dieser Subjekte bewerten. Die Einschätzungen können sich z.B. auf die Wertung von Genuss (hedonistische Werte), Nützlichkeit (utilitaristische Werte), Schönheit (ästhetische Werte), Moral (ethisch-moralische Werte), Politik (politisch-weltanschauliche Werte), Religion (religiöse Werte) beziehen; ein unglaublich komplexes Geflecht von Wertungen, von denen sich für jedes der genannten Subjekte einige, wenige als individuell oder gemeinschaftlich akzeptierte, konsensualisierende „Ordner" durchsetzen.

Auf *individueller Ebene* wertet jeder in nahezu jedem Augenblick seines Denkens und Handelns. Zu den dabei auftretenden, oft sprachlich gefassten oder sprachlich fassbaren Wertungen gehören solche, die explizit Empfindungen, Gefühle, Wünsche, Vermutungen, Zweifel, Befürchtungen, Hoffnungen, Bedürfnisse, Interessen, Einstellungen, Meinungen, Haltungen, Ansichten, Überzeugungen, Vorurteile, Ablehnungen enthalten, und die von jedem der genannten individuellen oder gemeinschaftlichen Subjekte hervorgebracht sein können. Ein Denken und Handeln außerhalb solcher Wertungen ist, wenn man von einigen Bereichen „wertfreier" naturwissenschaftlicher Resultate absieht, kaum vorstellbar.

Betrachtet man das so entworfene, fast unüberschaubare Gemälde (Stein, 2008; Schweizer, Müller & Adam, 2010), kann man doch eine wichtige Feststellung treffen. Alle genannten gemeinschaftlichen Subjekte der Wertung bestehen aus Individuen und wären ohne diese, trivialerweise, nicht vorhanden. Wertungen von Genuss, Nutzen, Ethik oder Politik werden stets durch Einzelne gelebt. Tatsächlich wären Wertungen dieser gemeinschaftlichen sozialen Subjekte ohne danach handelnde Individuen gar nicht vorhanden. Unternehmenswertungen, Teamwertungen, Gruppenwertungen müssen zumindest durch die jeweils entscheidend handelnden Personen verinnerlicht sein, um handlungswirksam zu werden. Alle Werte, Normen und Sinnvorstellungen müssen durch das Nadelöhr individueller Aneignung hindurch. Ohne den Rückgriff auf individuell angeeignete Wertungen geht nichts – in keinem sozialen System. Auf diesen Aneignungsprozess – die Wertinteriorisation – bei dem Regeln, Werte und Normen in Form eigener Emotionen und Motivationen verinnerlicht werden, soll sogleich eingegangen werden.

Es mag irritieren, dass hier Wertungen und Werte faktisch gleich gesetzt werden. Der Begriff „Wert" wird oft ausschließlich in der oberen Etage der normativen Leitlinien, Visionen und Grundsätze des Erstrebenswerten angesiedelt. Werte erscheinen dann als etwas Hehres, Entrücktes, aber auch als etwas, worauf man in der niedrigen alltäglichen Praxis nicht unbedingt zu achten braucht. In unserem alltäglichen Leben denken wir oft ausschließlich an hehre, oft europäisch zentrierte Ideale, wenn wir über Werte sprechen: Eine saubere Umwelt, Freiheit, gute Entlohnung, Rechtssicherheit, soziale Sicherheit, Arbeit, Gesundheit, Partnerschaft, Demokratie, Freizeit, Bildung, Freunde, Wohlstand usw. Heute besteht hingegen weitgehende Übereinstimmung, dass Werte immer eine Relation zwischen Objekten, Subjekten, Grundlagen und Maßstäben der Wertung darstellen. Diese Relation kann als Prozess, aber auch als Resultat beschrieben werden. „Wert" kann den Wertungsprozess benennen, aber auch das Wertungsresultat. Erkenntnis – um ein anderes Beispiel zu nennen – kann den Erkenntnisprozess wie das Erkenntnisresultat bezeichnen. *Werte sind geistig-symbolische Resultate von Wertungsprozessen.* Das ist kaum zu bestreiten. Kulturen, religiöse Überzeugungen, Gesetze, Rituale, Umgangsformen, Moden, Betriebsklimata, *corporate identities*, Volkscharaktere, Staatsformen usw., hedonistische, utilitaristische, ethische, politische Werte haben sich als Ordner in sozialen Handlungs- und Aushandlungsprozessen auf den unterschiedlichsten Subjektebenen herausgebildet (Haken, 1996). Gehen wir von der allgemeinsten Bestimmung von Werten aus, wonach Werte Bezeichnungen dafür sind, „was aus verschiedenen Gründen aus der Wirklichkeit hervorgehoben wird und als wünschenswert und notwendig für den auftritt, der die Wertung vornimmt, sei es ein Individuum, eine Gesellschaftsgruppe oder eine Institution, die einzelne Individuen oder Gruppen repräsentiert" (Baran, 1991), sind alle Wertungsresultate Werte. Es gilt also die Gleichsetzung *Wertungsresultat (das Resultat eines Wertungsprozesses) = Wertung = Wert.* Mit einem solchen Ansatz nimmt man in Kauf, dass man einer Fülle von Werten gegenübersteht – menschheitlichen wie momentanen –, die man nach ihrer Bedeutsamkeit für die individuellen wie sozialen Subjekte auseinander sortieren muss. Aber genau das ist notwendig, will man beispielsweise die Kompetenzen und die ihnen zugrundeliegenden Wertekerne von Migranten und Flüchtlingen zumindest begreifen, manchmal sogar nachhaltig verändern.

Damit ist klar: Werte steuern nicht nur das Handeln gemeinschaftlicher, gesellschaftlicher Subjekte, sie beeinflussen das Handeln jedes Einzelnen, wie das einführende Beispiel der jungen Migrantin eindringlich zeigt. Mehr noch: Ohne das Eingehen in die Handlungsfähigkeit des Einzelnen haben Werte, die höchsten wie die geringsten, gar keine Existenz; sie sind bestenfalls Wunschvorstellungen. Wir müssen deshalb fragen: Wie kommen die Werte handlungswirksam in die Individuen hinein, wie werden sie interiorisiert? Wie „funktioniert" die Wertinteriorisation? Ohne das Verständnis und die Beeinflussung der Interiorisationsprozesse wird es keine echte Kompetenzentwicklung und damit keine echte Integration der Migranten und Flüchtlinge geben.

Unter Einbeziehung dissonanztheoretischer, attribuierungstheoretischer und willenspsychologischer Erkenntnisse und unter Berücksichtigung neuester neurobiologischer und neuropsychologischer Einsichten lässt sich der Interiorisationsprozess auf folgende Weise beschreiben: *Ausgangspunkt* ist die Existenz bestimmter Werte im Aufnahmeland zu einem bestimmten historischen Zeitpunkt. Alle diese Werte können von einem Migranten oder Flüchtling gelernt werden: Sie sind ihm dann ihrem Inhalt nach *bloß bekannt*, aber von ihm nicht interiorisiert, nicht unmittelbar wirksam (Boshowitsch, 1970). Nun wird jeder Mensch, besonders wenn er sich in einem fremden Land befindet, fortwährend vor individuelle Entscheidungssituationen gestellt, die sich aus häufig komplexen sozialen Entscheidungssituationen – in der Arbeit, in der Freizeit, in der Familie, in Gemeinschaften und Organisationen – herleiten. Diese lassen sich stets als *Konfliktsituationen* verstehen und beschreiben, z.B. als Handlungskonflikte, als Partnerkonflikte, als Gruppenkonflikte oder als weitere Sozialkonflikte. Dabei sind echte Freiheit und echte Selbstverantwortung bei der Entscheidung die wesentlichsten Voraussetzungen, dass überhaupt Interiorisation stattfindet. Entscheidungen unter Zwang führen, auch wenn sie scheinbar durch Normen und Werte geleitet sind, nicht zu deren Interiorisation, oft aber zur Produktion anderer, entgegengesetzter Werte. Hier seien nur solche Entscheidungssituationen betrachtet, die nicht allein unter Zuhilfenahme der Kenntnisse, des bereits akkumulierten Wissens, und auch nicht unter Rückgriff auf bereits interiorisierte Wertungen, also gleichsam auf „Entscheidungsleitlinien", gelöst werden können. Das führt zu beträchtlicher kognitiver Dissonanz, zur *emotionalen Labilisierung* und Instabilität des inneren Zustandes durch Ungewissheit. Der ausgelöste emotionale Spannungszustand ist die entscheidende Voraussetzung jeder Interiorisation: Je größer das emotionale Gewicht, desto tiefer wird die zur Auflösung der Dissonanz führende Wertung später im „Grund der Seele" verankert. Migranten und Flüchtlinge dürfen also keinesfalls vor Konflikten bewahrt und isoliert werden, sondern müssen solche erleben, die eine Interiorisation der neuen, gewollten Werte ermöglichen, so schwierig das im konkreten Fall auch ist. Auch unter kognitiver Dissonanz und innerer Ungewissheit müssen ständig individuelle Entscheidungen getroffen werden, um handeln zu können. Das gilt für simple Alltags- und Arbeitsentscheidungen ebenso, wie für – zuweilen lebensverändernde – biografische oder soziale Konflikte. Entscheidungen unter Unsicherheit sind der biografische Normalfall. Da alles bisherige Wissen, aber auch alle früher einmal angeeigneten Werte für ein gelingendes Handeln nicht ausreichen, werden Entscheidungen unter Zuhilfenahme von bloß gelernten oder aber ganz neuen, individuell entwickelten Wertungen der Migranten oder Flüchtlinge erprobt und die entscheidungsgemäße Handlung in sozialer Kooperation und Kommunikation ausgeführt. Wird das Handlungsergebnis zunächst individuell, später auch in sozialer Kommunikation als erfolgreich eingeschätzt, kommt es – das ist der Kern des Ganzen – zu einer komplexen Abspeicherung von Wissen, Entscheidung und Handlungsergebnis, zusammen mit der zum Handlungserfolg führenden Wertung. Aufgrund der vorangegangenen Dissonanz und Labilisierung verankert der Handlungserfolg die Wertung nun tief im emotionalen Grund. Genau in diesem Fall sprechen wir von einer *Interiorisation* dieser Wertung. Bei Misserfolg kommt es zur Ablehnung der bloß gelernten oder neu entwickelten, möglicherweise sogar zur Auflösung früher bereits interiorisierter Wertungen. Dabei führt natürlich keineswegs jeder Handlungserfolg zur Interiorisation und jeder Misserfolg zur Löschung von Werten. Für die Einschätzung als Erfolg oder Misserfolg ist das soziale Urteil der Bezugsgruppen der Migranten und Flüchtlinge das wesentlichste Kriterium.[2] Besonders wichtig ist der mit

---

2   Der Gesamtprozess ist beschrieben in Erpenbeck & Weinberg (1993).

der Persönlichkeitsentwicklung verbundene Aufbau eines hierarchisch aufgebauten *stabilen Wertesystems* in Form einer Motivationshierarchie, welche die Beständigkeit der Persönlichkeit gewährleistet. Aus früheren emotional verankerten Interiorisationsprozessen resultiert übrigens die entscheidende Tatsache der hohen Stabilität von Grundwerten und Wertesystemen, selbst über tiefe historische und soziale Erschütterungen wie Flucht und Vertreibung hinweg (Oser & Althoff, 1999).

Für die Anregung gewollter und erwünschter Werteänderungen bedarf es also grundlegender Einsichten (1) zu den psychologischen Fragen von Konfliktsetzung, -wahrnehmung und bearbeitung, (2) zu Fragen der Entstehung, Speicherung und Veränderung von Emotionen und Motivationen, und (3) zu Fragen der nichtverbalen und verbalen Kommunikation von Werten, einschließlich der von Emotionen und Motivationen als Werten des konkreten Individuums. Sach- und Methodenlernen ist ein oft durch Vorgaben zu ermöglichender Prozess. Wertlernen ist stets ein von außen nur angestoßener individueller Selbstorganisationsprozess; deshalb sind seine Ergebnisse ebenso unsicher wie gleichzeitig fundamental. Wertlernen zu ermöglichen, setzt ein hohes Maß an interkulturellen Kompetenzen bei den Verantwortlichen voraus, eingeschlossen das Verständnis der nichtverbalen und verbalen Kommunikation von Werten (Wippermann, 2010).

3.   Interkulturelle Kompetenzen

Wenn Kompetenzen als Fähigkeiten betrachtet werden, kreativ und selbstorganisiert in entscheidungsoffenen, komplexen Situationen zu handeln, so gibt es natürlich die spezifischen Fähigkeiten, sich in differenzierten, komplexen interkulturellen Situationen fühlend, denkend und handelnd zurecht zu finden. Genau das ist gemeint, wenn wir von interkulturellen Kompetenzen sprechen: Die Fähigkeiten, in *kulturellen Überschneidungssituationen* kreativ und selbstorganisiert handeln zu können (Erpenbeck, 2012). Alle Situationen, die auf die Integration von Migranten und Flüchtlingen gerichtet sind, erweisen sich natürlich als solche Überschneidungssituation, erfordern also interkulturelle Kompetenzen. Diese Handlungsfähigkeit setzt jedoch auf ganz alltägliche, in vielen Lebensbereichen wichtige Kompetenzen, wie etwa Einfühlungsvermögen, Toleranz, Offenheit und weitere. Es gibt also keine *spezifisch* interkulturellen Kompetenzen. Wir fragen vielmehr zum einen nach alltäglich-besonderen Kompetenzen, die in interkulturellen Überschneidungssituationen besonders wichtig sind, ja handlungsentscheidend werden können, und danach, wie diese Kompetenzen angeeignet werden. Wir fragen außerdem, wie sich diese Kompetenzen erfassen lassen und schließlich, wo der Ort kultureller Werte in diesen Kompetenzen liegt.

Auf die erste Frage wurde bereits im vorigen Abschnitt eingegangen. Auf die zweite lässt sich in Näherung auf das WERDE-Verfahren verweisen (Erpenbeck & Brenninkmeijer, 2007), das Kompetenz-Wert-Zusammenhänge misst, veranschaulicht und interpretiert. Gestützt auf das KODE®X-Verfahren (Heyse, 2007) wurde darüber hinaus ein Suchraster entwickelt, das es gestattet, 16 interkulturelle Schlüsselkompetenzen zu benennen und quantitativ zu messen.[3] Die dritte Frage ist eindeutig die komplizierteste. Sie muss nicht nur die unterschiedlichsten Kulturverständnisse im Herkunftsland wie im Aufnahmeland berücksichtigen und ins Verhältnis setzen, sie muss auch berücksichtigen, dass Kultur, wie immer man den Begriff fasst, ein Wertausdruck ist: „Kultur ist ein vom Standpunkt des Menschen aus mit Sinn und Bedeutung bedachter endlicher Ausschnitt aus der sinnlosen Unendlichkeit des Weltgeschehens" so Max Weber (Weber, 1989). Dieser Ausschnitt ist nicht gott- und nicht vernunftgegeben, sondern in langen historischen Aushandlungsprozessen entstanden und wird oft von klein auf mit Hilfe eines ganzen Arsenals von Interiorisationsinstrumenten emotional verankert. Die Vielzahl existierender Kulturtheorien ist ein Reflex auf die Kompliziertheit der Zusammenhänge von sozialer Wertentstehung und individueller Wertinteriorisation. Was zuvor zu Werten und Wertaneignung gesagt wurde, trifft auf Kultur und kulturelle Werte in besonderer Weise zu. Die Integration von Migranten und Flüchtlingen ist, abgesehen von den materiellen Lebensbedingungen, eine Frage der Kultur- und Sprachaneignung und damit der gelingenden Wertinteriorisation. Deshalb sei hier abschließend auf einen besonders interessanten und anschaulichen Aspekt eingegangen, der alle Schwierigkeiten der Kulturaneignung, insbesondere der Aneignung einer fremden Sprachkultur, in nuce wiederspiegelt. Es handelt sich um die Entwicklung von Kreolsprachen, die exemplarisch für die große, hier behandelte Integrationsproblematik stehen kann.

Wissen Sie, was Kreolen sind? Es handelt sich nicht um Ohrringe, sondern um Menschen. Und um ihre Sprache, die ein kleines Abbild der großen, hier behandelten Integrationsproblematik bildet.

Dass man als Migrant oder Flüchtling die Sprache des Aufnahmelandes zu lernen hat, steht außer Frage. Sonst kann die Integration in die Lebens- und Arbeitsbedingungen des Aufnahmelandes nicht gelingen. Tausende von Migranten und Flüchtlingen sitzen deshalb brav im Sprachunterricht, lernen Deutsch und damit deutsche Kultur, soweit sie über Sprache transportiert wird (Heyse, 2016). Und doch kann man sich sofort ausmalen, was es bedeutet, das künftige Leben in der fremden, neuen Sprache führen zu müssen, welche Ausdrucks-, Kultur- und Persönlichkeitsverluste das mit sich bringt. Solange die Lebens- und Arbeitssphäre im Aufnahmeland eine deutsche ist, werden solche Verluste akzeptiert. Was aber geschieht, wenn die alten Sprachzusammenhänge durch wichtige Bezugsgruppen, Familie, Vereine, religiöse Gemeinschaften lebendig gehalten werden?

Das zeigt das historisch-gegenwärtige Beispiel der Kreolen. Lassen wir uns von Wikipedia instruieren:

„Kreole bezeichnet verschiedene Bevölkerungsgruppen, die in der Kolonialzeit entstanden. Im spanischen Amerika nannte man Kreolen (*criollos*) die Nachkommen von Europäern – in bewusster Abgrenzung zu den Spaniern aus dem Mutterland (*peninsulares*). In diesem Sinne ist beispielsweise der Begriff *kreolische Oberschicht* bei der Unabhängigkeitsbewegung im damaligen Vizekönigreich des Río de la Plata zu verstehen. Anderswo hingegen bezeichnet der Begriff oft Menschen afrikanischer oder gemischter Abstammung. Dadurch ergaben sich verschiedene kulturelle

---

3   Das Verfahren wurde aufgrund von Problemen im Unternehmen nicht umfangreich eingesetzt; http://www.komuniki.org.

und ethnische Mischgesellschaften, die kreolisch genannt wurden oder werden. Der Begriff *Kreole* wurde während der frühen Kolonisierung Westafrikas durch die portugiesische Krone, insbesondere auf den Kapverdischen Inseln und in Guinea-Bissau geprägt."[4] „Eine Kreolsprache, kurz Kreol genannt, ist eine Sprache, die in der Situation des Sprachkontakts aus mehreren Sprachen entstanden ist, wobei oft ein Großteil des Wortschatzes der neuen Sprache auf eine der beteiligten Kontaktsprachen zurückgeht. Nach dem Prozess der Kreolisierung unterscheidet sich die Kreolsprache von den beteiligten Ausgangssprachen deutlich in der Grammatik, oft auch im Lautsystem. In manchen Fällen entwickelt sich eine Kreolsprache durch einen Prozess des Sprachausbaus zu einer neuen Standardsprache."[5]

Das Verblüffende daran ist, dass die neue Standardsprache für Menschen, die ihrer nicht mächtig sind, wie eine gebrochene Ausgangssprache anhört. Genauere Analysen ergeben aber, dass die neue Standardsprache alle Merkmale einer neuen Hochsprache aufweist.

Das scheinbar abseitig klingende Beispiel zeigt zumindest dies: Gelingende Kulturvermischung ist niemals nur ein Anpassungsprozess an Vorgegebenes, sondern ein kreativer Gestaltungsprozess von beiden Seiten, von der Herkunftsprache wie von der Sprache des Aufnahmelandes. Eine scheinbare Verbalhornung der letzteren signalisiert nicht ein mangelndes Sprachbewusstsein, sondern eher eine neue Fähigkeit, kreativ mit dieser Sprache und der neuen Landeskultur umgehen zu können. In Deutschland hat beispielsweise die Sprache junger Türken, die „Kanak Sprak" einen solchen Kreolisierungscharakter und ist nicht einfach ein Ausweis mangelnden Anpassungswillens (Füglein, 2000). Verallgemeinert: Die Integration einer großen Anzahl von Migranten und Flüchtlingen ist niemals ein einseitiger Anpassungsprozess. Er verändert die Sprache, die Kultur und das Aufnahmeland selbst. Wichtigstes Ziel kann es deshalb nicht sein, die aufnehmende Sprache und Kultur möglichst unverändert zu lassen, sondern zu einer neuen, fruchtbaren Synthese zu gelangen.

Literatur

Arnold, R., Erpenbeck, J. (2014): *Wissen ist keine Kompetenz. Dialoge zur Kompetenzreifung*. Baltmannsweiler: Schneider Verlag Hohengehren.

Arnold, R; Schüßler, I. (Hrsg.) (2010): *Ermöglichungsdidaktik: Erwachsenenpädagogische Grundlagen und Erfahrungen* (2. Aufl.). Baltmannsweiler: Schneider Verlag Hohengehren.

Autorengemeinschaft (2016): *Konflikte in interkulturellen Kontexten aus der Sicht von Migrantenorganisationen*. Abrufbar unter: http://www.kik-projekt.de/_pdf/ZB3_Migrantenorga%2024-49.pdf (01.09.2016).

BAMF (2008): *Sprachliche Integration von Migranten in Deutschland*. Abrufbar unter: https://www.bamf.de/SharedDocs/Anlagen/DE/Publikationen/WorkingPapers/wp14-sprachliche-integration.pdf?__blob=publicationFile (01.09.2016).

---

4   https://de.wikipedia.org/wiki/Kreolen.
5   https://de.wikipedia.org/wiki/Kreolsprachen; vgl. auch: Ludwig & Röseberg (2010); Quaas (2013); Müller & Ueckmann (2013); Canan (2015).

Baran, P. (1991): Werte. In: Sandkühler, H.J. (Hrsg.): *Europäische Enzyklopädie zu Philosophie und Wissenschaften* (S. 805). Hamburg: Meiner Felix Verlag.

Boshowitsch, I.L. (1970): *Die Persönlichkeit und ihre Entwicklung im Schulalter*. Berlin: Volk und Wissen.

Butterwege, C.(2005): *Migration und Integration in Deutschland – eine Einführung*. Bundeszentrale für Politische Bildung: Bonn. Abrufbar unter: http://www.bpb.de/gesellschaft/migration/dossier-migration/56335/ueberblick (01.09.2016).

Canan, C. (2015): *Identitätsstatus von Einheimischen mit Migrationshintergrund*. Wiesbaden: Springer.

Erpenbeck, J. (2012): Interkulturelle Kompetenz. In: Faix, W. (Hrsg.): *Kompetenz* (S. 143–172). Stuttgart: Steinbeis.

Erpenbeck, J., Brenninkmeijer, B. (2007): Werte als Kompetenzkerne des Menschen. Das WERDE©-System – Erfassung der Kompetenz-Wert-Kombinationen von Personen. In: Heyse, V., Erpenbeck, J. (Hrsg.): *Kompetenzmanagement. Methoden, Vorgehen, KODE® und KODE®X im Praxistest* (S. 251–292). Münster: Waxmann.

Erpenbeck, J., Sauter, S., Sauter, W. (2016): *Social Workplace Learning. Kompetenzentwicklung im Arbeitsprozess und im Netz in der Enterprise 2.0*. Wiesbaden: Springer VS.

Erpenbeck, J., Weinberg, J. (1993): *Menschenbild und Menschenbildung*. Münster: Waxmann.

Füglein, R. (2000): *Kanak Sprak. Eine ethnolinguistische Untersuchung eines Sprachphänomens im Deutschen*. (unveröffentliche Diplomarbeit). Otto-Friedrich-Universität Bamberg.

Haken, H. (1996): Synergetik und Sozialwissenschaften. In: *Ethik und Sozialwissenschaften*, 7 (4), 587–594.

Halasz, U. (2015): *Lasst sie was tun! Wirtschaft fordert schnellen Arbeitsmarkt-Zugang für Flüchtlinge. In: Arbeit. Leben. Zusammenhänge*. AKTIVonline Nachrichten. Abrufbar unter: www.aktiv-online.de/nachrichten/detailseite/news/wirtschaft-fordert-schnellen-arbeitsmarkt-zugang-fuer-fluechtlinge-8722 (01.09.2016).

Heckmann, F. (2015): *Integration von Migranten. Einwanderung und neue Nationenbildung*. Wiesbaden: Springer VS.

Heyse, I. (2016): *Erste Hilfe Deutsch – Ausgabe für Jugendliche. Kursmaterial für Flüchtlinge und Asylsuchende*. München: Hueber.

Heyse, V. (2007): Strategien, Kompetenzanforderungen, Potenzialanalysen. In: Heyse, V., Erpenbeck, J. (Hrsg.): *Kompetenzmanagement. Methoden, Vorgehen, KODE® und KODE®X im Praxistest* (S. 11–180). Münster: Waxmann.

Heyse, V. (2010): Verfahren zur Kompetenzermittlung und Kompetenzentwicklung. KODE® im Praxistest. In: Heyse, V., Erpenbeck, J., Ortmann, S. (Hrsg.) (2010): *Grundstrukturen menschlicher Kompetenzen. Praxiserprobte Konzepte und Instrumente* (S. 55–174). Münster: Waxmann.

Krause, F., Storch, M. (2011): *Ressourcen aktivieren mit dem Unbewussten. ZRM-Bildkartei*. Bern: Hogrefe.

KURSNET (2016): *Bildungsangebote einfach finden. Methoden der Stärkeneinschätzung, Zielformulierung nach dem Zürcher Ressourcen Modell*. Bundesagentur für Arbeit.

Ludwig, R., Röseberg, D. (Hrsg.) (2010): *Tout-Monde: Interkulturalität, Hybridisierung, Kreolisierung: Kommunikations- und gesellschaftstheoretische Modelle zwischen „alten" und „neuen" Räumen* (Sprache – Identität – Kultur). Frankfurt am Main: Peter Lang.

Müller, G., Ueckmann, N. (Hrsg. 2013): *Kreolisierung revisited: Debatten um ein weltweites Kulturkonzept* (Postcolonial Studies) Bielefeld: transcript.

Oser, F., Althof, W. (1992): *Moralische Selbstbestimmung. Modelle der Entwicklung und Erziehung im Wertebereich.* Stuttgart: Klett-Cotta.

Quaas, E. (2009): *Kreolisierung als Sprachwandel: Eine Untersuchung zu sozio-kulturellen und linguistischen Faktoren* (Studienarbeit). Martin Luther Universität Halle.

Roth, G. (2015): *Persönlichkeit, Entscheidung und Verhalten. Warum es so schwierig ist, sich und andere zu ändern* (10. aktualisierte und erweiterte Aufl.). Stuttgart: Klett-Cotta.

Schweizer, G., Müller, U., Adam, T. (2010): *Wert und Werte im Bildungsmanagement. Nachhaltigkeit – Ethik –Bildungscontrolling.* Bielefeld: Bertelsmann.

Stein, M. (2008): *Wie können wir Kindern Werte vermitteln. Werteerziehung in Familie und Schule.* München, Basel: Reinhardt.

Weber, M. (1989): Die „Objektivität" sozialwissenschaftlicher und sozialpolitischer Erkenntnisse. In: ders., *Rationalisierung und entzauberte Welt.* Leipzig: Reclam.

Wippermann, C. (2010): *Lebenswelten von Menschen mit Migrationshintergrund in Deutschland* (Repräsentative Migrantenstudie). Heidelberg.

Flüchtlinge und Integration.
Welchen Beitrag können Musliminnen und Muslime leisten?

Amena Shakir, Said Topalovic

1. Flüchtlingshilfe: Engagement von Musliminnen und Muslimen

Wer im Sommer 2015 aufmerksam die mediale Berichterstattung verfolgte, weiß, dass sich auch Musliminnen und Muslime in der Flüchtlingshilfe außerordentlich engagierten. „Muslime öffnen Moscheen für Flüchtlinge", „Muslimische Vereine helfen mit Notquartieren, Sachspenden und ehrenamtlicher Arbeit", „Junge Muslime engagieren sich für Flüchtlinge"[1], um nur einige Schlagzeilen aus den Tageszeitungen zu nennen. Tatsächlich bedienten Musliminnen und Muslime in Österreich mit etlichen größeren und kleineren Initiativen und Gruppen wichtige Bereiche der Flüchtlingshilfe. In ihren Freitagspredigten erinnerten viele Imame die Gläubigen daran, dass ehrenamtliches Engagement im Islam als Teil der religiösen Praxis gilt: „Keiner von euch ist gläubig, wenn er satt schlafen geht, obwohl der Nachbar hungert" – dieses Prophetenzitat und viele weitere wurden immer wieder erwähnt, um die Menschen zur Hilfe zu motivieren und zu aktivieren. Es wurden z.B. an Zugbahnhöfen Essens- und Hygienepakete vorbereitet und an Bedürftige verteilt, in manchen Gemeinden trafen sich abwechselnd Kochgruppen, die Flüchtlinge mit warmem Essen versorgten. Besonders eindrucksvoll beschrieben die ehrenamtlichen Helfer/innen der Selimiye-Moschee, die sich in der Nähe des bekannten (und zeitweise stark überlaufenen) Traiskirchner Erstaufnahmelagers für Asylsuchende einsetzten, wie sich ihr ehrenamtliches Engagement im Monat Ramadan im Laufe der Zeit veränderte:

> „In den ersten beiden Jahren haben wir nur mit Familie und Freunden Iftar gefeiert. Aber als wir gemerkt haben, dass der Andrang vom Erstaufnahmezentrum so groß ist, haben wir beschlossen, auch die Asylwerber einzuladen. Denn die brauchen es wirklich."

Im Ramadan 2015 boten sie dann täglich mehr als 2.200 Mahlzeiten für Flüchtlinge an.[2] Auch Kleiderspenden wurden gesammelt und verteilt, hier waren vor allem Schuhe sehr gefragt, da die Geflüchteten zuvor meist lange Strecken zu Fuß marschiert waren. So berichtet eine 18-jährige Helferin über ihre Erfahrungen:

> „Die Züge aus Budapest kamen zum Teil stundenweise und wir hatten nur wenig Zeit, um Essen vorzubereiten, Kleidung zu sortieren und Hygiene-Pakete vorzubereiten. Da wir anfangs leider nur sehr wenige Helfer und Hel-

---

1 Vgl. z.B.: http://www.salzburg.com/nachrichten/dossier/fluechtlinge/sn/artikel/Muslime-oeffnen-salzburger-moscheen-fuer-fluechtlinge-165812/ [12.09.2016] oder: https://kurier.at/chronik/wien/muslime-oeffnen-moscheen-fuer-fluechtlinge/153.329.662 [12.09.2016].

2 http://religion.orf.at/stories/2720936/ [12.09.2016].

ferinnen waren, wurde es sehr stressig und wir konnten nur sehr kurz schlafen. Allerdings motivierte mich die Prophetenaussage: Am besten von euch ist, wer den Menschen am meisten nutzt. Ja, es waren anstrengende Tage und es war sehr stressig, aber ich habe mich nie so gut gefühlt wie an diesen Tagen. Ich konnte anderen Menschen helfen – und die nahmen es dankbar an! Ich lernte sehr viel dazu und nutzte die Möglichkeit, mit Schutzsuchenden zu sprechen und mir ihre Geschichten anzuhören. Es waren unvergessliche Erinnerungen: Ein Mann freute sich so unfassbar über neue und schöne Schuhe! Die Augen eines Kindes, welches ein Spielzeug erhalten hatte, leuchteten vor Freude und eine Mutter, die für ihr Baby Milch bekam, bedankte sich mit Tränen in den Augen."[3]

Um dies alles finanzieren zu können, fanden in muslimischen Vereinen und Moscheen Spendenaufrufe statt, und nicht wenige folgten diesem Aufruf. Darüber hinaus wurden Moscheen und Vereinsräume als Notquartiere angeboten, eine Möglichkeit, die auch ausgiebig genutzt wurde. Das ehrenamtliche Engagement von Musliminnen und Muslimen wird als Erfüllung einer religiösen Aufgabe betrachtet und entsprechend umgesetzt (Hamdan & Schmid, 2015), auch wenn dies im europäischen Kontext zu wenig bekannt ist. Letzteres mag daran liegen, dass viele Musliminnen und Muslime in der Regel im Ausland spenden – entweder bei Bekannten und Verwandten in den Herkunftsländern der Eltern und Großeltern oder in anderen, ärmeren Regionen der Welt.

Die Mehrheit der aktuell Geflüchteten stammt aus dem Irak, aus Syrien oder Afghanistan und so konnten viele arabisch- und persischstämmige Musliminnen und Muslime als Übersetzer/innen tätig werden und auf diese Weise erste Barrieren abbauen; nicht selten erleichterte dies sogar Sicherheitskräften und Bahnbediensteten ihre Arbeit. An den großen Bahnhöfen in Wien und Salzburg, die von einer großen Anzahl von Familien frequentiert wurden, wurde neben den Übersetzungsdiensten auch eine Kinderbetreuung angeboten. Das entlastete die Eltern, welche in den letzten Wochen tagelange Märsche mit ihren Kindern hatten bewältigen müssen – und entlockte vielen Kindern wohl das erste Lächeln seit Wochen.

Alle diese Aktivitäten können natürlich als „Erste Hilfe" bzw. „Nothilfe", die in jenen Zeiten unerlässlich war, betrachtet werden. Wird jedoch langfristiger über eine erfolgreiche Integration von Flüchtlingen reflektiert, so müssen nachhaltige Initiativen erarbeitet und gestartet werden. Es können und müssen zu Recht Fragen gestellt werden: Wie können hier lebende Musliminnen und Muslime dazu beitragen, dass sich nach Europa geflüchtete Menschen schneller und nachdrücklicher heimisch fühlen? In welchen Bereichen können sie Verantwortung übernehmen? Wie können sie dazu beitragen, die sprachlichen Kompetenzen zu fördern? Inwiefern könnten sie als Kulturübersetzer/innen tätig werden und Neuankömmlingen die Angst und Unsicherheit in und vor der Fremde nehmen? Welche Chancen ergeben sich dadurch sowohl für die muslimische Community als auch für die Gesellschaft als Ganzes?

---

3 Interner Bericht einer jungen Muslimin, die sich bei „Train of Hope" engagiert hatte.

In diesem Beitrag werden Thesen vorgestellt, welche den Beitrag, den in Europa beheimatete Musliminnen und Muslime zur Integration und Kompetenzstärkung bei Flüchtlingen leisten können, deutlich machen.

2. Musliminnen und Muslime in Europa verfügen über sprachliche, kulturelle, politische und religiöse Kompetenzen[4], die bei der Integration von Flüchtlingen fruchtbar gemacht werden können.

These 1: Heimische Musliminnen und Muslime besitzen sprachliche und kulturtechnische Kompetenzen und können in dieser Hinsicht als Modelle für Flüchtlinge agieren.

Viele der hier beheimateten Musliminnen und Muslime sind zweisprachig aufgewachsen und oftmals intuitiv als Übersetzer/innen tätig. Sie können dazu beitragen, schneller und unbürokratischer Kontakte zwischen Flüchtlingen und Einheimischen, aber auch zwischen Flüchtlingen und Behörden herzustellen. Sie können sogar – auch ohne spezifische Fachausbildung – in den Sprachkursen der ersten Stufen wirken, um den Lernenden die Angst vor der unbekannten Sprache zu nehmen und sie ein wenig in ihrem neuen Leben zu begleiten. Es wäre überhaupt möglich, die Sprachkurse der ersten Stufe derart abzuwandeln, dass diese nicht an klassischen Unterrichtsorten stattfinden, sondern an bekannten Orten, an Orten des Vertrauens. Die Stadt Wien hat in einem vergleichbaren Kontext das Modell: „Mama lernt Deutsch!"[5] entwickelt, in welchem Müttern angeboten wird, an der Schule ihrer Kinder Deutschkurse zu besuchen, während ihre Kinder (auch die nicht kindergarten- bzw. schulpflichtigen) professionell betreut werden. Das Modell findet noch immer eine große Resonanz, auch, weil viele Lehrkräfte selbst Migrationshintergrund haben. Die Idee dahinter, die ersten Deutschkurse an Orten des Vertrauens stattfinden zu lassen, soll zu besseren und vertieften Lernergebnissen führen.

In ähnlicher Weise bieten bereits viele Moscheevereine und muslimische Organisationen Deutschkurse an, die Flüchtlingen erste sprachliche Kompetenzen vermitteln. Von Vorteil ist auch hier die häufig bestehende Zweisprachigkeit heimischer Musliminnen und Muslime, so dass unmittelbar auf Fragen eingegangen und Missverständnisse von vornherein vermieden bzw. Unklarheiten rasch geklärt werden können.

These 2: Heimische Musliminnen und Muslime verfügen über ausgeprägte kulturelle Kompetenzen und können als Kulturübersetzer/innen agieren.

Kultur bezeichnet nach Auernheimer (1995, S. 110 f.) das Repertoire an Symbolbedeutungen innerhalb einer Gesellschaft oder gesellschaftlichen Gruppe und regelt in erster Linie das gruppenspezifische Kommunikationsverhalten sowie die Struktur

---

4   Kompetenz ist hier im Sinne der Grundkompetenzen des KODE® verstanden: Es geht um Fähigkeiten, selbstorganisiert und kreativ persönlich, aktivitätsbezogen, fachlich-methodisch und sozial kommunikativ in sprachlichen, kulturellen, politischen und religiösen Problembereichen zu handeln.

5   https://www.wien.gv.at/menschen/integration/deutsch-lernen/mama-lernt-deutsch/ [12.09.2016].

von Werten und Normen. Sie dient der Deutung des gesellschaftlichen Lebens und damit der Orientierung des Handelns und stellt somit „Landkarten der Bedeutung" (ebd.) dar. Da die Menschen, die bei uns um Asyl ansuchen, andere kulturelle Prägungen erfahren haben und darüber hinaus in weiten Teilen anders sozialisiert sind als hier lebende Musliminnen und Muslime, benötigen sie niederschwellige Möglichkeiten, um sich in der neuen Kultur gut aufgenommen und wohl zu fühlen. Heimische Musliminnen und Muslime mit ähnlichem kulturellem Hintergrund wie die Flüchtlinge selbst besitzen einen Vertrauensvorschuss und können in diesem Sinne als „Kulturübersetzer/innen" fungieren, indem sie erklären, wie Menschen im kulturellen Kontext Österreich denken, welche Erwartungshaltungen sie haben, wie sie welche Handlungen deuten und wie auch ihre Handlungen zu deuten sind – aber ebenso, welche Themen die Gesellschaft beschäftigen, welche Hoffnungen und welche Ängste bestehen etc. In wertschätzender Art und Weise können wichtige Haltungen überdacht werden – etwa zum Rollenverständnis von Mann und Frau, aber auch zu Fragen der Kindererziehung etc.

Wenn etwa in einer Erstaufnahmestelle gemeinsame Ausflüge organisiert werden, die zum Ziel haben, dass die dort lebenden Menschen (die ebenfalls von sehr verschiedenen Kulturen geprägt sind) einander näherkommen, dann wird von den Organisator/inn/en erwartet, dass dieses Angebot dankbar angenommen wird – auch wenn die Abfahrt um 8.00 Uhr morgens geplant ist. Stammen Menschen aus Kontexten, in denen Busse in der Regel nicht pünktlich sind, so werden sie, die von dieser Realität geprägt sind, es mit der Pünktlichkeit nicht so genau nehmen – und dies noch weniger, wenn der weitere Tagesablauf nicht wirklich strukturiert ist. Berichten anschließend Tageszeitungen von solchen und ähnlichen Vorkommnissen, so scheint es, als seien die kulturellen Differenzen unaufhebbar und eine Integration unmöglich. Wird allerdings kulturelle Kompetenz als Kenntnis eines gemeinsamen Systems von Symbolen, Bedeutungen, Normen und Regeln verstanden, die das Verhalten bestimmen, so wird klar, dass es sich um eine variable Größe handelt, die immer wieder neu ausgehandelt werden muss und wird. Die Mehrheit der Musliminnen und Muslime in Österreich hat Migrationshintergrund und genießt die verschiedenen Zugänge ihrer Identität, ohne sie als konfliktbehaftet wahrzunehmen. Sie empfinden in ihrer Bezugnahme zu Österreich vielleicht nicht das Gleiche wie einheimische katholische, protestantische oder atheistische Personen etc. – ihre Wahrnehmungen sind deswegen nicht weniger authentisch. Sie können muslimischen Neuankömmlingen sehr überzeugend vermitteln, dass es kein Widerspruch ist, Muslim/in und Österreicher/in zu sein.

Jedes Mitglied einer kulturellen Gruppe hat sowohl eine persönliche als auch eine kollektive kulturelle Identität und weiß, wie es sich in verschiedenen Situationen angemessen verhält (Vester, 1998). Kompetenzen können jedoch im herkömmlichen Sinne nicht gelehrt, sondern müssen von Menschen eigenaktiv und selbstständig erworben werden (Lersch, 2012). Die Aneignung der kulturellen Kompetenzen (Wissen und Können, Anschauungen und Werte, Beziehungen und Normen) erfolgt aus der Sicht der Kulturhistorischen Schule „nicht als passive, mechanische Übernahme, sondern als Ergebnis der von den Subjekten ausgehenden (aktiven) gemeinsamen Tätigkeit. Im Prozess gemeinsamer Tätigkeit erfolgt die Transformation ursprünglich äußerer, ihrem Wesen und ihrem Ursprung nach sozialer, auf Kooperation und Kommunikation bezogener Handlungen und Zeichen in innere Handlungen und Zeichen, die als inneres Abbild der Kooperation und Kommunikation diese gedanklich zugänglich werden lassen" (Giest & Lompscher, 2006). In diesem Sinne können die Geflüchteten durch den Kontakt mit den hier beheimateten Musliminnen und Muslimen leichter in die neue Gesellschaft finden. Es sollten Initiativen gefördert und gestartet werden, die solche Begegnungen stattfinden lassen. Die im aktuellen politischen Kontext sehr vehement geforderten, freilich kontrovers diskutierten *Wertekurse* für Flüchtlinge sollten in ihrer Konzeption nochmals überdacht werden, denn „Werte kann man nicht lehren, sondern nur vorleben".[6] Die Aneignung kultureller Kompetenzen sollte jedoch nicht nur aus integrationspolitischen Erwägungen heraus unterstützt werden, denn sie ist die Grundlage für ein sicheres und friedliches Miteinander aller Mitglieder einer Gesellschaft.

These 3: Heimische Musliminnen und Muslime besitzen interreligiöse Kompetenzen und tragen zum gesellschaftlichen Frieden bei.

Das Leben in einer multikulturellen und multireligiösen Gesellschaft erfordert den Erwerb interreligiöser Kompetenzen. Darunter sind nach Willems (2011, S. 13) Kenntnisse und Fähigkeiten zu verstehen, die Personen helfen, „interreligiöse Überschneidungssituationen bewältigen zu können, damit sie also verstehen, was in solchen Situationen geschieht, und damit sie in ihnen handlungsfähig sind". Dazu kommt natürlich auch die Bereitschaft zum entsprechenden Handeln, nach Ender (2012, S. 149) ist hierfür „eine Haltung grundsätzlicher Offenheit, der Akzeptanz und des Respekts" notwendig.

Viele Flüchtlinge stammen aus multireligiösen und multikulturellen Gesellschaften und verfügen über interreligiöse und interkulturelle Kompetenzen – wobei davon auszugehen ist, dass sich die Situation in ihren Heimatländern grundlegend von der in Österreich unterscheidet. Im deutschsprachigen Kontext werden bereits in Kindergarten und Volksschule interkulturelle und interreligiöse Kompetenzen (mehr oder weniger) geschult, in den Lehrplänen für den Religionsunterricht hat interreligiöses Lernen seinen Platz,[7] während interreligiöse und interkulturelle Kompetenzen in islamisch geprägten Ländern eher im familiären bzw. persönlich-sozialen Kontext erworben werden.

Auch die Jugendarbeit stellt ein Feld dar, in welchem gezielt interkulturelle und interreligiöse Kompetenzen geschult werden – hier kann ein zentraler Beitrag in der Vermittlung und Aneignung interreligiöser Kompetenzen bei geflüchteten Jugendlichen geleistet werden. Im Forschungsprojekt „Gesellschaft gemeinsam gestalten – Junge Muslime als Partner", in welchem u.a. in verschiedenen Regionen Deutschlands modellhafte Projekte untersucht wurden, gaben beteiligte muslimische Jugendliche beispielsweise als zentrales Thema ihres Interesses den *interreligiösen Dialog* an. Sie waren der Meinung, dass der Austausch über religiöse Themen und

---

6 Zitat des Psychologen und Holocaust-Überlebenden Viktor Frankl.
7 Vgl. z.B. http://www.schulamt.at/attachments/article/130/VS_LP_2014.pdf [12.09.2016] oder https://www.ris.bka.gv.at/GeltendeFassung.wxe?Abfrage=Bundesnormen&Gesetzesnummer=20007378 [12.09.2016].

der gegenseitige Besuch von Gotteshäusern zu einem besseren Verständnis der jeweils anderen Religionen und zum Abbau von Vorurteilen führe (Hamdan & Schmid, 2015). Eine gemeinsame Aktion der Katholischen Jugend und der Muslimischen Jugend Österreich verfolgte ähnliche Ziele: Beim Projekt „Spiritours" unternahmen z.B. katholische und muslimische Jugendliche unter dem Motto „Von Paulus bis Rumi" eine 13-tägige gemeinsame Reise quer durch die Türkei. Dabei wurden das islamische und byzantinische Istanbul sowie einige wichtige Orte des frühen Christentums, wie z.B. Ephesus oder Milet, erkundet, mit dem Ziel, sich einerseits untereinander besser zu verstehen und andererseits den Glauben der Anderen kennen zu lernen. Gemeinsamer Austausch, spirituelle Impulse zum Nachdenken und auch Zeiten der Stille standen gleichfalls auf dem Plan.[8] In ähnlicher Weise könnten muslimische Jugendorganisationen mit minderjährigen Flüchtlingen interreligiöse Begegnungen organisieren, was zweifelsohne zur Aneignung interreligiöser Kompetenzen beitragen würde. Solche Initiativen und Aktionen müssen allerdings nicht unbedingt auf Kinder und Jugendliche begrenzt werden, sondern können auch auf Erwachsene ausgeweitet werden.

These 4: Heimische Musliminnen und Muslime haben einen konstruktiven Weg gefunden, ihre Fluchterfahrungen zu verarbeiten und können hier Vorbild sein.
Nicht wenige der in Österreich lebenden Musliminnen und Muslime haben selbst Fluchterfahrungen[9], die sie konstruktiv verarbeitet haben – und sie haben in Österreich eine zweite Heimat gefunden. Diese zentrale und auf lange Sicht positive Erfahrung prägte ihr Leben und kann nun in der Begleitung von Flüchtlingen fruchtbar werden. Ihre Erinnerung an die eigene Flucht ist noch abrufbar und sie wissen sehr gut, was Flüchtlinge am dringlichsten benötigen. Ein offenes Ohr und ein empathischer Umgang, beruhigende und motivierende Worte können den nach Schutz und Sicherheit suchenden Menschen Hoffnung geben und in angespannten Situationen deeskalierend wirken.

Auch kann genau diese Gruppe als Vorbild dienen, wenn es z.B. um erfolgreiche Integration geht. Dass beständiges Lernen zum Erfolg führt, ist für Flüchtlinge nichts Neues. Neu ist allerdings die Prämisse, dass ohne intensive Sprachkenntnisse kein Weiterkommen möglich ist. Hier wirkt nun die Vorbildfunktion derer, die die Hürden des Spracherwerbs überwunden haben und nun Deutsch wie ihre Muttersprache sprechen. Es können Ergebnisse der Gesamtschulforschung nutzbar gemacht werden, in denen sichtbar wird, wie sich die unterschiedlichen Fähigkeiten und Kompetenzen von Schülerinnen und Schülern auf die Gesamtheit auswirken (Bönsch, 2009). Im Sinne des Prinzips „Wenn er es konnte, kann ich es auch" können sprachliche Vorbilder herausfordernd und fördernd zugleich wirken – sowohl für schwächere als auch für stärkere Lernende, die ihre Kenntnisse und Fähigkeiten für eine effektive gemeinsame Arbeit zum Ausdruck bringen können

---

8   http://www.mjoe.at/spiritours/calendar/2014/5/article/0/ [12.09.2016].
9   Viele bosnische Musliminnen und Muslime sind aufgrund des Bosnienkriegs in den Jahren 1992–1995 nach Österreich und Deutschland geflüchtet und haben hier ihre neue Heimat gefunden.

Musliminnen und Muslime sind gefordert, die eigenen Strukturen zu nutzen und Wege zu finden, wie Begegnungen zwischen Flüchtlingen und heimischen Musliminnen und Muslimen organisiert werden können, was positive Auswirkungen sowohl für die Geflüchteten als auch für die hier lebenden Musliminnen und Muslime und letztendlich die gesamte Gesellschaft haben würde. In diesem Sinne sind Projektförderungen zum Thema Flüchtlinge und Islam zu begrüßen, in denen Modellprojekte zur Förderung der Integration durch Musliminnen und Muslime unterstützt werden – etwa die, welche kürzlich von der deutschen Bundesregierung ausgeschrieben wurde.[10]

3. Muslimische Jugendliche

These 5: Sozial engagierte muslimische Jugendliche können die Integration geflüchteter muslimischer Jugendlicher fördern.
Die meisten der hier lebenden Musliminnen und Muslime sind in Österreich geboren und aufgewachsen. Ihre Lebensperspektive liegt in Österreich, sie betrachten sich als österreichische Musliminnen und Muslime, was einen markanten Wechsel innerhalb der muslimischen Vereine bedeutet. Jugendliche Musliminnen und Muslime, die sich ehrenamtlich engagieren und aktiv sind, können ein Schlüssel für die erfolgreiche Integration geflüchteter Jugendlicher sein; sie leben das, was sie vermitteln. Ihr Engagement kann andere Jugendliche vor Isolation und Frustration schützen. Finden zugewanderte Jugendliche soziale Anerkennung und entdecken sie Zukunftsperspektiven, so sind sie weniger empfänglich für radikale Ideen, wie Clement und Dickmann (2015) festgestellt haben; so steht nämlich das demonstrative Bekenntnis zu radikalen Formen des Islams „nicht selten für eine selbstbewusste Antwort auf gesellschaftliche Erfahrungen der sozialen Ungerechtigkeit". In diesem Sinne könnte z.B. ein Buddy-System umgesetzt werden: Heimische Jugendliche – auch jene mit Fluchterfahrung – begleiten ein bis zwei geflüchtete Jugendliche und unterstützen diese in ihrem Alltag, die oben bereits angesprochene Mehrsprachigkeit ist auch hier von Vorteil. Dadurch erfahren die Geflüchteten, dass sie ihre Religion durchaus im Alltag leben und praktizieren können, was zur Festigung der eigenen Identität beiträgt. In weiterer Folge überlegen sie, in welchen Bereichen sie sich engagieren und wie sie ein Teil der Gesellschaft sein können, wie sie proaktiv und bewusst einen positiven Beitrag für die Gesellschaft leisten. Als Beispiele können hier zwei Projekte angeführt werden: Erstens die Rosenverteilaktion unter dem Motto „Mehr Respekt und Toleranz für die Nachbarn". Hier verteilten muslimische Jugendliche des Jugendrates der Islamischen Glaubensgemeinschaft in Österreich in den Fußgängerzonen verschiedener österreichischer Städte eine Rose mit den Worten „Verbreitet Frieden unter euch".[11] Und zweitens das Projekt „Fasten-Teilen-Helfen"[12] der Mus-

---

10 Projektförderung: Flucht und Islam (http://www.bmi.bund.de/DE/Themen/Gesellschaft-Verfassung/Deutsche-Islam-Konferenz/Projektfoerderung-Flucht-Islam/projektfoerderung-flucht_node. html [12.09.2016]).
11 http://www.derislam.com/?f=news&shownews=1963 [12.09.2016].
12 http://ramadan-helfen.at [12.09.2016].

limischen Jugend Österreich, ein karitatives Projekt, welches das soziale Bewusstsein, die Solidarität und das partizipatorische Engagement in der Gesellschaft stärken sollte. Letzteres Projekt wird im Fastenmonat Ramadan durchgeführt, dabei sind Jugendliche in unterschiedlichen Bereichen aktiv: bei der Zubereitung von Essen für Bedürftige, der Verpflegung von Obdachlosen, bei der Betreuung von Kindern in Kindereinrichtungen, in der Spendensammlung und Verteilung von Kleidung, Hygieneartikeln und haltbaren Lebensmitteln etc. Das Projekt wandte sich in zwei Formen an jugendliche Flüchtlinge: einerseits als Adressaten der Aktionen, wenn z.B. für ein Flüchtlingscamp gekocht oder mit den Jugendlichen Basketball und Fußball gespielt und das Ramadanfest gefeiert wurde – andererseits aber auch als Akteurinnen und Akteure, denn in vielen Aktionen halfen auch jugendliche Flüchtlinge mit und brachten sich aktiv ein. Sie wurden so selbstverständlich Teil der Gesellschaft – und vertieften ganz nebenbei ihre sozialen, kommunikativen, sprachlichen und kulturellen Kompetenzen.

4. Innermuslimische Entwicklungen

These 6: Zugewanderte Musliminnen und Muslime nehmen an innermuslimischen, europäischen Diskussionen teil, es findet eine gegenseitige Bereicherung statt.

Im Jahr 2012 feierten die Republik Österreich und die österreichischen Musliminnen und Muslime das 100jährige Bestehen der rechtlichen Anerkennung des Islams in Österreich: Schon seit dem Jahre 1912 ist der Islam in Österreich als Religion gesetzlich anerkannt. Mit der Anerkennung der Islamischen Glaubensgemeinschaft in Österreich als offizielle Vertretung der österreichischen Musliminnen und Muslime im Jahre 1979 wurde eine Institution gegründet, welche umfassend mit den Angelegenheiten der Musliminnen und Muslime betraut und gesetzlicher Ansprechpartner des Staates wurde. Seit 1983 wird auch der islamische Religionsunterricht an öffentlichen Schulen angeboten (Schmied, 2005). Der genauere Blick auf die Geschichtsschreibung offenbart, dass Begegnungen des Islams und der Musliminnen und Muslime mit Österreich durch eine achthundertjährige gemeinsame Geschichte geprägt sind (Shakir, Stanfel & Weinberger, 2012) – eine multiperspektivische Geschichtsbetrachtung erscheint unumgänglich, um die vor uns liegende gemeinsame Zukunft konstruktiv zu gestalten.

Auch wenn aktuell zugewanderte Musliminnen und Muslime in der medialen Berichterstattung immer wieder in problembehaftete Kontexte eingebettet werden (man denke an Themen wie „Frauenunterdrückung", „Radikalisierung", „Integrationsunwilligkeit" etc.) und manche Sorgen durchaus berechtigt sind, erfordert die Situation eine Entemotionalisierung der Debatte und eine sorgfältige und sachliche Analyse, in der klar getrennt wird zwischen Faktoren, die z.B. sozioökonomischer oder bildungstechnischer Natur sind, und anderen, die mit der religiösen Tradition bzw. dem religiösen Verständnis begründet werden können.

Angesichts aktueller Flüchtlingsbewegungen stehen islamische Gemeinschaften in Europa vor einer erneuten und in Teilen wiederholten Herausforderung der Migration, die nicht unterschätzt werden sollte. Mühselig erarbeitete Positionen und Standortbestimmungen[13] könnten von Musliminnen und Muslimen, die oftmals einerseits einen anderen Bezug zu den Quellen des Islams haben, andererseits nicht in Europa sozialisiert wurden, infrage gestellt werden. Andererseits wünschen sich viele der zugewanderten Menschen nichts mehr als Sicherheit und Stabilität – auch in religiösen Fragen. Sie sind bereit, dem veränderten Kontext einen Raum in der religiösen Deutung einzuräumen, sollten aber nicht mit Fragestellungen überfordert werden, die weit entfernt von ihrer persönlichen Lebenswirklichkeit sind.

Eine Dimension für den Islam in Österreich sollte nicht unterschätzt werden: Die neuen Migrationsbewegungen haben überraschenderweise dazu geführt, dass sich viele der Musliminnen und Muslime, die sich bis zu diesem Zeitpunkt in Europa noch nicht wirklich heimisch gefühlt hatten, ganz selbstverständlich die Rolle von Gastgeber/inne/n einnahmen und den Neuankömmlingen mit Rat und Tat beistanden – und auf diese Weise intuitiv ihre Identität als europäische Musliminnen und Muslime annahmen und bestätigten. Unvergessen bleiben in diesem Zusammenhang die schon zitierten Fastenbrechenrituale, die sog. Iftare, die im Monat Ramadan von zahlreichen Moscheegemeinden für Flüchtlinge jeder religiösen Zugehörigkeit organisiert wurden.[14] Diese neue Migration eröffnete Musliminnen und Muslimen in Europa somit eine originäre Chance, ihre Beheimatung in Europa wahr- und ernst zu nehmen.

Nun muss darüber reflektiert werden, ob und wie die neuen Potenziale innermuslimisch zu einer Weiterentwicklung beitragen können, in welchen Bereichen ihre Anregungen willkommen sind und wie diese fruchtbar gemacht werden können. Bestehende Sorgen um eine Arabisierung der muslimischen Gemeinschaften in Österreich durch vermehrte Flucht aus dem arabischen Raum können durch eine genaue Betrachtung der Zahlen genommen werden – die Sorge allerdings, wie die muslimischen Gemeinschaften ihre Bindung an ethnische Herkünfte zugunsten einer europäischen Identität überwinden können, bleibt.

Literatur

Auernheimer, G. (1995): *Einführung in die interkulturelle Erziehung.* Darmstadt: Wissenschaftliche Buchgesellschaft.

Bönsch, M. (2009): Gesamtschule. In: S. Blömeke, T. Bohl, L. Haag, G. Lang-Wojtasik & W. Sacher (Hrsg.), *Handbuch Schule. Theorie – Organisation – Entwicklung* (S. 262–270). Bad Heilbrunn: Julius Klinkhardt.

Clement, D. & Dickmann, L. (2015): Jugendarbeit mit Jugendlichen in neo-salafistischen Gruppen. *Migration und Soziale Arbeit, 37* (1), 67–75.

---

13 Wie etwa die Positionen der österreichischen Imamekonferenzen der Islamischen Glaubensgemeinschaft in Österreich (2006, 2011).

14 http://religion.orf.at/stories/2720936/ [12.09.2016] sowie: http://www.sueddeutsche.de/muenchen/landkreismuenchen/landkreis-fastenbrechen-in-der-fremde-1.2561202 [12.09.2016] oder: http://www.islamische-zeitung.de/zentralrat-sagt-fuer-fluechtlinge-traditionelles-fastenbrechen-ab/ [12.09.2016].

Ender, W. (2012): Theorie und Praxis interreligiösen Lernens – Zur Rolle des schulischen Religionsunterrichts. In F. Hafez & A. Shakir (Hrsg.), *Religionsunterricht und säkularer Staat* (S. 141–158). Berlin: Frank & Timme.

Giest, H. & Lompscher, J. (2006): *Lerntätigkeit – Lernen aus kultur-historischer Perspektive. Ein Beitrag zur Entwicklung einer neuen Lernkultur im Unterricht.* Berlin: Lehmanns Media.

Hamdan, H. & Schmid, H. (2015): Religiöses Profil und gesellschaftliche Mitgestaltung – Neue Entwicklungen islamischer Jugendarbeit in Deutschland. *Migration und Soziale Arbeit, 37* (1), 60–66.

Heyse, V. & Erpenbeck, J. & Ortmann, S. (2010): Grundstrukturen menschlicher Kompetenzen. Münster: Waxmann.

Islamische Glaubensgemeinschaft in Österreich (2006): Österreichische Imame-Konferenz. Aktivitäten der Islamischen Glaubensgemeinschaft in Österreich. Wien: Islamische Glaubensgemeinschaft in Österreich.

Islamische Glaubensgemeinschaft in Österreich (2011): *Islam in Europe. Europäische Imame-Konferenzen Graz 2003 – Wien 2006 – Wien 2010.* Wien: Islamische Glaubensgemeinschaft in Österreich.

Lersch, R. (2012): Kompetenzorientiertes Lernen ermöglichen. *Lernende Schule, 58,* 13–16.

Schmid, M. (2005): Islam in Österreich. In W. Feichtinger (Hrsg.), *Islam, Islamismus und islamischer Extremismus: eine Einführung* (S. 189–206). Wien: Böhlau.

Shakir, A., Stanfel, G.G. & Weinberger, M.M. (2012): *Ostarrichislam. Fragmente achthundertjähriger gemeinsamer Geschichte.* Wien: Al Hamra.

Vester, H. G. (1998): *Kollektive Identitäten und Mentalitäten. Von der Völkerpsychologie zur kulturvergleichenden Soziologie und interkulturellen Kommunikation* (2. Auflage). Frankfurt am Main: IKO-Verlag für Interkulturelle Kommunikation.

Willems, J. (2011): *Interreligiöse Kompetenz. Theoretische Grundlagen – Konzeptualisierungen – Unterrichtsmethoden.* Wiesbaden: VS Verlag.

Kompetenzen von Flüchtlingen erfassen – Anforderungen und Gestaltung von innovativen Kompetenzfeststellungsverfahren

Gunvald Herdin, Roman Wink

1. Einleitung

Deutschland steht vor der Herausforderung, Kompetenzen von Personen ohne formalen Abschluss sichtbar und verwertbar zu machen. Diese Fragestellung erhält gerade durch die Flüchtlingskrise besondere Relevanz. Mehr als 1,1 Millionen Menschen kamen im Jahr 2015 nach Deutschland, von denen laut Institut für Arbeitsmarkt- und Berufsforschung (IAB) ca. 700.000 im erwerbstätigen Alter sind und damit zukünftig für den deutschen Arbeitsmarkt zur Verfügung stehen. Jedoch hat der Großteil dieser Flüchtlinge keinen formalen Berufsabschluss (vgl. IAB, 2016). Ihre beruflichen Kompetenzen sind somit nicht sichtbar. Gleiches gilt für eine noch größere Gruppe – formal Geringqualifizierte – die bereits in Deutschland leben und arbeiten. Auch die Kompetenzpotenziale dieser ca. 6 Millionen Menschen sind weitgehend unsichtbar (vgl. Maier et al., 2014, S. 4).

Wer in Deutschland formal geringqualifiziert ist, verdient weniger, ist deutlich häufiger arbeitslos, befindet sich überproportional häufig in prekären Beschäftigungssituationen und nimmt darüber hinaus auch seltener an Weiterbildungen teil. Die Gruppe besitzt aber beruflich verwertbare Kompetenzen, die sie jedoch vorrangig informell, im Beruf oder im Alltag, oder aber non-formal in Weiterbildungsangeboten gelernt hat. Ähnlich gestaltet sich die Situation bei Flüchtlingen. Da außerhalb des deutschsprachigen Raums meist kein duales Berufsausbildungssystem existiert, besitzt diese Gruppe keine formalen Abschlüsse, die direkt über eine Dokumentenanalyse über das Anerkennungsgesetz für im Ausland erworbene Abschlüsse (Berufsqualifikationsfeststellungsgesetz, BQFG) anerkannt werden können. Folglich gelten Sie a priori als geringqualifiziert, jedoch besitzen sie informell erworbene Kompetenzen, die sie über berufliche Tätigkeiten in ihrem Heimatland erworben haben.

Eine bessere Arbeitsmarktintegration kann nur gelingen, wenn die Kompetenzpotenziale, die formal Geringqualifizierte erworben haben, zukünftig sichtbar und dadurch nutzbar werden.

2. Gesetzlich verankerte Instrumente der Kompetenzfeststellung und deren Eignung für Flüchtlinge

In der Folge werden zwei im Gesetz verankerte Kompetenzerfassungsverfahren vorgestellt, welche die Erfassung von informell und non-formal erworbenen Kompetenzen zum Ziel haben: die Externenprüfung, die ihre gesetzliche Grundlage im Berufsbildungsgesetz (BBiG) findet, und die Qualifikationsanalyse im Rahmen des BQFG.

Diese Verfahren werden im Folgenden beschrieben und auf Ihre Eignung für die Feststellung der Kompetenzen von Flüchtlingen überprüft.

Auf weitere Instrumente, wie beispielsweise KODE® oder die Kompetenzkarten für die Potenzialanalyse, wird hier nicht näher eingegangen. Sie haben durchaus ihre Berechtigung, sind jedoch nicht berufsspezifisch und können daher nicht für die Bewertung non-formal und informell erworbener Fachkompetenzen herangezogen werden.

Externenprüfung (Berufsbildungsgesetz, BBiG)

Mit der Externenprüfung besteht die Möglichkeit, einen formalen Abschluss nachzuholen. Kandidaten, die die Externenprüfung erfolgreich durchlaufen, erhalten den formalen Berufsabschluss. Dabei werden informell und non-formal erworbene Kompetenzen insofern berücksichtigt, dass eine gewisse Dauer der Berufserfahrung (meist die 1,5-fache Länge der Ausbildungsdauer) in einem Berufsfeld zu einem Zugang zu der regulären Abschlussprüfung führen kann. Die Prüfung, die Kandidaten dann ablegen müssen, entspricht der formalen Abschlussprüfung. Im Jahr 2014 haben 19.200 Personen erfolgreich an der Externenprüfung unter Berücksichtigung von Berufserfahrung als Zulassungskriterium teilgenommen (weitere ca. 4.600 Personen haben die Externenprüfung aufgrund eines abgeschlossenen schulischen Bildungsgangs bestanden). Ein Großteil der Kandidaten (bis zu 70 Prozent, vgl. Schreiber & Gutschow, 2013, S. 5) besaß zum Zeitpunkt der Teilnahme bereits einen formalen Abschluss. Dieses Instrument erreicht somit nicht benachteiligte und eher bildungsferne Zielgruppen, die durch negative Lern- und Prüfungserfahrungen im formalen System von einer Teilnahme an regulären Abschlussprüfungen absehen. Eine wesentliche, unnötige Hürde für die Teilnahme an der Externenprüfung stellt die Doppelprüfung dar. Kandidaten müssen „glaubhaft" machen, dass sie berufliche Erfahrungen und Kompetenzen in einem Berufsfeld besitzen und zusätzlich an der regulären Abschlussprüfung teilnehmen. Eine Öffnung des Zugangs und eine Veränderung der Prüfung hin zu einer eher praktisch angelegten Variante im Sinne von Arbeitsproben stellen notwendige Veränderungen dar, um weitere Zielgruppen zu erreichen. Zudem müssten bestandene Prüfungsteile im Sinne einer gestreckten Abschlussprüfung anerkannt werden, um so kürzere, nach und nach gangbare Wege hin zum Vollabschluss darzustellen.

Aber selbst wenn diese Zugangshürden überwunden wären: das Instrument wäre trotzdem kaum für eine große Gruppe skalierbar, weil für die Prüfung die gleichen Prüfungsgremien einberufen werden müssen, wie dies auch bei der regulären Abschlussprüfung der Fall ist. Dieser nicht unerhebliche Personaleinsatz müsste entweder von den Teilnehmern oder aber durch staatliche Finanzierung gedeckt werden. Bei einer Finanzierung durch die Teilnehmer muss bedacht werden, dass es sich dabei ohnehin um eine finanzschwache Zielgruppe handelt. Hinzu kommt, dass nicht nur die direkten Kosten zu kalkulieren sind, sondern auch die Kosten etwaiger Vorbereitungskurse, die sich auf mehrere Tausend Euro belaufen können (vgl. u.a. Perspektive Berufsabschluss, 2016). Auch stellt die Rekrutierung der Prüfer für eine deutlich höhere Zahl an Prüfungen eine echte Herausforderung dar.

Qualifikationsanalyse im Rahmen des Anerkennungsgesetzes (BQFG)

Durch das Anerkennungsgesetz können im Ausland erworbene formale Abschlüsse auf Gleichwertigkeit geprüft werden. Kandidaten bekommen bei der Teilnahme am Anerkennungsverfahren bei positiver Prüfung einen Bescheid, der die Gleichwertigkeit mit einem deutschen Referenzberuf bescheinigt. Auch eine Teilanerkennung ist im Rahmen des Verfahrens möglich, durch die den Kandidaten Nachqualifikationsbedarfe aufgezeigt werden, die für eine volle Gleichwertigkeit erfüllt werden müssen. Die Anerkennungsverfahren werden in der Regel von den Kammern durchgeführt.

Im Rahmen des Anerkennungsgesetzes können Personen, die zwar einen formalen Abschluss haben, jedoch keine Papiere, die das belegen, an einer sogenannten *Qualifikationsanalyse* teilnehmen. Die Qualifikationsanalyse ist so gestaltet, dass Arbeitsproben und Beobachtungen am Arbeitsplatz eine wesentliche Rolle spielen. Das Verfahren eröffnet also auch eine Anerkennungschance, wenn entsprechende Ausbildungsnachweise z.B. im Krieg oder auf der Flucht verloren oder zerstört wurden. Aber es gibt auch einige Schwachpunkte, die den Zugang der Zielgruppe wesentlich erschweren. Zum einen werden Personen, die keinen formalen Abschluss haben, aus dem Verfahren ausgeschlossen. Da es in den meisten Ländern der Welt keine formalen Berufsausbildungssysteme gibt – oder mit dem deutschen Ausbildungssystem vergleichbare Strukturen – haben Menschen, die über Jahrzehnte einen Beruf praktisch erlernt und ausgeübt haben, keine Chance auf formale Anerkennung. Das Verfahren müsste also auf informell und non-formal erworbene Kompetenzen ausgeweitet werden, um tatsächlich berufliche Kompetenzen auf Gleichwertigkeit zu prüfen und nicht nur Abschlüsse. Ein weiteres Problem der Anerkennungsverfahren besteht in der unsicheren Finanzierung der Kosten des Verfahrens. Die Qualifikationsanalyse kostet pro Verfahren meist mehrere Tausend Euro und die Finanzierung ist in vielen Fällen unsicher. Dies stellt eine wesentliche Hürde für die Teilnahme am Verfahren dar. Im Jahr 2014 nahmen 102 Personen an der Qualifikationsanalyse teil (vgl. BMBF, 2016, S. 42f.). Für eine Ausweitung auf non-formal und informell erworbene Kompetenzen müsste für jeden Kandidaten – nicht nur für Kandidaten, die keine Unterlagen über ihren formalen Abschluss vorlegen können – eine Qualifikationsanalyse durchgeführt werden, da es für informell und non-formal erworbene Kompetenzen keine formalen Zertifikate gibt, die einer Dokumentenanalyse unterzogen werden könnten.

3. Anforderungen an Kompetenzerfassungsinstrumente für Flüchtlinge

Vor dem Hintergrund der aktuellen Entwicklungen der Flüchtlingszahlen aber auch der erheblichen Anzahl an formal Geringqualifizierten ist eine wesentliche Anforderung an ein Kompetenzfeststellungsverfahren für diese Gruppen, dass es *skalierbar* ist – also flächendeckend, nach einen einheitlichen Standard und für eine große Personenanzahl angewendet werden kann. Um Skalierbarkeit sicherzustellen, ist nicht nur eine deutschlandweite Verfügbarkeit des Verfahrens vorzuhalten, sondern auch ein Verfahren, dessen Kosten pro Kandidat überschaubar sind.

Weiterhin muss ein Verfahren sicherstellen, dass die Ergebnisse in zweierlei Hinsicht für die Kandidaten und/oder die Beratenden der Kandidaten nutzbar ist. Zum einen sollte ein Verfahren Kompetenzen sichtbar machen, die *beruflich verwertbar* sind. Dies gilt auch für Kompetenzen, die unterhalb der formalen Berufsabschlüsse anzusiedeln sind. Dabei sind die Anforderungen des deutschen Arbeitsmarktes anzusetzen. Neben der Arbeitsmarktverwertbarkeit der Kompetenzen ist zudem die Verwertbarkeit im Hinblick auf etwaige *Nachqualifizierung hin zu einem Vollabschluss* zu gewährleisten. Nur durch den Vollabschuss wird wirkliche Teilhabe möglich, weshalb Kompetenzfeststellungsverfahren Lücken, die bis zum Vollabschluss vorhanden sind, aufdecken sollten – sie müssen *anschlussfähig* an das formale System sein.

Insbesondere mit Blick auf die Zielgruppe der Flüchtlinge sind die Verfahren *mehrsprachig* und *kultursensibel* zu gestalten. Für die schnelle Integration in Arbeit müssen die Verfahren in den wesentlichen Sprachen der Flüchtlinge angeboten werden. Nur so kann eine frühzeitige Integration in Arbeit gelingen und zudem können für die Integration notwendige Maßnahmen bereits vor Erwerb weiterführender Deutschkenntnisse ergriffen werden (bspw. berufsfachliche Sprachkurse). Die Kultursensibilität stellt eine Rahmenbedingung dar, die sichergestellt werden sollte. Hier ist insbesondere darauf zu achten, dass keine Elemente in den Verfahren enthalten sind, die kulturell unterschiedlich interpretiert werden können. Davon unbeeinflusst muss die Orientierung an den Anforderungen des deutschen Arbeitsmarktes verbleiben. Ein Pfleger in Deutschland muss bspw. mit der Nacktheit beider Geschlechter umgehen. Derartige Anforderungen sollten in die Verfahren integriert werden – unabhängig davon, ob es in anderen Kulturen unüblich ist. Auch im Arbeitsalltag würden die Teilnehmer damit konfrontiert werden. Es hilft also weder Teilnehmern noch Vermittlern, wenn derartige wesentliche Aspekte der betrieblichen Tätigkeit ignoriert würden.

Auch wenn die Datenlage bezüglich der Qualifikation der Flüchtlinge derzeit kein abschließendes Bild erlaubt, so ist dennoch davon auszugehen, dass das Kompetenzniveau der Flüchtlinge oftmals unterhalb des Niveaus von in Deutschland ausgebildeten Fachkräften liegt. Dies muss jedoch nicht ein ganzes Berufsbild umfassen. In einzelnen Teilbereichen, in denen bereits Kompetenzen vorliegen, die als abgeschlossenes Handlungsgebiet Einsatzmöglichkeiten im Betrieb bieten, sollten diese sichtbar und verwertbar gemacht werden. Dies bedeutet, dass auch *Kompetenzen unterhalb des (gesamten) formalen Abschlusses* erfasst werden müssen. Dies bedeutet wiederum, dass die Kompetenzerfassung möglichst nah am betrieblichen Alltag geschehen muss und praktische Handlungssituationen in die Kompetenzerfassung einfließen müssen.

Um die Arbeitsmarktverwertbarkeit sicherzustellen, müssen Teilnehmer, Arbeitsvermittler sowie potenzielle Arbeitgeber ein *praxisbezogenes Kompetenzprofil* erhalten. Dies bedeutet auch, dass sich die Verfahren an der betrieblichen Praxis und somit an den Berufen der betrieblichen Praxis orientieren müssen. Es braucht folglich *berufsindividuelle Kompetenzfeststellungsverfahren*.

Es braucht neue Verfahren der Kompetenzfeststellung für Flüchtlinge

Die Anforderungen der Nutzung der Verfahren durch die Zielgruppe und die Leistungsfähigkeit in Bezug auf die Skalierung zeigen gleichsam die Anforderungen an ein Instrumentarium der Kompetenzfeststellung auf. Derzeit gibt es in Deutschland keine Verfahren, die diesen Anforderungen gerecht werden können. Es müssen somit neue Verfahren entwickelt und flächendeckend eingesetzt werden. Diese müssen non-formal und informell erworbene Kompetenzen von vielen Personen sichtbar und verwertbar machen. Der Nutzen der zu entwickelnden Verfahren insbesondere in Bezug auf die Verwertbarkeit der Ergebnisse erfordert eine enge Verzahnung von Testtheorie auf der einen Seite und betrieblicher Praxis auf der anderen Seite.

Ganz wesentlich bei der Entwicklung neuer Verfahren ist, dass diese auch Kompetenzen erfassen, die unterhalb des beruflichen (Voll-)Abschlusses anzusiedeln sind. Mit Blick auf die Zielgruppe erscheint eine Orientierung an Vollabschlüssen ein zu hohes Anforderungsniveau. Viel wahrscheinlicher ist, dass Teilnehmer in manchen Kompetenzbereichen bereits Kompetenzen erworben haben, in anderen jedoch nicht. Diese Kompetenzen sichtbar zu machen, würde somit auch Lücken hin zu einem Vollabschluss sichtbar machen, die dann gezielt nachqualifiziert werden könnten.

4. Wie Kompetenzen erfasst werden können: „Berufliche Kompetenzen erkennen" – ein Projekt der Bundesagentur für Arbeit und der Bertelsmann Stiftung

An den skizzierten Herausforderungen und Anforderungen setzt das Kooperationsprojekt der Bundesagentur für Arbeit in Kooperation mit der Bertelsmann Stiftung an. Ziel ist die Etablierung eines wirksamen und vertrauenswürdigen Systems zur schnellen Erfassung und Sichtbarmachung von informell und non-formal erworbenen fachlichen Kompetenzen in großer Zahl. Dadurch soll die berufliche Integration von formal Geringqualifizierten und Flüchtlingen verbessert werden. Kernelement sind computerbasierte Kompetenztests zur Standortbestimmung fachlicher Kompetenzen der Zielgruppe, die eine zielgerichtete Vermittlung in Beschäftigung und Qualifizierung ermöglichen. Die anvisierten Verfahren füllen die eingangs beschriebene Lücke und sollen strukturell in die Beratungsprozesse der Bundesagentur für Arbeit integriert werden.

Mehrwert der Testverfahren

Die Erhebung der Kompetenzen erfolgt mittels technologiebasierter Testverfahren, welche einige Vorteile bieten. Einerseits erfüllen sie die Voraussetzung, um der quantitativen Dimension gerecht zu werden. Andererseits ermöglichen sie eine standardisierte Dokumentation der Kompetenzen der Teilnehmer. Darüber hinaus besteht die Möglichkeit, visuelle Gestaltungselemente, z.B. Videos zur Darstellung typischer betrieblicher Handlungssituationen, einzubeziehen. So werden Aussagen zur betrieblichen Handlungsfähigkeit getroffen. Im Ergebnis entstehen Kompetenznachweise, die für Kunden und Vermittlungsfachkräfte lesbar und verwertbar sind sowie potenziellen Arbeitgebern zuverlässig Auskunft über potenzielle Einsatzmöglichkeiten von

Bewerbern geben. Die Systematik geht dabei über das bloße Erkennen von Kompetenzen hinaus. Vielmehr werden die festgestellten Kompetenzen ins Verhältnis zu anerkannten Berufsbildern gestellt. Das ermöglicht eine Einordnung in einen bekannten und etablierten Referenzrahmen, der sie erst für Arbeitgeber einschätzbar macht. Darüber hinaus können Anschlussperspektiven, wie beispielsweise Nachqualifizierungsangebote, konkretisiert werden, da Aussagen zum Kompetenzniveau unterhalb des Vollabschlusses getroffen werden. Die Kompetenztests sollen dabei bestehende erfolgreiche Instrumente der Arbeitsmarktintegration, wie das Praktikum oder die Arbeitsprobe, nicht ersetzen, sondern dahingehend zielführend erweitern, das darauffolgende praktische Einsätze kompetenzadäquat und für alle Seiten gewinnbringend genutzt werden können.

Dabei sind die hier gemeinten Kompetenztests von beruflichen Orientierungs- und Eignungstests zu unterscheiden, da sie sich nicht auf berufsbezogene Interessen, Begabungen oder das Potenzial einer Person im Sinne noch zu entwickelnder Kompetenzen beziehen. Ziel ist es, die bereits vorhandenen Kompetenzen sichtbar zu machen, die durch Arbeitserfahrung oder sonstige informelle Lernprozesse erworben wurden. Zugleich handelt es sich nicht um ein formales Prüfungsverfahren mit dem Ziel einer rechtsverbindlichen Feststellung beruflicher Handlungsfähigkeit oder gar einer Anerkennung formaler Berufsqualifikationen. Gegenstand dieses Verfahren der Kompetenzdiagnostik ist die Erhebung arbeitsbezogener Fachkompetenzen. Ausdruck dieser Festlegung ist die Praxisorientierung der Testverfahren. Die Kompetenztests sind in der Folge zuvorderst als Hilfsmittel für Akteure am Arbeitsmarkt zu sehen, welches einerseits eine Orientierung bietet und andererseits für zahlreiche Personen eine auf Fakten basierende Platzierungsentscheidung für Vermittlung oder Qualifizierung ermöglicht.

Weiterhin werden die arbeitsbezogenen Fachkompetenzen zu definierten und von Experten validierten, betrieblichen Einsatzgebieten in Beziehung gesetzt (ökologische Validierung). Die inhaltliche Strukturierung der zu testenden Kompetenzen basiert demnach auf den beruflichen Anforderungen, die sich in betrieblichen Handlungssituationen und den darin typischerweise zu verrichtenden Arbeitsaufgaben ergeben. Die Strukturierung der Kompetenzen erfolgt damit nach den Anforderungen der betrieblichen Praxis und gliedert sich nach betrieblichen Einsatzgebieten. Erfasst werden damit ausschließlich Fachkompetenzen, deren spezifische Anforderungen abhängig vom Referenzberuf sind. Kompetenz wird dabei als relationales Gebilde, in dem ein Subjekt-Objekt-Bezug zum Ausdruck kommt, verstanden. Durch die Interaktion des Individuums mit seinem Arbeitsumfeld und den darin enthaltenen Anforderungen entsteht die berufliche Kompetenz und wird sichtbar (vgl. Becker/Spöttl 2015, S. 8ff.). Hintergrund der Ausrichtung an betrieblichen Prozessen ist die Verwertbarkeit der Testergebnisse für Zwecke der Arbeitsmarktintegration. Ergänzt werden diese Erkenntnisse durch eine curriculare Herangehensweise. Hierbei werden die Kompetenzen anhand der Ordnungsmittel der Berufsbilder und der darin festgelegten Lernziele ermittelt, so dass im Ergebnis eine ergänzende curriculare Validierung durchgeführt wird.

Die Testentwicklung folgt einem standardisierten Prozess

Um alle im ersten Teil dieses Beitrags dargelegten Anforderungen für skalierbare Kompetenzfeststellungsverfahren zur Erfassung von informellen und non-formalen Kompetenzen einzuhalten, wurden Qualitäts- und Verfahrensstandards erarbeitet. Dies ermöglicht ein methodisch fundiertes sowie einheitliches Vorgehen bei der Entwicklung der einzelnen berufsspezifischen Kompetenztests. In den folgenden Abschnitten werden ausgewählte Aspekte der Testmodellierung beleuchtet.

Einen zentralen Stellenwert nimmt der Konstruktionsprozess eines beruflichen Kompetenztests ein. Dieser lässt sich folgendermaßen darstellen: Auf Basis des gewählten Referenzberufes werden Überlegungen angestellt, welche abgrenzbare betriebliche Einsatzgebiete für die Entwicklung von Testaufgaben im Sinne der betrieblichen Einsatzfähigkeit geeignet sind. Innerhalb dieser betrieblichen Einsatzgebiete werden typische zu verrichtende Handlungssituationen beschrieben und als Ausgangspunkte für die Entwicklung von Testaufgaben genommen. Sowohl die betrieblichen Einsatzgebiete als auch die repräsentativen Handlungssituationen werden im Hinblick auf die betriebliche Relevanz sowie Vollständigkeit der Handlung unter Einbezug von berufsfachlichen Experten validiert. Nach der anschließenden Entwicklung der ausschließlich auf geschlossenen Frageformaten basierenden Testaufgaben zu den Handlungssituationen sowie einer erneuten ökologischen Validierung erfolgt die mediale Produktion der Videos und Bilder. Parallel werden alle Testinhalte in relevante Fremdsprachen übersetzt. Daran anschließend ist ein Feldtest vorgesehen, bei dem das entwickelte Instrument an Personen der Zielgruppe auf Verständlichkeit, Fehlerfreiheit und Kultursensibilität überprüft wird. Danach erfolgt eine Pilotierung der Tests, bei dem insbesondere empirische Daten erhoben werden. Auf Basis dieser Daten erfolgt eine Anpassung des Instruments, sodass beispielsweise Testaufgaben, die sich nicht modellkonform verhalten, ausgeschlossen oder bearbeitet werden.

Die statistische Modellierung beruht auf der probabilistischen Testtheorie (Item-Response Theory (IRT)). Geschätzt werden dabei Itemparameter (Aufgabenschwierigkeit) und Personenparameter (Personenfähigkeit), von denen die Lösungswahrscheinlichkeit der gestellten Aufgabe abhängt. Die Personenfähigkeit drückt die zu messende Größe der beruflichen Kompetenz aus und wird als metrisch skalierter Parameter geschätzt. Auf die Verwendung der „Klassischen Testtheorie" wurde verzichtet, da einerseits die Aufgabenschwierigkeit mit den Personenparameter bei IRT-Modellen auf einer gemeinsamen Skala abgebildet ist, wodurch eine kriteriumsorientierte Definition von Kompetenzniveaus ermöglicht wird (vgl. Hartig/Frey 2013). Andererseits kann empirisch geprüft werden, wie gut das entwickelte Kompetenzmodell zu den analysierten Daten passt, so dass nach Prüfung eine Modelloptimierung vorgenommen werden kann. Perspektivisch erlaubt das IRT-Modell darüber hinaus auch die Einbindung von adaptiven Elementen, welche explizit die Aufgabenschwierigkeit berücksichtigen.

Auch die Testgütekriterien gilt es bei der Entwicklung und beim Einsatz zu berücksichtigen. Um die Objektivität der Kompetenzfeststellung zu gewährleisten wird auf eine standardisierte Durchführung der technologiebasierten Tests geachtet. Darüber hinaus wird auf offene Frageformate verzichtet und es erfolgt eine automatisierte IT-gestützte Auswertung des Kompetenztests. Die Validität wird durch die beschriebene ökologische Validierung unter Einbezug von Fachexperten des jeweiligen Berufsbilds sowie der curricularen Validierung durch den Abgleich mit Ordnungsmitteln, wie dem Ausbildungsrahmenplan oder Rahmenlehrplänen, sichergestellt. Um die Vergleichbarkeit der Ergebnisse (Reliabilität) zu gewährleisten, wird auf eine einheitliche Dimensionierung der Fragen je Kompetenzbereich geachtet.

Anerkennung non-formal und informell erworbener Kompetenzen im Anschluss an deren Erfassung

Die EU hat seinen Mitgliedstaaten auferlegt, bis zum Jahr 2018 ein System der formalen Anerkennung non-formal und informell erworbener Kompetenzen zu implementieren (Rat der Europäischen Union, 2012, S. 5). Kompetenzfeststellungsverfahren, welche non-formal und informell erworbene Kompetenzen bewerten, sollten nicht losgelöst vom formalen System entwickelt werden, sondern ihre Anschlussfähigkeit an dieses sicherstellen. Im Projekt „Berufliche Kompetenzen erkennen" findet bei der Entwicklung des Verfahrens neben der Einbindung von Experten der ausgewählten Berufe eine Orientierung an den Ordnungsmitteln der beruflichen Bildung statt. Es wird somit sowohl eine ökologische wie auch eine curriculare Validierung vollzogen. Das Testergebnis wird auf einen Blick und auf Basis des Referenzberufs Nachqualifizierungsbedarfe und Einsatzmöglichkeiten darstellen. Das Ziel ist, in Kompetenzbereichen, in denen bereits ausreichend Fachkompetenz vorhanden ist, nicht erneut eine kostenintensive Nach- oder Erstqualifizierung durchzuführen zu müssen, sondern gezielt die Lücken zum Vollabschluss zu schließen. Hierfür würden sich beispielsweise Teilqualifikationen eignen, denen es aktuell jedoch an Einheitlichkeit sowie regionaler und trägerübergreifender Anschlussfähigkeit mangelt.

Neben dem beschriebenen Projekt „Berufliche Kompetenzen erkennen" gibt es auch andere aktuelle Initiativen, die über die Sichtbarmachung von Kompetenzen hinausgehen und eine Anerkennung non-formal und informell erworbener Kompetenzen anstreben. Beispielhaft ist hier das Projekt „ValiKom" zu nennen, indem sich das Bundesministerium für Bildung und Forschung (BMBF) gemeinsam mit den Kammern auf den Weg gemacht hat, Verfahren zu erarbeiten und zu erproben, die eine Anerkennung non-formal und informell erworbener Kompetenzen ermöglichen. Wichtig wird auch bei diesen noch zu entwickelten Verfahren sein, dass hier Teilqualifikationen anerkannt werden und Wege zum Vollanschluss aufgezeigt werden.

Literatur

Becker, M. & Spöttl, G. (2015): Berufliche (Handlungs-)Kompetenzen auf der Grundlage arbeitsprozessorientierter Standards messen. In: *Berufs- und Wirtschaftspädagogik – online Nr. 28.* Abrufbar unter: http://www.bwpat.de/ausgabe28/becker_spoettl_bwpat28.pdf [22.01.2016].

Bundesministerium für Bildung und Forschung (2016): *Bericht zum Anerkennungsgesetz, Bundesministerium für Bildung und Forschung.* Berlin.

Hartig, J. & Frey, A. (2013): Sind Modelle der Item-Response-Theorie (IRT) das „Mittel der Wahl" für die Modellierung von Kompetenzen? *Zeitschrift* für Erziehungswissenschaft *16/2013*, 47–51.

IAB (2016): *Aktuelle Berichte Nr.19. Eine vorläufige Bilanz der Fluchtmigration nach Deutschland.* Abrufbar unter: http://doku.iab.de/aktuell/2016/aktueller_bericht_1619.pdf [29.08.2016].

Maier, T. et al. (2014): Engpässe im mittleren Qualifikationsbereich trotz erhöhter Zuwanderung – Aktuelle Ergebnisse der BIBB-IAB-Qualifikations- und Berufsfeldprojektionen bis zum Jahr 2030 unter Berücksichtigung von Lohnentwicklungen und beruflicher Flexibilität. *BIBB Report 23/2014.* Bonn: Bundesinstitut für Berufsbildung (BIBB).

Perspektive Berufsabschluss: *Sammelmappe Infoblätter zur Vorbereitung für die Externenprüfung*, Abrufbar unter: http://www.perspektive-berufsabschluss.de/downloads/Downloads_Projekte_Nachqualifizierung/Nachqualifizierung_Giessen_Sammelmappe_Infoblaetter.pdf [29.08.2016].

Rat der Europäischen Union (2012): *Validierung nichtformalen und informellen Lernens. Empfehlung vom 20. Dezember 2012.* Abrufbar unter: http://eurlex.europa.eu/LexUriServ/LexUriServ.do?uri=OJ:C:2012:398:0001:0005:DE:PDF [29.08.2016].

Schreiber, D.; Gütschow, K. (2013): *Ergebnisse aus dem BIBB-Forschungsprojekt Anerkennung beruflicher Kompetenzen am Beispiel der Zulassung zur Abschlussprüfung im Rahmen der Externenregelung.* Transferfachtagung Perspektive Berufsabschluss, Bonn.

Velten, S.; Herdin, G. (2016): *Anerkennung informellen und non-formalen Lernens in Deutschland – Ergebnisse aus dem BIBB-Expertenmonitor Berufliche Bildung 2015.* Bonn: Bundesinstitut für Berufsbildung (BIBB).

Kompetenzentwicklung von Flüchtlingen.
Schlüssel zur Integration – Chance für neue Lernkulturen

Johannes Sauer

1. Integration von Flüchtlingen

Nach Deutschland strömt aktuell eine große Zahl von Flüchtlingen aus Krisengebieten. Diese Menschen kommen aus Kriegsgebieten und werden wohl längere Zeit in der Bundesrepublik bleiben. Es besteht die Aufgabe, sie möglichst schnell zu integrieren. Nur wenn diese Integration gelingt, kann der Flüchtlingsstrom auch als Chance angesichts der demografischen und arbeitsmarktpolitischen Entwicklung in der Bundesrepublik genutzt werden.

Worum geht es?
Die anerkannten Flüchtlinge kommen zu einem überwiegenden Teil aus anderen Kulturkreisen. Dies bedeutet:
- Sie kommen aus der islamischen Welt.
- Sie kommen aus anderen Gesellschaftssystemen mit anderen Werten.
- Sie kommen aus anderen wirtschaftlichen Verhältnissen, Systemen und Erfahrungen.
- Sie kommen aus anderen Bildungs- und Qualifizierungssystemen.
- Sie sprechen eine andere Sprache.

Soll die Integration von Flüchtlingen in das Beschäftigungssystem und ihre Aufnahme in das Gesellschafts- und Wertesystem gelingen, müssen Strategien entwickelt werden, die die Anpassung ihrer Kompetenzen an die Bedingungen der Bundesrepublik möglichst schnell gewährleisten. Dabei ist davon auszugehen, dass diese Flüchtlinge zu dem „mobilen" Teil der Bevölkerung der Herkunftsländer gehören, wenn sie das Risiko und die Strapazen der Flucht auf sich nehmen.

Wie es nicht geht
Der Transformationsprozess von 1990 und die aktuelle Herausforderung durch die Flüchtlinge sind sehr unterschiedlich, sie haben aber strukturelle Gemeinsamkeiten.

Die Erfahrungen nach der Wiedervereinigung mit einer Qualifizierungsoffensive in dreistelliger Milliardenhöhe in den neuen Ländern, durchgeführt vor allem über die Bundesanstalt für Arbeit und auf der Grundlage des Arbeitsförderungsgesetzes, war – dies wissen wir heute – weder sinnvoll, notwendig noch hinreichend, die Anpassung der Kompetenzen an die westdeutschen, marktwirtschaftlichen Verhältnisse zu gewährleisten. Man kann nicht lehren, wie man lebt, sondern man muß lernen, wie man lebt. Hierzu müssen Gelegenheiten geboten werden. Kurse zur Einführung in die Marktwirtschaft, Kurse über das Gesellschaftssystem der Bundesrepublik, die Anpassung von Bildungsabschlüssen nach Verfahren der Arithmetik sind keine Wege, die Vertrauen schaffen und notwendige Kompetenzen vermitteln. Aktuell sind Sprachkurse und Integrationskurse für die Flüchtlinge als Zwangsveranstaltungen im Gespräch und werden praktiziert. Beides allein springt zu kurz, so wichtig Sprachkurse im Einzelfall auch sein mögen, wer könnte das bestreiten. Die Hoffnungen, die sich politisch mit Integrationskursen verbinden, sind verständlich, aber auch unrealistisch und tragen teilweise Alibi-Charakter[1].

Insoweit kann dieser historisch einmalige Vorgang der Wiedervereinigung auch als Stresstest für das organisierte Weiterlernen von Erwachsenen und für die Weiterbildung verstanden werden.

Als Ergebnis ist festzuhalten: Der Test wurde nicht bestanden, die westdeutschen Weiterbildungsstrukturen sind weder hinreichend noch in der Form notwendig, um die mit Transformationsprozessen verbundenen Lernherausforderungen adäquat zu befördern.

Komplexe Lernkulturen gestalten

Den Flüchtlingen müssen Möglichkeiten geboten werden, weiterzulernen. Lernkulturen nutzen die Lernmöglichkeiten unterschiedlicher Lernformen und Lernorte. Hierzu gehören:

- *Lernen in der Erwerbsarbeit.* Der Arbeitsplatz muss gerade auch bei Integrationsaufgaben als Lernort verstanden und gestaltet werden. Flüchtlinge wegen Kompetenzmängeln vom Arbeitsmarkt fernzuhalten, wirkt kontraproduktiv. Vielmehr müssen Hilfen zur lernförderlichen Arbeit geboten werden.
- *Lernen in Tätigkeiten des sozialen Umfeldes.* Das Schaffen von Tätigkeiten und Beschäftigung im sozialen Umfeld ist eine zentrale Gestaltungsaufgabe. Hier sind soziale Organisationen, Kirchen und Glaubensgemeinschaften, Vereine, Verbände, der Sport gefordert, Integrationsaufgaben zu übernehmen. Nationale und interkulturelle Selbsthilfe ist zu fordern und zu fördern.
- *Sprachförderung als eine wichtige Herausforderung.* Hier sind die Weiterbildungseinrichtungen gefordert – ebenso wie bei spezifischen beruflichen Angeboten.
- *Gestaltung von Internet-Plattformen* als Lebenshilfe für die Flüchtlinge und zur Bereitstellung des entsprechenden Equipments, sofern nicht vorhanden.

Integrationsmaßnahmen im einzelnen gestalten

Im Zentrum der Integrationsmaßnahmen muss die Integration in Beschäftigung stehen. Dazu gehört vor allem die Schaffung lernförderlicher Beschäftigungsstrukturen der Erwerbsarbeit mit der Integration von Qualifizierung in die Arbeit. Parallel dazu muss die Integration in das soziale Umfeld erfolgen. Dazu gehört die Förderung der Selbsthilfe durch nationale Selbsthilfe und deren Unterstützung, die Förderung der interkulturellen Selbsthilfe und die Integration in und Schaffung von Netzwerken unterschiedlichen Zuschnitts. Besonders wichtig ist die schnelle Integration der Flüchtlingskinder in das Bildungssystem. Ebenso bedeutsam ist der Ausbau der Sprachförderung. Schließlich ist der Aufbau einer spezifischen zielgruppenorientierten Internet-Plattform zur Information und Beratung zu Integrationsfragen notwendig.

---

1 So fordert beispielsweise die Bundesministerin für Arbeit, den Flüchtlingen Pünktlichkeit zu lehren. T-online, 19.8.2016, 17.38 Uhr

2. Transformationslernen – Eine wachsende Herausforderung

Seit der zweiten Hälfte des 20. Jahrhunderts lässt sich beobachten, dass sich tief-greifende gesellschaftliche und wirtschaftsstrukturelle Veränderungen häufen. Trans-formationsprozesse sind untrennbar mit Lernprozessen verbunden, sie sind faktisch Lernprozesse. Es geht um die Notwendigkeit, mit tiefgreifenden, komplexen Verän-derungen auf Grund politischer, gesellschaftlicher, wissenschaftlicher oder indivi-dueller Umbrüche umzugehen und sie gegebenenfalls gestalten zu können (Trans-formationslernen). Es geht einerseits um eine Entwertung, andererseits um eine Neubewertung der Lebensbeziehungen. Diese erfordern neue Kompetenzen, d.h. neues Wissen, neue Werthaltungen, neue Verhaltensweisen und den Umbau von Er-fahrungen. Weiterlernen muss einen Beitrag zur Bewältigung komplexer Lebensver-änderungen leisten. Weiterlernen ist dabei ein Prozess. Das Lernen erfolgt

* für die Transformation,
* in der Transformation und
* durch die Transformation.

Es sind tätigkeitsbezogene, funktionsorientierte, dezentrale Lernschleifen. Dabei können beispielhaft neben dem ostdeutschen Transformationsprozess und der hier im Mittelpunkt stehenden Flüchtlingsproblematik drei weitere unterschiedliche Arten von Transformationsprozessen betrachtet werden:

Seit 25 Jahren durchdringen die *Informations- und Kommunikationstechniken* na-hezu alle Bereiche des Lebens. Es ist ein Irrglaube, dass IT im Kurs anstatt im Voll-zug gelernt werden kann. Hier haben sich neue Formen des Coachings und der Lern-hilfe in der Arbeit entwickelt, Hotlines gibt es in vielen großen Betrieben, Behörden und Verwaltungen, Weiterbildung im Takt von Bill Gates. Nur der private Bereich stützt sich noch ohne Erfolg auf die traditionelle Weiterbildung. Hier entsteht sozia-le Diskriminierung.

Nicht nur in Deutschland entwickelt sich in starkem Maße die *Selbsthilfe etwa bei schweren chronischen Erkrankungen*. Patienten mit derartigen Erkrankungen müssen ihr Leben neu ausrichten. In Deutschland sind nach Schätzungen über 4 Mil-lionen Menschen in solchen Selbsthilfegruppen organisiert und finden dort Rat und Hilfe, ohne dass sie bildungspolitisch wahrgenommen werden. Hier wird bisher auch nur wenig Unterstützung geleistet.

Transformationsnotwendigkeiten ergeben sich zunehmend auch in aus unter-schiedlichen Gründen *in die Krise geratenen Großunternehmen* (Beispiele: aktuell VW, die Energieriesen oder die Großbanken). Strategien des Transformationslernens für ganze Belegschaften sind gefordert und müssen je spezifisch entwickelt werden; sie sind keine Aufgabe für die Bildungsabteilungen.

Solche Beispiele machen klar, dass die Kompetenzentwicklung von Flüchtlingen und Migranten, so aktuell und wichtig sie gegenwärtig ist, einen Teilbereich der sich notwendig und landesweit etablierenden neuen Lernkultur Kompetenzentwicklung ausmacht. Insofern kann jedes dieser Beispiele auch als Ideenlieferant für das hier im Mittelpunkt stehende Problem dienen.

3.   Weiterbildung in der Transformation

Es steht zu erwarten, dass die Transformationsprozesse sich beschleunigen. Hierfür sprechen national unter anderem:

Das prognostizierbar weitere *Ansteigen des formalen Bildungsniveaus* der Bevölkerung. Dies erhöht das Streben nach interessanter Arbeit. Schlüssel für dieses Verhalten ist die Lernförderlichkeit von Arbeit. Dies wiederum führt zu mehr „informellem Lernen", woraus auch der Wunsch nach mehr formaler Weiterbildung entstehen kann (Baethge & Baethge-Kinsky, 2004, S. 42).

Prognostizierbar waren und sind die *Prozesse der Spezialisierung, Differenzierung, Individualisierung und wachsender Dynamik.* Hier ist allerdings zu bemerken, dass die Entwicklungsrichtungen jeweils unbekannt waren und sind. Aber: Innovationen – sowohl Sprunginnovationen als auch inkrementelle Innovationen – nehmen zu.

Prognostizierbar ist die wachsende *Bedeutung von Bildungsabschlüssen* für den Einstieg in das Erwerbsleben, da „dumme" Arbeit – weil in Deutschland zu teuer – auswandert. Prognostizierbar ist aber auch die sinkende Bedeutung des Bildungsabschlusses im Ablauf der Erwerbsbiografie angesichts zunehmender Dynamik. Die Kompetenzentwicklungsbiografie wird immer entscheidender. Hier gewinnt die Arbeits- und Tätigkeitsbiografie an Bedeutung.

Die Unterscheidung zwischen *Weiterlernen und Weiterbilden* wird nicht zuletzt durch die Tatsache erzwungen, dass sich die Informationstechnologien immer weiter durchsetzen und sich damit neue Formen des Weiterlernens auch jenseits des traditionellen E-Learnings etablieren. „Ordentliches" und „unordentliches" Lernen werden sich unter dem Prinzip der Selbstorganisation in ein neues Gleichgewicht einstellen. Der Prozess der Pluralisierung der Lernformen geht voran. „In Zukunft wird es keinen Ort in unserer Gesellschaft geben, der nicht auch als Lernort begriffen, und keine Zeit, die nicht auch als Lernzeit verstanden werden kann. Dieses Immer und Überall wird Einstellung zu und Beschaffenheit von Bildung und Qualifikation in erheblichem Maß bestimmen" (Höller-Cladders, 2002, S. 73).

Weiterlernen wird immer wichtiger und *traditionelle Weiterbildung geht zurück.* Dieser Prozess hält an. Weiterbildungseinrichtungen als Dienstleister müssen sich auf neue Aufgabenprofile einstellen, in deren Mittelpunkt lernförderliche Strukturen in der Erwerbsarbeit und im sozialen Umfeld stehen.

Prognostizierbar ist die *demografische Entwicklung.* Die Menschen werden älter, das Erwerbsalter steigt. Die demografische Entwicklung erzwingt ein längeres Erwerbsleben, um die bestehenden Sozialsysteme zu erhalten. Kompetenzerhalt, Kompetenznutzung und Kompetenztransfer sind Fragestellungen der Zukunft, die aktuell nicht hinreichend berücksichtigt werden. Ältere lernen anders und anderes, sie sind in traditioneller Weiterbildung weniger zu finden. Da helfen auch keine noch so gut gemeinten bildungspolitischen Appelle an die Älteren.

Es gibt keine Alternative zu der sich entwickelnden *Wissensgesellschaft.* „Das Paradigma Schule ist auf ein permanentes Lernen – Lernen nicht nur vor Eintritt in die Arbeitswelt, sondern auch in der Arbeitswelt, die sich selbst ständig verändert – nur begrenzt anwendbar, insoweit es institutionalisiertes Lernen bedeutet. Wir haben unsere Weiterbildung lange nach dem Paradigma Schule organisiert, damit homogenisiert; es ist Zeit, sie wieder zu individualisieren." (Mittelstraß, 1999, S. 62)

Um in vorhersehbaren Transformationsprozessen bestehen zu können, ist eine Transformation der Weiterbildung zu einer Lernkulturgestaltung erforderlich. Das bedeutet: Weiterlernen ist kein Hemmfaktor, sondern Voraussetzung für Innovation! Innovationen, individuelle wie wirtschaftliche, sind ohne Weiterlernen und den Willen zu Veränderung nicht denkbar. Dies hat die Notwendigkeit zur Konsequenz, die Strukturen des Weiterlernens so zu gestalten, dass Kompetenzen nicht zum Engpassfaktor werden, sondern so ausgestaltet werden, dass sie Innovationen begünstigen. Das bedeutet den Ausbau gleichwertiger Lerninfrastrukturen in der Arbeit, im sozialen Umfeld, im Netz und auch in Weiterbildungseinrichtungen. Die praktizierte Weiterbildungspolitik mit der einseitigen Förderung institutioneller Bildungsstrukturen muss sich entsprechend erweitern. Die Problematik der Kompetenzentwicklung von Flüchtlingen und Migranten ist aus allen genannten Gründen kein gewaltiges Einzelproblem, sondern ist in eine noch viel gewaltigere politisch-ökonomische Entwicklung der geistigen Entwicklung in Deutschland eingebettet, die über künftige Innovationen und künftigen Wohlstand entscheidet und mit grundlegenden und sich verschärfenden Problemen sozialer Gerechtigkeit verbunden ist.

4. Mehr soziale Gerechtigkeit durch Pluralität gleichwertiger Lernformen

Unabhängig von den Problemen der Bildungs- und Kompetenzentwicklung der Migranten und Flüchtlinge gibt es generalisierte Entwicklungstrends, die in diese Entwicklungen einmünden. Beispielsweise sind mehr als die Hälfte der Jugendlichen ohne Bildungsabschluss am Bildungssystem gescheitert. Dieses schulische System kennt nur eine Lernform, Lernen durch Lehre. Tätigkeitsintegrierte Lernformen bilden die Ausnahme, obwohl sie für manche Jugendliche der geeignete Weg sein können, die für ein Erwerbsleben notwendigen Kompetenzen zu erwerben, und die sich gerade für die Flüchtlinge und Migranten anbieten. Lernen in der Arbeit als Instrument, auch zum Erwerb von gleichwertigen Bildungsabschlüssen, ist unverzichtbar.

Beseitigung „dummer"Arbeit
Weiterhin besteht eine Korrelation zwischen Bildungsabschluss und Strukturen der Lernförderlichkeit. Je höher der Bildungsabschluss, um so lernhaltiger in der Regel die Arbeitssituation. Dies hat zur Konsequenz, dass sich die „Bildungshierarchie" im Laufe des Erwerbslebens vergrößert. Dies kann Weiterbildung trotz aller wohlmeinender Zielsetzungen nicht ausgleichen. Der Schlüssel liegt in der Beseitigung „nicht lernförderlicher Arbeit" für alle. Dies ist auch eine Frage der Menschenwürde.

Die Wiederentdeckung tätigkeitsintegrierten Lernens
Die Bedeutung des dualen Systems schwindet, weil insbesondere die akademische Ausbildung gesellschaftliche Anerkennung erhält. Lernen in der Arbeit und mit der Arbeit hat einen sinkenden Stellenwert, obwohl die wirtschaftliche und gesellschaft-

liche Entwicklung immer mehr darauf angewiesen ist. Hier ist ein Umdenken erforderlich, denn Innovationen entstehen zumeist durch in Tätigkeiten integrierte Lernprozesse. In Bezug auf die hier im Mittelpunkt stehende Menschengruppe ist ein solches Umdenken in besonderem Maße erforderlich, weil die wenigsten aus dem Stand in eine akademische Ausbildung „springen", aber durchaus in solche in Tätigkeiten integrierte Lernprozesse (vgl. hierzu aktuell Michler, 2012, S. 3).

Menschenwürdige Strategien des Kompetenzerhalts bei Arbeitslosigkeit

AFG und SGB III gingen und gehen von der Hypothese aus, Arbeitslosigkeit sei qualifikatorisch bedingt und man könne durch Weiterbildung einen Beitrag zur Beseitigung von Arbeitslosigkeit leisten. Milliardenbeträge werden daher jährlich für die Qualifizierung von Arbeitslosen verausgabt. Arbeitsmarktpolitiker rechnen in diesem Kontext insbesondere mit den statistischen Effekten. Weiterbildungsbiografien sind jedoch menschenunwürdig, weil die Betroffenen im Status des Inkompetenten, des Defizitären gehalten werden. Das überträgt sich natürlich besonders auf die neu hinzukommenden Arbeitnehmer. Hier ist eine differenziertere Politik notwendig, die Qualifizierung auf einen konkret vorhandenen Arbeitsplatz mehr als in der Vergangenheit ermöglicht.

Strategien der Kompetenznutzung im Alter

Die im Erwerbsleben erworbenen Kompetenzen werden in den meisten Fällen mit dem Stichtag der Verrentung wertlos und gesellschaftlich abgeschrieben. Dies schadet der Gesellschaft, die dann nur in gesellschaftlichen Ausnahmesituationen auf diese Ressourcen zurückgreift, es schadet aber auch den Individuen, die – abgeschnitten von geistiger Anregung – u.U. schneller alt werden. Das gilt besonders für die Älteren unter den Flüchtlingen und Migranten, die damit einer doppelten Abwertung ausgesetzt sind. Lernförderliche Arbeit hält vielfach „jung", hier sind erhebliche Potenziale zu nutzen.

Ein anderer Aspekt tritt hinzu: Die Gruppe der Älteren wird immer größer. Die Innovationsfähigkeit darf darunter nicht leiden. Ältere sind in der Regel in traditioneller Weiterbildung zu finden, die für sie aber wenig ertragreich ist. Die Entwicklung neuer Kommunikationsstrukturen des Weiterlernens ist auch aus dieser Sicht erforderlich.

Infrastrukturen für das Weiterlernen

Lernkulturen entwickeln sich nicht von selbst, sondern bedürfen organisierter Infrastrukturen und eines veränderten Weiterlernverständnisses. Dieser Transformationsprozess gestaltet sich angesichts der bestehenden starren – vor allem staatlichen – und sozialpartnerschaftlich organisierten Strukturen schwierig und langwierig. Die notwendigen Infrastrukturen richten sich auf die Besserung der Informationsstrukturen insbesondere im Themenfeld Internet, Strukturen der Kommunikation und des gemeinsamen Weiterdenkens sowie auf Strukturen der Bewertung.

5. Perspektive der nächsten 40 Jahre: Lernkultur und Weiterlernen als Gestaltungsaufgaben

Der Prozess des Wandels von der Weiterbildung zu neuen Kulturen des Weiterlernens stellt eine zwingende, alternativlose Notwendigkeit dar, will Deutschland im internationalen wirtschaftlichen und gesellschaftlichen Wettbewerb mithalten und weiter Fortschritte erzielen. Angesichts der Aufgabe, Flüchtlinge und Migranten human und effektiv zu integrieren, erweist sich dieser Wandlungsprozess von besonderer Dringlichkeit.

Zusammengefasst können die notwendigen Strukturwandlungsprozesse durch drei vor allem Unternehmen und Regionen betreffende gravierende Herausforderungen charakterisiert werden, nämlich durch

- den Übergang von der Industriegesellschaft zu einer Wissensgesellschaft,
- den Übergang von einer starren Bildungshierarchie zu einer breiten Kompetenzstruktur in der Gesellschaft und in den Unternehmen,
- die Hinwendung zu einer globalisierten Industrialisierung einerseits und einer Regionalisierung der Lebensgestaltung andererseits.

Diese Entwicklungen führen dazu, dass der Übergang von einer statischen Sichtweise von Weiterbildung (Weiterbildung als Reparaturbetrieb zur Anpassung an Veränderung) zu einer dynamischen Kultur des Weiterlernens (Lernkultur) unverzichtbar ist. Dieser Transformationsprozess ist äußerst komplex, denn er bedeutet den Übergang

- von einem Denken in Qualifikationen zu einem Denken in Kompetenzen,
- von Vorstellungen eines Weiterlernens durch Weiterlehre zu einer Pluralisierung der Lernformen mit einer Dominanz des Weiterlernens in unterschiedlichen Formen,
- von obrigkeitsstaatlichen Bildungsstrukturen (dies gilt auch für zentral geführte Unternehmen!) zu dezentralen demokratischen Lernstrukturen,
- von einem Denken in individuellem Lernen hin zu einem komplexen Lernen in der Abstimmung zwischen Organisation und Individuum,
- von einem Bildungsdenken im Sinne von Bildungskanon zu einem tätigkeitsorientierten Weiterlernen in der Logik der Entwicklung der Tätigkeit.

Diese Strukturverschiebungen haben nicht nur gravierende Auswirkungen auf Personalentwicklung und betriebliche Bildungsarbeit. Sie haben vor allem auch Auswirkungen auf die Flüchtlinge und Migranten als Arbeitnehmer und Mitbürger. Ein paar Weiterbildungskurse, wenn auch zu bedeutenden politischen und kulturellen Themen, ein paar Schnellschuss-Qualifikationen reichen da in keiner Weise aus. Sie müssen, soll die Integration gelingen, in die neue Lernkultur und das Weiterlernen als Gestaltungsaufgaben mit einbezogen werden! Für Deutschland als Hochlohnland ergibt sich ein erheblicher Handlungsbedarf, der im Wettbewerb der Bundesländer einerseits und der Unternehmen andererseits gelöst werden muss. Eine schlüssige Infrastruktur für diesen Wandel gibt es bisher nicht, obwohl Elemente davon sich bereits im Alltag herausbilden und vollziehen. Die neue Situation wird, so viel lässt sich voraussagen, diesen Wandel unweigerlich beschleunigen und uns damit letztlich national nützen.

Literatur

Baethge, Martin & Baethge-Kinsky, Volker (2004): *Der ungleiche Kampf um das lebenslange Lernen*. Edition QUEM, Band 16. Münster: Waxmann.

Höller-Cladders, Eva-Maria (2002): Stellungnahme als Expertin. In Christiane Schiersmann, Johannes Busse & Detlev Krause: *Medienkompetenz – Kompetenz für Neue Medien: Studie im Auftrag des Forum Bildung* (Anhang). Bonn.

Michler, Inga (2012): *Wir brauchen Lehrlinge*, In DIE WELT vom 23.1.2012, S. 3.

Mittelstraß, Jürgen (1999): Lernkultur – Kultur des Lernens. In: Qualifikations-Entwicklungs-Management (Hrsg.): *Kompetenz für Europa. Wandel durch Lernen – Lernen im Wandel*. QUEM-report, Heft 60. Berlin, S. 49-63.

Individuelle Kompetenzentwicklung für geflüchtete Menschen

Wolfgang Bornträger, Virginia Moukouli

1. Ausgangssituation

Deutschland steht vor der bedeutenden Herausforderung, die Vielzahl an geflüchteten Menschen gesellschaftlich und beruflich zu integrieren, um ihnen Chancen auf berufliche und soziale Teilhabe zu eröffnen. Im Jahr 2015 sind laut dem Erfassungssystem zur Erstverteilung von Asylsuchenden (EASY-System) rund 1,1 Million Menschen[1] auf der Flucht vor Hunger, Krieg und Unterdrückung nach Deutschland gekommen und als Asylbegehrende hier erfasst worden. Insgesamt sind rund 71 Prozent der 2015 registrierten Asylbewerber/innen unter 30 Jahre alt; noch jünger, nämlich unter 25 Jahren, ist etwas mehr als die Hälfte (55,9%), und rund 27 Prozent sind unter 16 Jahren (BAMF, 2016).

Die Diskussion zur Integration der Flüchtlinge wird sehr polarisierend geführt und je nach Interessenlage und Standpunkt werden unterschiedliche Forderungen und Erwartungen an die Geflüchteten gestellt. Auf der einen Seite wird argumentiert, dass zu viele Flüchtlinge nach Deutschland kommen und dass vor allem deren arbeitsmarktpolitische Integration nicht gelingen, sondern in eine sozialpolitische Katastrophe münden wird. Auf der anderen Seite wurde vor allem zu Beginn der Flüchtlingsaufnahme im Herbst 2015 von Vertretern aus Politik, Wirtschaft und Handwerk argumentiert, die Flüchtlinge müssten so schnell wie möglich passgenau in den deutschen Arbeitsmarkt integriert werden, denn so könnten die demografischen Defizite und der sogenannte Fachkräftemangel gelöst werden. Als dann erste Auswertungen zum Bildungsstand der geflüchteten Menschen vorlagen, wurden die Qualifikationsdefizite beklagt und die Anstrengungen und Probleme, die eine gesellschaftliche und berufliche Integration beinhalten, betont.

Tatsächlich gibt es keine umfassenden und verlässlichen Zahlen zum Qualifikationsniveau der Flüchtlinge, die 2015/2016 nach Deutschland gekommen sind. Erste Auswertungen der 2015 registrierten Asylbewerber/innen deuten aber sowohl das Qualifikationspotenzial als auch den bedeutenden Qualifizierungsbedarf von vor allem jungen Geflüchteten an. Demnach hat knapp die Hälfte (49%) der 18- bis unter 24-jährigen registrierten Asylbewerber/innen ein Gymnasium oder eine (Fach-)Hochschule besucht. Rund jede/r Fünfte hat eine Grundschule oder keine Schule (21%) und 28 Prozent eine Mittel- oder Fachschule besucht. All diese Diskussionen zeigen, dass erhebliche Anstrengungen erforderlich sind, um das vorhandene Qualifizierungspotenzial Geflüchteter zu nutzen. Sie weisen auch darauf hin, wie wichtig es ist, Geflüchtete frühzeitig in Bildungsangebote zu integrieren: Sollen ihre Potenzia-

---

[1] Die Angaben der EASY-Registrierung bieten keine präzise und verlässliche statistische Grundlage, da 2015 nicht alle Asylsuchenden registriert wurden und gleichzeitig von Mehrfacherfassungen auszugehen ist. Somit sind sie als Schätzung anzusehen.

le dazu beitragen, den Fachkräftebedarf in Deutschland zu decken und die demografische Lücke zu mildern, so ist ihr Qualifikationserwerb erheblich zu steigern (Brücker et al., 2016).

Die Integration der Flüchtlinge in die Bildungssysteme und in den Arbeitsmarkt steht bisher noch am Anfang. Das liegt zum einen an der Dauer der Prozesse zur Registrierung und Prüfung der Asylverfahren und dem späten Zugang zur Arbeitssuche bei der Bundesagentur für Arbeit (BA). Zum anderen gibt es Vorschriften, die die Arbeitsintegration verlangsamen. Überlegungen wie eine schnellere Arbeitsaufnahme organisiert werden könnte, wurden und werden erarbeitet. Ein erster Schritt ist das Aussetzen der sogenannten Vorrangprüfung. Das Arbeitsministerium setzt die Vorrangprüfung bei der Beschäftigung von Asylbewerbern und Geduldeten in Teilen Deutschlands seit dem 1. August 2016 außer Kraft. Flüchtlinge, über deren Antrag auf humanitären Schutz noch nicht entschieden wurde, haben nach drei Monaten Aufenthalt grundsätzlich Zugang zum Arbeitsmarkt. Bislang wurde jedoch geprüft, ob inländische Arbeitnehmer für eine Beschäftigung zur Verfügung stehen. Diese hatten dann Vorrang. Ausgenommen bleiben insgesamt 23 Agenturbezirke in Bayern, Nordrhein-Westfalen und Mecklenburg-Vorpommern. Die Erleichterungen gelten aber nicht für Asylbewerber aus sicheren Herkunftsstaaten. Sie müssen während des gesamten Asylverfahrens in Aufnahmeeinrichtungen bleiben und unterliegen damit einem Beschäftigungsverbot. Wer als Asylsuchender bereits anerkannt ist, darf jederzeit ohne Einschränkungen eine Arbeit aufnehmen. Die Aussetzung der Vorrangprüfung wird von Seiten der Bundesregierung als weiterer Baustein für eine Integration der geflüchteten Menschen angesehen, die zu uns kommen und Fuß fassen wollen (ZEIT online, 2016).

Die aktuellen Daten der Bundesagentur für Arbeit (Juli 2016) zeigen auch, dass allmählich mehr Flüchtlinge auf den deutschen Arbeitsmarkt kommen. Rund 100.000 Menschen aus den Fluchtländern gehen schon einer sozialversicherungspflichtigen Beschäftigung nach. Daneben zeigen die Erkenntnisse der Arbeitsagentur aber auch, dass die Mehrheit der arbeitsuchenden Geflüchteten bisher nur für Helfertätigkeiten zur Verfügung steht. Von den 320.000 erfassten Arbeitssuchenden galt dies allein für 187.000. Knapp 50.000 hatten das Anforderungsprofil Fachkraft oder Spezialist (Bundesagentur für Arbeit, 2016a).

2. Programme und Projekte: Integration in den Arbeitsmarkt

Nach der Aufnahme und Unterbringung der geflüchteten Menschen tritt ihre Integration in den Arbeitsmarkt immer mehr in den Fokus. Dazu wurden eine Reihe von Programmen und Projekten von Unternehmen, Kammern und Verbänden zur Integration Geflüchteter in den Arbeitsmarkt initiiert. Angesichts der Heterogenität der Bildungsvoraussetzungen, der Fluchterfahrungen und des Aufenthaltsstatus der Geflüchteten sollen in diesen Programmen, ausgehend von ihren Potenzialen und Kompetenzen, Unterstützung beim systematischen und berufsorientierten Spracherwerb, bei der Berufsorientierung und Ausbildungsvorbereitung sowie in der beruflichen Ausbildung und Nachqualifizierung ermöglicht werden. So wurde z.B. das 20 Millionen Euro teure Qualifizierungs-Programm „Wege in Ausbildung für Flüchtlinge" des Bundesbildungsministeriums aufgelegt, das dem Handwerk helfen soll, junge Flüchtlinge für die Ausbildung in den Handwerksbetrieben zu gewinnen. Die Flüchtlinge besuchen einen Integrationskurs, dann bewertet die Bundesagentur für Arbeit (BA) ihre Qualifikationen und Arbeitserfahrungen. Als weiterer Schritt sollen die Flüchtlinge gemeinsam mit deutschen Auszubildenden in den überbetrieblichen Bildungszentren des Handwerks praxisorientiert lernen. Durchgeführt wird das Programm von den Handwerkskammern, die junge Geflüchtete schließlich als Auszubildende in Unternehmen vermitteln soll. Geplant ist, bis 2018 rund 10.000 Flüchtlinge zu qualifizieren und in eine betriebliche Ausbildung im Handwerk zu führen (BMBF, 2016).

Die Nachfrage nach solchen Programmen ist groß. Laut BA waren im Juli 2016 322.000 Geflüchtete auf der Suche nach Arbeit – davon sind 141.000 Menschen aus Staaten wie Syrien, Irak, Afghanistan, aber auch Somalia und Eritrea schon länger ohne Job. Auf der anderen Seite konnten 2015 in den Handwerksbetrieben 17.000 Lehrstellen nicht besetzt werden (FAZ, 2016).

In vielen Projekten zur Integration der Flüchtlinge in den Arbeitsmarkt wird eine Erfassung und/oder Bewertung von Potenzialen und/oder Kompetenzen vorangestellt, da die Prüfung der formalen Qualifikationen allein nicht ausreicht, um die Eignung der Geflüchteten für den Arbeitsmarkt zu erfassen. Viele von ihnen können ohnehin ihre schulischen und beruflichen Qualifikationen nicht mit Zeugnissen/ Zertifikaten nachweisen. Die angebotenen Anerkennungsverfahren von Bildungsabschlüssen und formalen Qualifikationen, wie z.B. über das IQ-Netzwerk (www.netzwerk-iq.de), sind sehr weit verbreitet und in eine Trägerstruktur eingebunden. Kompetenzfeststellungsverfahren zu den überfachlichen Kompetenzen der Geflüchteten als Schritt zur Arbeitsmarktintegration sind jedoch deutlich weniger verbreitet und werden in sehr unterschiedlicher Form und Qualität angeboten. Auch werden hierbei sehr unterschiedliche Definitionen von Kompetenzen und Systeme zur Erfassung dieser zu Grunde gelegt.

Den Potenzialanalysen und/oder Kompetenzfeststellungen kommt aber eine große Rolle bei der Integration der Flüchtlinge in den Arbeitsmarkt zu. Der hohen Zustimmung zur Integration von Geflüchteten in den Arbeitsmarkt schließt sich die Frage an, wie ihre Potenziale und Kompetenzen genutzt werden können. Da für die meisten Geflüchteten der Nachweis ihrer formalen Qualifikationen nur schwer möglich ist und die fachliche Anerkennung sehr erschwert ist, sollte (parallel zum unerlässlichen Spracherwerb) eine Kompetenzermittlung am Anfang der Integration in den Arbeitsmarkt stehen. Mit Hilfe eines wissenschaftlich fundierten und validen Verfahrens sollte erfasst werden, wo die persönlichen Stärken der Geflüchteten liegen, auf die zielgerichtet im Integrationsprozess aufgebaut werden kann.

Der Kompetenz-Ansatz des KODE®-Verfahrens ist dafür ein geeignetes Instrument. Kompetenzen beschreiben umsetzbare Fähigkeiten unabhängig von den Ursachen. Sie beschreiben die Fähigkeit, in einer bestimmten Situation handeln zu können – auch dann, wenn diese Situation neu ist und bisher nicht eingeübt wurde. Die Ursachen für diese Fähigkeit – Qualifikation, Erfahrung, soziale Prägung, Herkunft, Persönlichkeitseigenschaft – werden dabei nicht hinterfragt (Heyse/Erpenbeck/Ortmann, 2010). Dieser Ansatz bietet für Geflüchtete, für Behörden und für Unternehmen große Chancen. Denn die Integration Geflüchteter in den Arbeitsmarkt stellt das System vor große Herausforderungen. Ziel sollte es sein, die Teilhabe der geflüchteten Menschen an (beruflicher) Ausbildung und Beruf unabhängig von ihrer regionalen, sozialen, familiären bzw. ethnischen Herkunft oder von ihrem Aufenthaltsstatus zu ermöglichen. Das KODE®-Verfahren bietet dafür die Grundlage.

3. Das Pilotprojekt: individuelle Kompetenzermittlung für geflüchtete Menschen

3.1 Braunschweig und die Flüchtlinge

Braunschweig mit seinen 250.000 Einwohnern hat eine Landesaufnahmebehörde (LAB Braunschweig), die auch als Erstaufnahmeeinrichtung dient, und Platz für 750 Geflüchtete bietet. Auf dem Höhepunkt der Flüchtlingsaufnahme Ende 2015/Anfang 2016 waren ca. 3.500 Menschen dort zeitweise untergebracht. Die Lage hat sich mittlerweile entspannt.

Mit Stand vom April 2016 sind der Stadt Braunschweig vom Land Niedersachsen 318 Geflüchtete zur Unterbringung zugewiesen worden. Sie leben in Sporthallen mit einer Gesamtkapazität von 512 Plätzen für die Unterkunft. Im Mai 2016 kommen noch rund 150 Plätze in einem ehemaligen Bürogebäude hinzu, außerdem einige Wohnungen für besonders Schutzbedürftige mit rund 60 Plätzen. Insgesamt werden rund 700 Plätze zur Erstunterbringung für Geflüchtete zur Verfügung gestellt. Die Stadt Braunschweig rechnet mit weiteren Zuweisungen von Geflüchteten seitens des Landes. Deshalb wurde ein Konzept erarbeitet, um auf weitere Entwicklungen flexibel reagieren zu können, dazu gehört sowohl der Blick auf die Erstaufnahmeeinrichtungen als auch der Bau von dezentralen Wohneinheiten. Das freiwillige Engagement zur Unterstützung der Geflüchteten ist in Braunschweig hoch und zeigt sich in zahlreichen Initiativen und Projekten (Stadt Braunschweig, 2016).

Neben der Unterstützung der Geflüchteten bei der Unterbringung, dem alltäglichen Leben und dem Umgang mit Behörden und Ämtern, haben verschiedene Bildungseinrichtungen und Institutionen wie z.B. der Arbeitgeberverband, IHK, Handwerkskammer u.a. in den zurückliegenden Monaten Überlegungen angestellt, wie Geflüchtete mit unterschiedlichen Mitteln und Methoden (Praktika, Eingliederungskurse in Betrieben, usw.) an den lokalen Arbeitsmarkt herangeführt werden können.

3.2 Die Beteiligten

Da es für eine Integration von geflüchteten Menschen in den Arbeitsmarkt unerlässlich ist, parallel zum Spracherwerb frühzeitig mit einer Kompetenzermittlung zu beginnen, haben drei Institutionen, die mit dem KODE®-Verfahren arbeiten, ein Pilotprojekt organisiert und durchgeführt, das die individuelle Kompetenzermittlung für geflüchtete Menschen mit KODE® an den Anfang der Arbeitsmarktintegration stellt.

Beteiligt an dem Projekt „Individuelle Kompetenzentwicklung für geflüchtete Menschen" sind:

a) Allianz für die Region Braunschweig GmbH: Sie bündelt Kräfte aus Politik und Verwaltung sowie Wirtschaft und Wissenschaft und schafft so wichtige Voraussetzungen für eine starke Region. Das CeKOM Niedersachsen ist bei der Allianz angesiedelt und verfügt über lizenzierte ausgebildete Berater für das KODE®-Verfahrenssystem.

b) Volkshochschule Braunschweig: Die VHS ist als Eigengesellschaft der Stadt Braunschweig ein kommunaler Dienstleistungsbetrieb für Bildung, Beratung, Qualifizierung und Kultur und eine der großen Bildungseinrichtungen der Stadt. Die VHS verfügt über lizenzierte ausgebildete Berater für das KODE®-Verfahrenssystem. Das Land Niedersachsen fördert in der VHS z.Zt. 6 Kurse „Deutsch für erwachsene Geflüchtete" (mit jeweils max. 200 Stunden).

c) HR Excellence Group GmbH, Braunschweig: Die Beratungsschwerpunkte umfassen die Unterstützung von Personal- und Organisationsentwicklungsprozessen sowie die Unterstützung von Entscheidungsprozessen. Die HR Excellence Group verfügt über eine Reihe erfahrener Beraterinnen und Berater, die sich mit der Thematik der Kompetenzermittlung von Fach- und Führungskräften beschäftigen und die für die Verfahrenssysteme KODE® und KODE®X zertifiziert sind. In Verbindung mit den Erfahrungen in den Bereichen Personalmanagement und Organisationsentwicklung ist sie daher in der Lage, Personalauswahl- bzw. -entwicklungsprozesse mit einer großen Anzahl an Teilnehmern und einer Vielzahl von Anforderungsprofilen zu konzipieren und durchzuführen. Außerdem verfügt die HR Excellence Group über eine fachliche Expertise im Themenfeld Migration, die in zahlreichen Forschungs- und Beratungsprojekten zum Tragen kommt.

Die drei Kooperationspartner haben ein Konzept zur Kompetenzermittlung für geflüchtete Menschen entwickelt, um mit dem kompetenzbasierten Ansatz Potenziale und Stärken bei den Geflüchteten zu identifizieren und zu fördern. Die individuelle Kompetenzermittlung steht zu Beginn des Heranführens der Flüchtlinge an den Arbeitsmarkt.

Beauftragt und gefördert wurde das Pilotprojekt vom Niedersächsischen Ministerium für Wissenschaft und Kultur in Hannover.

3.3 Warum KODE®?

Geflüchtete Menschen bringen vielfältige Potenziale und Kompetenzen mit, die für den Arbeitsmarkt in Deutschland einen Mehrwert darstellen können und Wertschätzung und Anerkennung verdienen. Den Blick darauf zu richten, was jemand noch nicht kann (z.B. in Bezug auf Deutschkenntnisse, fehlende berufliche Qualifikation), entspricht einer Defizitorientierung, es sollte aber eine stärkenorientierte Perspektive eingenommen werden.

Um die vielfältigen Entwicklungspotenziale mit den richtigen Verfahren und Instrumenten frühzeitig erkennen und fördern zu können, sind Verfahren erforderlich, die sich an den Bedarfen der jeweiligen Zielgruppe orientieren: Auf die schematische Anwendung von Instrumenten zur Erfassung von Kompetenzen ist angesichts der Heterogenität Geflüchteter im Hinblick auf ihre Bildungsvoraussetzungen, ihre Lebenslagen, ihre Fluchterfahrungen und ihren kulturellen Hintergrund zu verzichten. Instrumente zur Erfassung von Kompetenzen gilt es zielgruppenadäquat und adressatengerecht anzuwenden. Gleichzeitig bedarf die bestehende Vielfalt an Instrumenten und Verfahren einer wissenschaftlich fundierten Evaluierung. Dabei ist es zum einen wichtig, übergreifende Qualitätsstandards bei Kompetenzfeststellungsverfahren differenziert nach Bedarfen und Zielgruppen zu definieren. Zum anderen ist es notwendig, vorhandene Verfahren unter Berücksichtigung von sprach- und kulturneutralen Anforderungen für den jeweiligen Bedarf und die jeweilige Zielgruppe anzupassen und weiterzuentwickeln. Kompetenzfeststellungsverfahren sollten bei Geflüchteten frühzeitig zum Einsatz kommen und an jeder Bildungsetappe (erneut) erfolgen. Eine kontinuierliche Begleitung – beginnend mit der Kompetenzfeststellung in der Phase der Berufsorientierung – trägt dazu bei, Potenziale und Kompetenzen Geflüchteter zu erkennen (Granato et al., 2016).

Aus Arbeitgebersicht spielen formale Qualifikationen nach wie vor eine maßgebliche Rolle. Die „qualifikationsorientierte" Rekrutierung (nur auf Basis von Lebensläufen, Zeugnisnoten, Ausbildungs- oder Studienabschlüssen) kann aber nur ein Aspekt einer Auswahlentscheidung sein, da Qualifikationen nur bedingt das tatsächliche künftige Verhalten in einem beruflichen Umfeld beschreiben können. Ebenso eingeschränkt ist die Aussagekraft bisheriger Erfahrungen, da sie stark situationsabhängig sein können. Generell beinhalten alle rückwärtsorientierten Bewertungsverfahren die Gefahr, dass nur das Vorhandensein bestimmter Kenntnisse von bestehenden Handlungs- und Entscheidungsmustern bewertet wird. Für immer mehr berufliche Aufgaben ist es aber von besonderer Bedeutung, von bisherigen Mustern abzuweichen und eigenständig Probleme zu lösen. Werden diese Fähigkeiten durch ein Auswahlverfahren nicht erfasst, können geeignete Bewerber nicht identifiziert werden. Vermeintlich zeit- und situationsunabhängige Persönlichkeitsmerkmale wiederum können nur eingeschränkt darüber Auskunft geben, wie Bewerber sich in bestimmten Situationen verhalten, insbesondere wenn Rollenmuster adaptiert und die eigentlichen Persönlichkeitseigenschaften unterdrückt werden.

Die alleinige Fokussierung auf „die Qualifikation" macht schon deutlich, dass bei Geflüchteten, die oftmals keine Zeugnisse oder sonstige Nachweise einer Qualifikation erbringen können, eine Bewertung zur beruflichen Orientierung und möglicher beruflicher Einsatzmöglichkeiten schwierig, wenn nicht unmöglich ist. Erforderlich ist also ein effizientes Verfahren, das zukunftsorientiert und situationsbezogen das tatsächliche Verhalten im Wechselspiel zwischen Kenntnissen, Erfahrungen, Persönlichkeitseigenschaften und sonstigen (Umfeld/Kultur) Prägungen beschreiben kann.

Wenn man die oben genannten Kriterien für den Einsatz eines Kompetenzfeststellungsverfahrens zu Grunde legt, so ist das KODE®-System bestens für die individuelle Kompetenzermittlung für geflüchtete Menschen zur beruflichen und persönlichen Erstorientierung geeignet.

KODE® steht für Kompetenzdiagnostik und -entwicklung und ist weltweit das erste Verfahrenssystem, das über das Messen von Kompetenzen hinaus vielfältige Schlussfolgerungen zur Entwicklung von Kompetenzen und Stärken ableitet. KODE® verfolgt das Ziel, Personen, Teams oder Unternehmen bei der Entwicklung von Schlüsselkompetenzen („nicht-fachliche Kompetenzen") zu beraten und zu begleiten, ihre Selbstorganisationsfähigkeiten zu erhöhen und sie damit zu stärken und für die Zukunft vorzubereiten.

Gemessen werden die vier Grundkompetenzen:
- Personale Kompetenzen (Bedeutung der eigenen Werte, Prinzipien und Ideale)
- Aktivitäts- und Handlungskompetenzen (Antrieb, Ziele und Vorstellungen in Handlungen umzusetzen)
- Fach- und Methodenkompetenzen (Anwenden von fachlichen Kenntnissen und fachlichen Fertigkeiten, um Herausforderungen kreativ und methodisch zu lösen)
- Sozial-kommunikative Kompetenzen (Nutzung der eigenen kommunikativen und kooperativen Möglichkeiten)

Das KODE®-Verfahren wurde für das Pilotprojekt ausgewählt, weil
- es wissenschaftlich fundiert und valide ist,
- es überfachlich ist,
- es kulturkreisübergreifend verständlich und einsetzbar ist,
- ausgebildete KODE®-Berater vor Ort vorhanden sind.

Weitere relevante Merkmale der Kompetenzorientierung nach dem KODE®-Verfahren sind, dass es weder „gute" noch „schlechte" Kompetenzen und keine „Schwächen-Dokumentation" gibt. Die Stärken-Orientierung ist von Anfang an motivierend, es führt erfahrungsgemäß zu einer schnellen Akzeptanz und es besteht ein ausgewogenes Verhältnis von Zeitansatz und Belastung.

Der KODE®-Fragebogen „Selbsteinschätzung" liegt in 12 Sprachen vor, darunter der Zielgruppe des Pilotprojekts entsprechend auch auf Farsi und Arabisch. Die Fragebögen stehen aufgrund der Schriftzeichen nur in einer schriftlichen Version zur Verfügung. Die vorhandene Version in Farsi und Arabisch ist gut einsetzbar und für die Teilnehmer verständlich.

3.4 Ablauf des Projekts

Vorbereitung
Aus einem VHS Deutsch-Kurs für erwachsene Geflüchtete wurden Personen aus der Arabisch sprechenden Region (Syrien und Irak) und der Farsi/Persisch sprechenden Region (Iran und Afghanistan) zur freiwilligen Teilnahme an dem Projekt angesprochen. Es haben sich 16 Personen (10 männlich, 6 weiblich) beteiligt.

Die Teilnehmer/innen kamen aus den folgenden Herkunftsländern:
- sechs Teilnehmer/innen aus Syrien
- sechs Teilnehmer/innen aus Afghanistan
- drei Teilnehmer/innen aus dem Iran
- eine Teilnehmerin aus dem Irak

Die Teilnehmer/innen waren zwischen 21 und 31 Jahre alt. Zur ersten Einschätzung ihres Profils, Bildungsstands und beruflichen Hintergrunds wurde eine Befragung mit Hilfe von Dolmetscher/inne/n durchgeführt. Die Teilnehmer/innen wurden zu ihren Bildungsabschlüssen, Arbeitserfahrungen, Erwartungen u.a.m. befragt und ihre Antworten wurden dokumentiert.

Einführung

Die muttersprachlichen Dolmetscher/innen wurden in das KODE®-Verfahren eingewiesen und an das Thema herangeführt. Es wurden die Erläuterungen des Verfahrens, insbesondere das Ausfüllen des Fragebogens, vorbereitet. Zu einem späteren Zeitpunkt wurden die Teilnehmer/innen in einer Veranstaltung mit dem Projekt, dem Ablauf und dem Thema vertraut gemacht.

Auswertung

Die KODE®-Fragebögen zur Selbsteinschätzung in Farsi und Arabisch wurden von den Teilnehmer/innen ausgefüllt und dann in eine deutsche Fragebogen-Version übertragen. Danach erfolgten die Auswertung der einzelnen Fragebögen und die Erstellung des individuellen Kompetenzprofils jedes Teilnehmers bzw. jeder Teilnehmerin.

Feedbackgespräch

Im Rahmen der abschließenden individuellen Feedback-Gespräche wurden sowohl der Migrationshintergrund als auch das frühere persönliche und berufliche Umfeld der Teilnehmer/innen analysiert und in die Bewertung verifizierend einbezogen.

Fazit

Im Dialog zwischen KODE®-Berater/inne/n und Teilnehmer/inne/n war ganz deutlich zu erkennen, dass die Teilnehmer/innen einen Nutzen aus den Ergebnissen ziehen. Sie erkennen Ihre persönlichen Stärken und werden ermutigt, über ihre Ausbildungs- und Berufssituation nachzudenken. Das Interesse an ihrer Person und die Wertschätzung ihrer Erfahrungen und Kompetenzen stärkt die Teilnehmer und motiviert sie, weiter an ihrer Ausbildung und beruflichen Entwicklung in Deutschland zu arbeiten. Es zeigt sich deutlich, dass das KODE®-Verfahren die geflüchteten Menschen auf ihrem Weg zu einer beruflichen Integration unterstützt und sie befähigt, selbstständig Perspektiven für diese zu entwickeln.

3.5 Beispiele

Anhand der folgenden Beispiele zweier Teilnehmerinnen soll illustriert werden, wie das KODE®-Verfahren auf die Zielgruppe der geflüchteten Menschen adaptiert werden kann, um deren Integration und Teilhabe an (beruflicher) Ausbildung und Beruf zu unterstützen.

Zur ersten Einschätzung des Profils, des Bildungsstands und des beruflichen Hintergrunds der Teilnehmer/innen wurde eine Befragung durchgeführt, in der sie zu ihren Bildungsabschlüssen, Arbeitserfahrungen und Erwartungen befragt wurden. Diese Hintergrundinformationen wurden im Feedbackgespräch einbezogen. Gemeinsam erarbeiteten die Teilnehmer/innen und Berater/innen in der Kompetenzbilanz eine Perspektive für die weitere berufliche Entwicklung.

a) Teilnehmerin ABC

Bildungshintergrund

Frau ABC hat in Syrien die Grundschule (sechs Jahre), die Mittelschule (drei Jahre) und eine dreijährige allgemeine Sekundarschule besucht, diese ab der 11. Klasse in einem literarisch-geisteswissenschaftlichen Zweig. Sie hat dort die allgemeine Hochschulreife erworben. Obwohl sie gute Noten hatte, hat sie keine Hochschulzulassung bekommen. Danach hat sie bei einem privaten Bildungsanbieter eine einjährige Qualifikation als Krankenpflegerin begonnen, die sie mit einem Zertifikat abgeschlossen hat (keine staatliche Anerkennung). In dieser Qualifikation stand der theoretische Teil im Vordergrund, praktische Erfahrung konnte sie nur im Rahmen von kleineren praktischen Einsätzen in Arztpraxen erwerben. Sie konnte sich in dem Beruf der Krankenpflegerin nicht weiter qualifizieren, der Ausbruch des Krieges in Syrien hat eine Weiterführung ihrer beruflichen Qualifikation als Krankenpflegerin zunichte gemacht. Sie hat vor ihrer Flucht aus Syrien ein Praktikum als Schneiderin absolviert.

Arbeitserfahrung

Ende 2013 ist sie aus Syrien in den Irak geflohen. Dort hat sie u.a. als Schneiderin gearbeitet. Ihre Flucht führte sie weiter in die Türkei. Ende 2015 ist sie über die Balkanroute nach Deutschland gekommen und hat hier (nach einer Wartezeit von sechs Monaten) einen Asylantrag gestellt. In dem zweijährigen Zeitraum ihrer Flucht hat sie mit unterschiedlichen Jobs (als Schneiderin, im Verkauf, Hilfsarbeiten in Haushalten und Fabriken) versucht, ihren Lebensunterhalt zu bestreiten.

Erwartungen

Frau ABC ist gemeinsam mit ihrem Mann geflohen, hat während ihrer Flucht ein Kind bekommen und möchte hier in Deutschland Sicherheit und eine Perspektive für sich und ihre Familie. Sie hofft auf eine baldige positive Entscheidung ihres Asylantrags, möchte eine Ausbildung im medizinischen Bereich absolvieren (als Krankenpflegerin oder medizinische Fachangestellte) und in diesem Beruf arbeiten. Nach einer ersten Einschätzung ist Frau ABC sehr ziel- und leistungsbewusst, motiviert und bereit für ihre berufliche Integration zu lernen und zu arbeiten.

KODE®-Kompetenzprofil (Auszug)

Frau ABC sucht sich aktiv Aufgaben, die sie fordern und wirkt dabei auf andere motivierend und aktivierend. Sie handelt flexibel und tatkräftig und überzeugt durch ihre zielorientierten Führungsqualitäten. Frau ABCs ausgeprägte Aktivitäts- und Handlungskompetenz geht einher mit einer starken sozial-kommunikativen Kompetenz, die sich in ihrem Einsatz für die sozialen Belange anderer und ihrer ausgeprägten Teamfähigkeit zeigt. Unter schwierigen Bedingungen mobilisiert sie deutlich ihre personale Kompetenz und überzeugt dabei durch ihre persönliche Gelassenheit und Stabilität. Sie handelt sehr glaubhaft und vorbildlich, nimmt Verantwortung wahr und ist bei der Lösung schwieriger Aufgaben gewissenhaft und umsichtig.

Im Hinblick auf das eigene Zeitmanagement identifiziert sich Frau ABC stark mit den eigenen Zielen und angestrebten Ergebnissen und arbeitet zeitlich sehr konzentriert und beharrlich darauf hin. Sie kommuniziert viel mit anderen Beteiligten, um zeitlich effiziente Lösungen zu erreichen. Sie konzentriert sich auf das Wesentliche und Wichtige und delegiert und teilt in diesem Zusammenhang Verantwortung. Bezogen auf das eigene Lernverhalten lässt sich Frau ABC beim Lernen von eigenen Idealen und Zielen leiten. Sie lernt sehr ernsthaft und konzentriert. Dabei orientiert sich beim Lernen an Vorbildern und sucht den langfristigen Nutzen bei der Anwendung des Erlernten.

Empfehlungen und Perspektiven

Frau ABC hat sich in ihrem KODE®-Profil wiedergefunden, ihre Stärken als solche erkannt und ihr Potenzial im Gespräch reflektiert. Sie hat das gesamte KODE®-Verfahren als stärkend und anerkennend empfunden. Wichtig war ihr, dass im KODE®-Verfahren zum ersten Mal während ihres Aufenthalts in Deutschland ihr Hintergrund und ihre berufliche Perspektive von Interesse waren. Diese Stärkung und Stabilisierung hat sie motiviert, im Feedbackgespräch konkret die weiteren Schritte ihrer beruflichen Integration zu besprechen. Für die weitere berufliche Perspektive und eine Integration steht zunächst der Spracherwerb im Mittelpunkt. Danach kann sie die fachliche Ausbildung in Angriff nehmen. Ihr Wunsch, im medizinischen Bereich eine Ausbildung zu absolvieren, ist eine Perspektive, die sich während des KODE®-Verfahrens für sie verfestigt hat, da sie dadurch eine Stärkung und erste Orientierung bekommen hat.

Bei der individuellen Kompetenzermittlung von Frau ABC wurde deutlich, dass sie die Kompetenzen, Stärken und das Potenzial mitbringt, um den von ihr angestrebten Weg, im medizinischen Bereich eine Ausbildung zu absolvieren, zu verfolgen. Eine kontinuierliche Begleitung ihres Bildungs- und Berufswegs im Sinne von Orientierung und Ausbildung sollte jetzt durch konkrete Maßnahmen gefördert werden.

b) Teilnehmerin XYZ

Bildungshintergrund

Frau XYZ hat in Afghanistan ein Gymnasium besucht und nach 12 Jahren dort die allgemeine Hochschulreife erworben. Danach hat sie afghanische Literatur studiert und den Studiengang mit dem Diplom abgeschlossen.

Arbeitserfahrungen

Nach ihrem Studium hat Frau XYZ drei Jahre als Lehrerin an einer internationalen Schule gearbeitet. 2015 hat sich die Familie entschlossen Afghanistan zu verlassen. Sie ist mit ihren Eltern im August 2015 über den Iran, die Türkei und die Balkanroute nach Deutschland gereist. Hier hat die Familie einen Antrag auf Asyl gestellt.

Erwartungen

Frau XYZ hat festgestellt, dass sie in Deutschland nicht als Lehrerin arbeiten kann, weil ihr Studium nicht anerkannt wird. Ihr Wunsch ist es weiter studieren zu können, um einen Abschluss zu bekommen, der sie befähigt als Lehrerin zu arbeiten. Sie könnte sich auch vorstellen Wirtschaftswissenschaften zu studieren, um danach eventuell zu promovieren. Sie erwartet eine Hilfestellung, wie sie an ihr Ziel kommen kann. Nach einer ersten Einschätzung ist Frau XYZ sehr motiviert, lernbereit und ehrgeizig. Sie ist sehr ziel- und ergebnisorientiert.

KODE®-Kompetenzprofil (Auszug)

Frau XYZ handelt ziel- und ergebnisorientiert auf Basis eines umfangreichen fachlichen und methodischen Wissens und verfügt über eine überfachliche Allgemeinbildung. Unter schwierigen Bedingungen ist die Fach- und Methodenkompetenz stark ausgeprägt. Sie verfolgt eingeschlagene Lösungswege beharrlich und konsequent, unterscheidet prägnant zwischen Wesentlichem und Unwesentlichem und zieht daraus konzeptionell die richtigen Schlüsse. Sie handelt verantwortungsbewusst gegenüber ihr nahestehenden oder anempfohlenen Personen (Eltern/Geschwister/Schülern).

Im Hinblick auf das persönliche Zeitmanagement arbeitet Frau XYZ sehr rational, planmäßig und zeitökonomisch. Sie schafft logische Strukturen und erkennt wichtige Zusammenhänge. Entscheidungen bereitet sie sehr gründlich vor, minimiert die Komplexität und damit auch Risiken. Bezogen auf das eigene Lernverhalten möchte Frau XYZ den Dingen auf den Grund gehen, hinterfragt Sachverhalte und ist bereit, dafür viel Zeit einzusetzen. Sie lernt gerne systematisch und im Detail. Da sie schon als Schülerin/Studentin sehr viel alleine lernen musste, ist sie im Wesentlichen auf den Inhalt des zu Lernenden und dessen Vermittlungsfähigkeit konzentriert – nicht auf die Person des Lehrenden (Wissensvermittlers).

Empfehlungen und Perspektiven

Frau XYZ war beim Feedbackgespräch erstaunt über die Aussagekraft der Kompetenzermittlung und hat sich im KODE®-Profil wiedergefunden. Ihre Stärken waren ihr nur zum Teil bewusst. Im Dialog wurden die Stärken anhand von Beispielen reflektiert und es konnten weitere Potenziale aufgezeigt werden. Dies wurde von Frau XYZ als sehr motivierend und ihre Persönlichkeit stärkend empfunden. Nach Aussagen von Frau XYZ war das KODE®-Verfahren das erste Mal, dass sich jemand so intensiv für sie interessierte und ihr eine gewisse Orientierung geben konnte. Für die weitere berufliche Perspektive und eine Integration steht der Spracherwerb im Vordergrund. Ihren Wünschen und Zielvorstellungen entsprechend möchte sie weiter studieren. Die Auswertungen des KODE®-Verfahrens hat sie darin bestärkt. Wichtig wären für Frau XYZ zukünftig bessere Lernbedingungen. Die Kompetenzen und

Potenziale von Frau XYZ lassen den Schluss zu, dass sie alle Voraussetzungen mitbringt, das Studium oder eine Ausbildung erfolgreich zu absolvieren.

4.　Ausblick

„Wichtig ist auf'm Platz"-Kompetenzen beschreiben umsetzbare Fähigkeiten unabhängig von den Ursachen. Sie beschreiben die Fähigkeit, in einer bestimmten Situation handeln zu können – auch dann, wenn diese Situation neu ist und bisher nicht eingeübt wurde. Die Ursachen für diese Fähigkeit – Qualifikation, Erfahrung, soziale Prägung, Herkunft, Persönlichkeitseigenschaft – werden dabei nicht hinterfragt. Das ist besonders für die Integration von geflüchteten Menschen wichtig. Sie stehen im KODE®-Verfahren im Mittelpunkt. Ziel ist es, die Teilhabe der Geflüchteten an (beruflicher) Ausbildung und Beruf unabhängig von ihrer regionalen, sozialen, familiären bzw. ethnischen Herkunft oder von ihrem Aufenthaltsstatus zu ermöglichen. Das KODE®-Verfahren bietet dafür die Grundlage.

Viele der Geflüchteten bringen Potenziale und Kompetenzen mit, die für den Arbeitsmarkt in Deutschland wichtig sein können und deshalb anerkannt werden sollten. Den Blick darauf zu richten, was jemand (noch) nicht kann, entspricht einer Defizitorientierung. Begabungen und Talente richtig einzuschätzen und zu entwickeln bedeutet aber, eine stärkenorientierte Perspektive einzunehmen und die Geflüchteten in den Mittelpunkt zu stellen. Genau diese Perspektive nimmt das KODE®-Verfahren bei der individuellen Kompetenzermittlung ein.

Mit dem in dem Pilotprojekt entwickelten Ansatz werden die vielfältigen Entwicklungspotenziale von Geflüchteten frühzeitig erkannt und können im weiteren Verlauf des Integrationsprozesses gefördert werden. Das KODE®-Verfahren orientiert sich dabei an den Bedarfen der Geflüchteten. Dabei wird ihre Heterogenität im Hinblick auf ihre Bildungsvoraussetzungen, ihre Lebenslagen, ihre Fluchterfahrungen und ihren kulturellen Hintergrund berücksichtigt. Somit ist der KODE®-Ansatz zielgruppenadäquat und adressatengerecht. Die Kompetenzfeststellung mit KODE® sollte bei Geflüchteten frühzeitig zum Einsatz kommen und an jeder Bildungsetappe (erneut) erfolgen. Eine kontinuierliche Begleitung – beginnend mit der Kompetenzfeststellung in der Phase der Berufsorientierung – trägt dazu bei, die Potenziale und Kompetenzen Geflüchteter frühzeitig zu erkennen. So können sie optimal genutzt und gefördert werden. Mit einer KODE®-Kompetenzermittlung für Geflüchtete wird die Grundlage für die Integration gelegt. Es wird aufgezeigt, wo die Stärken der Geflüchteten liegen, auf die zielgerichtet für ihre Integration in den Arbeitsmarkt aufgebaut werden kann. Das Pilotprojekt hat dafür einen Lösungsansatz erarbeitet, den es weiterzuverfolgen gilt.

Literatur

Brücker, H., Fendel, T., Kunert, A. et al.(2016): Geflüchtete Menschen in Deutschland. Warum sie kommen, was sie mitbringen und welche Erfahrungen sie machen, *IAB-Kurzbericht 15/2016*. Nürnberg.

Bundesagentur für Arbeit (2016a): *Statistik/Arbeitsmarktberichterstattung (2016), Arbeitsmarkt in Kürze: Fluchtmigration*. Nürnberg.

Bundesagentur für Arbeit (2016b): *Hintergrundinformation. Auswirkungen der Migration auf den deutschen Arbeitsmarkt*, Nürnberg.

Bundesamt für Migration und Flüchtlinge (BAMF) (2016): *Aktuelle Zahlen zu Asyl, Ausgabe Dezember 2015*. Bonn.

Bundesministerium für Bildung und Forschung (BMBF) (2016): *Informationsbroschüre Berufsorientierung für Flüchtlinge*. Bonn.

Daumann, V., Dietz, M., Knapp et al. (2015): Early Intervention – Modellprojekt zur frühzeitigen Arbeitsmarktintegration von Asylbewerberinnen und Asylbewerbern. Ergebnisse der qualitativen Begleitforschung. *IAB-Forschungsbericht, 03/2015*. Nürnberg.

FAZ (2016): Flüchtlinge erreichen Job Center und Arbeitsmarkt. *FAZ-Ausgabe vom 02.08.2016*, S. 15.

Gag, M. & Voges, F. (Hrsg.) (2014): *Inklusion auf Raten. Zur Teilhabe von Flüchtlingen an Ausbildung und Arbeit*. Münster: Waxmann.

Granato, M.; Neises, F.; Bethscheider, M. et al. (2016): *Wege zur Integration von jungen Geflüchteten in die berufliche Bildung – Stärken der dualen Berufsausbildung in Deutschland nutzen. Berichte zur beruflichen Bildung*. Bonn: Bundesinstitut für Berufsbildung

Heyse, V., Erpenbeck, J. & Ortmann, S. (Hrsg.) (2010): *Grundstrukturen menschlicher Kompetenzen*. Münster: Waxmann.

Stadt Braunschweig (2016): *Informationen zum Flüchtlingskonzept*. Pressemitteilung vom 8. April 2016. Abrufbar unter: http://www.braunschweig.de/politik_verwaltung/nachrichten/143010100000339925.html [Stand: 18.08.2016].

Thor, P. (2016): Wir. Ein gemeines Wesen, in: Grundmann, T., Stephan, A. (Hrsg.) : *Welche und wie viele Flüchtlinge sollen wir aufnehmen?* (S. 133–149). Stuttgart: Reclam.

ZEIT Online (2016): Flüchtlinge konkurrieren jetzt gleichberechtigt um Jobs Artikel. *ZEIT online vom 5. August 2016*. Abrufbar unter http://www.zeit.de/wirtschaft/2016-08/fluechtlinge-arbeitsaufnahme-integrationsgesetz-vorrangpruefung-bundesregierung [Stand: 18.08.2016].

Von der Willkommens- zur Integrationskultur

Susanne Krauß, Maria-Anna Ziola

Dieser Beitrag beschreibt beispielhaft ein Projekt für Migranten, das Geflüchtete und Asylsuchende dabei unterstützt, langfristig am gesellschaftlichen Leben in Deutschland teilzunehmen.

Die Projektarbeit fokussiert im übergeordneten Sinn gesellschaftliche, soziale, kulturelle und berufliche Integration. Aus dieser Zielstellung erwachsende komplexe Aufgaben werden im politischen und gesellschaftlichen Kontext beleuchtet. Anhand von konkreten Beispielen aus der Praxis verdeutlichen sich die vielschichtigen Probleme und Handlungsanforderungen an die Träger solcher Projekte, wenn der Anspruch erhoben wird, die deutsche Willkommens- in eine ganzheitliche und konsequente Integrationskultur zu überführen.

Kultur der Integration – Idee

Die Ankunft von Flüchtlingen hat – nach dem Philosophen Richard David Precht – ein Stückchen blanker Weltrealität zu uns hereingelassen: „Bunte Gesellen vom Sturmwind verweht, Glückssucher mit Plastiktüten, Kopftüchern und Kunstlederjacken. Echtes Leben! Echte Sorgen! Echte Nöte! Echte Träume! Echte Hoffnungen!"[1] Unter dem Leitsatz „Wir schaffen das"[2] manifestierte sich deutsche Willkommenskultur staatlicherseits in sogenannten Ersthilfeeinrichtungen, seitens der Bevölkerung vor allem in verschiedensten Arten bürgerschaftlichen Engagements, motiviert von Mitleid, christlicher Nächstenliebe oder vom Bauchgefühl, mitverantwortlich zu sein. Dieses reaktive, nichtsdestoweniger lobenswerte Phänomen spontaner Nothilfe ist auf dem langen Weg der Integration jedoch nur ein erster Schritt.

Nach dem „Willkommen in Deutschland" scheint es ebenso wichtig, Perspektiven zu geben, die diesen Menschen einerseits Sinn- und Handlungshorizonte im neuen Land eröffnen, andererseits aber auch für die persönliche Entwicklung und in zahlreichen Fällen damit auch für die Entwicklung ihres Heimatlandes von Nutzen sind. Viele der geflüchteten Menschen geben an, nicht in Deutschland bleiben, sondern nach dem Krieg wieder in ihre Heimat zurückkehren zu wollen. Ob beim Einzelnen nun aber diese Vorstellung besteht oder der Wunsch, hier eine dauerhafte Existenz aufzubauen – beides verlangt mehr als humanitäre Erstversorgung der vor Terror und Krieg Geflohenen.

Es bedarf vor allem der Aufklärung, die gegen herrschende Vorbehalte, negative Stimmungen und diffuse Ängste zumindest als Korrektiv wirken kann, und es be-

---

1 Frankfurter Rundschau, 12.1.2016, Die Gesetze der medialen Entrüstungsindustrie.
2 Zit. von Angela Merkel: Sommerpressekonferenz vom 31.8.2015 bezogen auf die Integration von Flüchtlingen.

darf ebenfalls konsequenter, logischer Konzepte. Ersteres halten wir für wichtig, da, wie vielfach belegt „die Ausländer" durchaus nicht überall und jedem „willkommen" sind. Wie groß die Zahl rechtsextrem fremdenfeindlicher Deutscher ist, wird kaum zu ermitteln sein. Damit sie jedoch nicht zunimmt, sollten wir diejenigen, die geflüchteten Menschen ängstlich und distanziert gegenüberstehen, ernst nehmen. Gefragt ist hier die Vermittlung historischer Beispiele von deutschen Auswanderern oder deutschen Flüchtlingen sowie der informative Blick auf die Modernisierungsgeschichte, die ohne Impulse von außen, d.h. verkürzt ausgedrückt von „Ausländern", undenkbar gewesen wäre. Ebenso wichtig sind daneben (auf-)klärende Begegnungen, ein gegenseitiges Kennen- und Verstehenlernen. Dort würden Einsichten ermöglicht und das Potenzial „des Fremden" in seiner Relativität erhellt, hier natürliche oder wie auch immer erzeugte Berührungsängste abgebaut. Grundlegend sollte stets Artikel 1 unseres Grundgesetzes sein, wonach die Würde jedes Menschen unantastbar ist.

Der Blick in System und Praxis der Integration – Verantwortungsmonaden

Wird Integration systematisch gedacht, scheinen sich bislang voneinander abgetrennte Verantwortungsbereiche zu zeigen, die aber in einer letzten Instanz zusammengeführt werden müssen.

Als strukturierte erste Basis lässt sich die formal organisatorische Arbeit des Bundesamtes für Migranten und Flüchtlinge verstehen, die Migranten bestimmten Ersthilfeeinrichtungen zuordnet und damit ihre erste neue Heimat bestimmt, in welcher sie an Integrationskursen teilnehmen und Wohnung und Arbeit finden sollen.

Einen zweiten Verantwortungsbereich übernehmen die regionalen bzw. örtlichen Netzwerke der Hilfsinstitutionen, die sich der Neuankömmlinge annehmen, sie in die Strukturen der neuen Umgebung einführen und als ihre ersten Begleiter vor allem jene Formalitäten regeln, durch die sie als neue Bürger Deutschlands ihre Gleichberechtigung erhalten. Formen des bürgerschaftlichen Engagements und die vielen Hilfsinitiativen, die von unterschiedlichen öffentlichen oder privaten Organisationen realisiert werden, fallen ebenso in diesen Verantwortungsbereich.

In beiden Stadien erreicht die Hilfestellung eine noch weitgehend unbestimmte, hilfsbedürftige Gruppe, deren Probleme sich eben noch bürokratisch lösen lassen, indem sie einheitlich, zum Beispiel bei Sozialversicherungsträgern, Krankenkassen oder Arbeitsagenturen, angemeldet werden. Auch die Träger von Integrationskursen, die Migranten die deutsche Sprache vermitteln und das deutsche System in der Theorie vorstellen, können hier verortet werden.

Auf einer dritten Ebene der Verantwortung beginnt die Arbeit eines Integrationsprojektes, das beide vorhergehenden Verantwortungsbereiche gewissermaßen ablöst und die „undefinierte Gruppe" von Geflüchteten und Asylsuchenden in Individuen und Einzelschicksale aufsplittet. Auf dieser Ebene wird nicht eine Gruppe in die Gesellschaft integriert, sondern ein für sich stehender Mensch mit seinen ganz spezifischen Voraussetzungen. An dieser Stelle wird exakt definierte Verantwortung auf entsprechende Teile der Gesellschaft getragen.

„Wie fühlen sie sich in Deutschland?" fragte ich als Mitarbeiterin eines Integrationsprojektes meine Teilnehmergruppe in langsamen deutschen Sätzen. „Wir fühlen uns hier als Problem", antwortete auf Deutsch daraufhin ein augenscheinlich stolzer 46-jähriger Syrer, der mit seiner Familie ein neues Leben beginnen will. Seine Ausführungen zu diesem Satz wechselten sogleich ins Arabische und mein syrischer Kollege übersetzte die Gründe für seine Wahrnehmung: Gerade weil er abhängig sei von der Unterstützung und den Integrationsbemühungen anderer, sehe er sich einer Problemgruppe zugehörig. Im Gespräch berichtete der Mann, dass er in seiner Heimat 14 Jahre lang als Fensterbauer gearbeitet und damit seine Familie ernährt habe. Sein Können sei in seiner Heimat nicht zertifiziert worden, dennoch hoffte er, über die Projektvermittlung wieder in den Fensterbau zu kommen. Er werde eine Anstellung in einer regionalen Reinigungsfirma annehmen und weiterhin vom Staat abhängig bleiben, um seine Familie ernähren zu können.

Die dritte Ebene der Verantwortung zieht also einen weiteren Kreis um Integration. Neben individueller Beratung und Betreuung innerhalb der Projektarbeit ist die Gesellschaft hier gefordert, das problematische Selbstverständnis der neu Hinzugekommenen zu relativieren und dabei behilflich zu sein, ein neues Selbstbewusstsein zu fördern, damit die langfristige Einbettung gelingen kann.

Beispiele aus der Praxis, Äußerungen von Migranten und Erkenntnisse aus dem täglichen Umgang mit Projektteilnehmern berichten von den Chancen und Grenzen der Integration und eröffnen einen Denkhorizont für die geforderte Integrationskultur.

Projekt: Integration für Flüchtlinge und Asylanten

Die Aussage des oben zitierten Syrers trifft sicher nicht auf alle Migranten in Deutschland zu, jedoch gibt sie Auskunft über die Kultur in seiner Heimat und lässt die zu bewältigende Aufgabe in etwa ermessen.

„Gesellschaftliche Teilhabe" als orientierende Zielstellung der Integrationsbemühungen bedeutet also nicht nur die Vermittlung in Arbeit oder Ausbildung, sondern eine ganzheitliche Einbettung von Flüchtlingen in unser Land. Vielleicht sehen sich diese Menschen auch als Problem, weil um sie herum organisiert, angepasst, vermittelt und aufgeklärt werden muss, damit sie überhaupt eine Chance haben, ihre Fähigkeiten und beruflichen Kenntnisse einbringen zu können. Voraussetzung hierfür ist zweifelsfrei das Erlernen der deutschen Sprache, was durch Unterrichtsstunden relativ einfach zu realisieren ist. Bei der Profilierung des Einzelnen und der Suche nach einer entsprechenden Arbeits- oder Ausbildungsstelle sind individuelle Beratung und spezifische Vorarbeit in Hinblick auf die Sensibilisierung aller beteiligten Seiten notwendig. Bevor es zum Arbeits- oder Ausbildungsvertrag kommt, werden Praktika vorgeschaltet, bei denen sowohl Praktikanten als auch Arbeitgeber wie Arbeitnehmer eng begleitet und betreut werden, um bei Verständigungsproblemen weiterzuhelfen und den Prozess der gegenseitigen Annäherung zu unterstützen. Die Bereitschaft von regional ansässigen Arbeitgebern und Unternehmen, Flüchtlinge und Asylbewerber aktiv in ihre betrieblichen Abläufe einzugliedern, muss fortlaufend erhoben und aktualisiert werden.[3]

Dem Fensterbauer wurde relativ schnell die Möglichkeit eines entsprechenden Praktikums vermittelt, jedoch entschied sich die Geschäftsleitung kurz nach Berichterstattung über den Münchner Amoklauf vom 22. Juli 2016 kurzfristig gegen dessen Realisierung.

Aus allen Perspektiven lassen sich durch den direkten Kontakt mit geflüchteten Menschen Erkenntnisse erzielen, die wichtig sind, um Integrationsprojekte erfolgreich realisieren zu können. Zwei grundlegende Erfahrungen seien hier kurz vorgestellt, bevor konkrete Projektarbeit darzulegen ist.

Das unterschiedliche Verständnis von Arbeit

In Städten und Regionen, in denen viele Migranten angesiedelt wurden, fiel tagsüber das plötzlich rege Treiben in den Straßen auf. Personen mit Plastikbeuteln auf Fahrrädern und zu Fuß waren überall anzutreffen. Im Projekt klärte eine syrische Frau über den Hintergrund dieser auffälligen Mobilität auf. Für Einwanderer aus Syrien zum Beispiel hat Arbeit an sich einen höheren Stellenwert als der konkrete Arbeitsinhalt. Die Menschen sehen in Arbeit weniger die Selbstverwirklichung als das bloße Tätigsein. Durch Arbeit eine tägliche Aufgabe zu haben, ist existentielles Grundbedürfnis. Männer gehen in Syrien – außer Freitags – sechs Tage in der Woche ganztägig einer Beschäftigung nach. Sie sind es während dieser Zeit nicht gewöhnt, zu Hause zu sein – gleichermaßen auch die Ehefrauen nicht. Haben sie keine Beschäftigung, wie als Neuankömmlinge in Deutschland, verbringen sie die Tage mit einer für sie möglichen Beschäftigung. Dementsprechend groß ist die Motivation mitzuarbeiten, wieder erwerbstätig zu sein und einen Beitrag zu leisten, aber auch die Ungeduld, Einarbeitungsprozesse abzuwarten oder sich sukzessive an bestimmte Arbeiten anzunähern.

Die traditionelle Rollenverteilung

Ein weiteres Beispiel ist die Frauenarbeit, die in Deutschland selbstverständlich ist, jedoch in Syrien keineswegs zum Alltag gehört. Frauen haben dort ihre Rolle als Mutter und Hausfrau, müssen sich aber in Deutschland ebenso beruflich integrieren wie ihre Männer. Allein die institutionelle Kinderbetreuung erscheint den familienbezogenen Frauen fremd. In dieser Zeit auch nur stundenweise einer Tätigkeit nach-

---

3 Anmerkung: Zum Zwecke der Sensibilisierung von Unternehmen zum Thema Integration von Flüchtlingen wurde Anfang 2016 das Netzwerk „berufliche Integration" mit verschiedenen Kooperationspartnern gegründet, zu denen auch die Ziola GmbH gehört.

zugehen, verändert die Familienstruktur nachhaltig und wirkt ebenso auf die arbeitenden Männer zurück, die ebenfalls ihr Rollenverständnis als Ernährer der Familie infrage stellen müssen. Dennoch nehmen diese Menschen solche Umstellungen und Neuausrichtungen gerne in Kauf.

So machte Frau Samiqua (Name geändert), 26 Jahre und aus Syrien, als Mutter von 6 Kindern nach ihrer Ankunft in Deutschland den Führerschein, um ihre Kinder in Kindergarten und Schule bringen zu können. Außerhalb der Ferienzeiten möchte sie stundenweise im Zimmerservice eines Hotels in der Nachbarschaft arbeiten.

Verschiedene Perspektiven der Integration

Die Argumente für die Integration von Flüchtlingen in den deutschen Arbeitsmarkt scheinen einfach und klar und werden deshalb von vielen zunächst auch bejaht: Dem Fachkräftemangel, den seit Jahren frei bleibenden Ausbildungsplätzen, vor allem im Handwerk, und der nachhaltigen Besetzung von Arbeitsplätzen könnte durch Integration von Flüchtlingen wirksam entgegengetreten werden. Im jeweils konkreten Fall werfen die Integrationsbemühungen aber Fragen auf und legen Hindernisse offen. Dem gelernten Fensterbauer fehlt nun das Zertifikat und eine Nachqualifizierung wird vom Unternehmen nicht getragen. Der studierte Arabischlehrer, der in Deutschland eine neue Ausbildung zum Kfz-Mechatroniker absolvieren möchte, ist überqualifiziert und in einem Übersetzungsbüro vielleicht besser aufgehoben.

Die Verknüpfung des Vorhabens der Fachkräftesicherung durch Anerkennung der beruflichen Erfahrungen, Nachqualifizierung und Ausbildung mit dem Potenzial der Migranten erscheint auf den ersten Blick logisch und einfach realisierbar. Sie steht und fällt aber mit der Öffnung der Gesellschaft im Hinblick auf Vorurteile und der Öffnung des Arbeitsmarktes hinsichtlich der Anerkennung beruflicher Biografien und der Möglichkeiten der Aus- und Weiterbildung von Flüchtlingen und Migranten.

Um Vorbehalte zu relativieren und ihnen vorzubeugen, werden Informationsveranstaltungen für Unternehmen organisiert, die auf die Umstände im Allgemeinen und die persönlichen Voraussetzungen im Besonderen hinweisen. Begegnungstage in Unternehmen sollen dabei helfen, durch Information und Gespräch zwischen Flüchtlingen, Arbeitgebern und Mitarbeitern interkulturelle Barrieren abzubauen. Was vermeintlich nicht passt, kann durch Aufklärung passend gemacht werden. Dass auf diese Weise eventuell gewonnene Einsichten auch – und vielleicht viel besser – in konkreten Begegnungsmomenten entstehen können, zeigt ein Beispiel aus der Praxis (siehe folgendes Beispiel aus unserem Projekt).

Nachdem sich ein handwerklich erfahrener, syrischer Projektteilnehmer am ersten Tag seines Praktikums als pünktlich, zuverlässig und organisationsfähig erwiesen hatte, ließ sein künftiger Chef alle bisherigen Vorbehalte fallen, stellte ihn ohne Weiteres ein und unterstützte ihn sogar bei der Anerkennung seines syrischen Führerscheins. Herr Malali (Name geändert), 35 Jahre, erreichte den schwer zu findenden Arbeitsplatz mit öffentlichen Verkehrsmitteln, nachdem der Chef zur vereinbarten Uhrzeit nicht am angegebenen Ort war, um ihn abzuholen. Während jener den Weg trotz aller sprachlichen Hürden allein fand und schon vor seinem Arbeitgeber den Arbeitsplatz erreichte, beschwerte sich dieser sofort beim Projektträger über die bereits geahnte Unzuverlässigkeit der „Wasserpfeifenraucher", eine Meinung, die er bei der Ankunft am Arbeitsort gleich anschließend korrigieren musste. Mit anderen Worten: Vorurteile werden am besten durch positive Praxiserfahrung aus der Welt geräumt.

Die Vermittlungsarbeit im Vorfeld solcher Praktika oder Arbeitsverhältnisse, die sozialpädagogische Betreuung währenddessen, die Hilfestellungen, Fördermöglichkeiten etc. dienen auch dazu, den zusätzlichen Aufwand für Arbeitgeber so gering wie möglich zu halten und deren Wagnis gleichzeitig mit einem fähigen, zuverlässigen und motivierten Mitarbeiter zu belohnen.

Dieses auf den ersten Blick positiv anmutende Faktum realisierter Projektarbeit wirft zugleich ein Licht auf die manchmal einseitige Betrachtungsweise, die sich mit dem Vollzug der Integration verbindet. Zunächst scheint die Willkommenskultur für alle, die jemanden willkommen heißen sollen, einen Möglichkeitshorizont zu eröffnen, insofern darüber nachgedacht wird, ob sie die bevorstehende Integration unter der Prämisse des eigenen Nutzens mittragen können.

So sucht ein Unternehmer der Metallbranche seit Jahren Auszubildende, die nicht nur die schulischen Voraussetzungen in Mathematik und technisches Verständnis mitbringen, sondern auch zuverlässig und motiviert eine Ausbildung beginnen wollen. Er bildet junge Menschen aus, die nach dem Abschluss im Unternehmen bleiben sollen: „Goldene Hände und spezifische Kenntnisse müssen gehalten werden. Sie sichern die erfolgreiche Zukunft unseres Unternehmens."[4] Wo aber geeignete Auszubildende fehlen, besteht die Sorge um den Erhalt von Unternehmen, die aufgrund ihrer Mitarbeiter über Generationen hinweg international qualitativ hochwertige Produkte liefern.

„Ich sehe es als Chance" kommentiert ein 23-jähriger Projektteilnehmer aus Eritrea die Information, dass es in diesem Betrieb Ausbildungsplätze gibt. Und so zeigt er in seinem Betriebspraktikum die positive Seite von Integration: Lernbereitschaft, Mut etwas Neues in unbekannten Kontext zu erfahren, sich zu beweisen, schwierige Situationen durchzustehen, Hilfe anzunehmen. Andere Wege der Problemlösungen zu finden, gehört offenkundig zu den Stärken derjenigen, die sich neu organisieren und sich so Perspektiven schaffen. Ein Jahr absolviert er nun ein Praktikum, um 2017 eine Ausbildung zum Werkzeugmechaniker zu beginnen. Herr Gebrahat (Name

---

4 Christian T., Geschäftsleiter des mittelständischen Unternehmens, welches Werkzeuge für den internationalen Vertrieb herstellt.

geändert), 23 Jahre, besuchte in Eritrea 12 Jahre die Schule und kam 2014 allein und ohne Zeugnisse in Deutschland an. Sogleich absolvierte er ein Berufsvorbereitungsjahr und schloss mit Bestnoten, vor allem in Mathematik und Elektrotechnik ab; das Zeugnis ist dem Hauptschulabschluss in Deutschland gleichzusetzen. Der Unternehmer bat, trotz der formal fehlenden Qualifikation für die Ausbildung, um dieses Praktikum. Das Gefühl für den Werkstoff, sein naturwissenschaftliches Talent und seine Motivation versprechen: Ich bin der gesuchte Lehrling.

Fehlt eine solche klare Zielstellung, die zudem von Unternehmern gefördert und unterstützt wird, haben es die zu Integrierenden oft schwer, selbstbewusste Entscheidungen bezüglich ihrer beruflichen Zukunft zu treffen. Hilfsangebote und Unterstützungsleistungen fordern ab erfüllten formalen Voraussetzungen für die Erwerbstätigkeit ausdrücklich die Integration auf dem Arbeitsmarkt. Angebotene Arbeitsmöglichkeiten sollen im Sinne der gesellschaftlichen Eingliederung angenommen werden, auch unattraktive Stellen, die aufgrund schlechter Arbeitsbedingungen oder geringer Bezahlung nun langfristig mit Flüchtlingen besetzt werden. Bei derartiger Abwicklung werden Akademiker aus Syrien zu Fensterputzern und Reinigungskräften, ehemalige Ladenbetreiber aus Aleppo bereiten Fastfood in Schnellimbiss-„Restaurants" zu, wischen Tische ab und sortieren Tabletts mit Abfall.

Zwei Wahrheiten – Qualifikationen und Abschlüsse oder Können und Wissen

Die Erfahrung zeigt, dass Abschlüsse und berufliche Kenntnisse aus dem Heimatland bislang kaum oder nur unter großem bürokratischem Aufwand anerkannt oder zumindest als richtungslenkender Faktor zur zielgerichteten Integration eingesetzt werden. Nur dies brächte aber in der Zukunft den erwünschten gesellschaftlichen Nutzen. Beginnen wir stattdessen, wertvolles Potenzial und mitgebrachte Kompetenzen von Flüchtlingen beliebig auf Arbeitsplätze zu verteilen, die gerade besetzt werden müssen und für welche diese ggf. überqualifiziert sind, schließen wir so nahtlos an die deutsche Gastarbeiterpraxis der 1950er und 1960er Jahre an.

Bedeutet also gewinnbringende Integration, dass schlecht zu besetzende Arbeitsplätze in Deutschland im Sinne gesellschaftlicher Einbindung von Flüchtlingen besetzt werden sollen? Oder sollte hier eher an unsere Zukunft gedacht werden und Fachleuten aus anderen Ländern die Möglichkeit gegeben werden, einen ihrem Können entsprechenden Arbeitsplatz zu erhalten und sich weiterzubilden, wie es sich die Projektarbeit zum Ziel erklärt hat.

Es mag an den bereits beschriebenen, abgeschlossenen Verantwortungsbereichen liegen, vielleicht auch an der anfänglichen „Sprachlosigkeit" der Geflüchteten angesichts von Zustimmungen, Zuweisungen und Zumutungen im Rahmen ihres Asylverfahrens und der letztendlichen Eingliederung in ein neues Leben, das zwangsläufig von der Öffnung und Unterstützung anderer abhängig ist.

Dass ausländische Qualifikationen und Abschlüsse in Migrationsländern erst einer Prüfung und anschließend bürokratisch aufwendiger Anerkennung zu unterziehen sind, ist sicher jedem Migranten, so er im fremden Land an seine berufliche Biografie anknüpfen will, in etwa bekannt. Bei Studienabschlüssen beispielsweise funktioniert dieses Verfahren relativ einfach – zumindest was die Anerkennung bestimmter Studieninhalte betrifft. So wird vor allem den ausländischen Akademikern der Natur- und Ingenieurswissenschaften der Arbeitsmarkt für die Zukunft geöffnet. Deutsche Universitäten tun viel, um Nachwuchswissenschaftlern und Fachkräften aus Flüchtlingsländern eine Chance zur Weiterqualifikation zu geben. Auch Studenten ohne Zertifikat erhalten über Zugangsprüfungen zu ihren Fächern die Chance, weiterzustudieren. Allerdings muss der formale Prozess der Eingliederung bereits abgeschlossen sein. Ansonsten vergeht erfahrungsgemäß zu viel Zeit zwischen dem Studium im Heimatland und dessen Fortsetzung hier.

> Zwei afghanische Geschwister, 19 und 22 Jahre, aus dem Projekt, beide Studenten der Mathematik- und Ingenieurswissenschaft ohne Zertifikate, warten seit 8 Monaten auf einen Integrationskurs. Die lange Wartezeit und fehlende Dokumente, die auch nicht zu beschaffen sind, verhindern die beabsichtigte Fortsetzung des Studiums in Deutschland. Um die Zeit zu überbrücken und um einen Abschluss zu erhalten, besuchen die beiden ein Berufsvorbereitungsjahr, dessen Zertifikat dem deutschen Hauptschulabschluss gleichkommt. Beginnt der Integrationskurs, vergehen weitere acht Monate, bevor in einem Studium an vorhandenes Wissen angeknüpft werden kann.

Eine nächste wichtige Erfahrung der Projektarbeit ist, dass nichtakademische Berufe in den Heimatländern der Migranten nur selten zertifiziert werden. Viele Einwanderer haben langjährige Berufserfahrungen etwa im Handwerk, weisen auf Nachfrage aber darauf hin, dass sie sich ihr Können und ihre Fähigkeiten über konkrete Arbeit in einem bestimmten Berufsfeld aneigneten, oft vermittelt auch durch die Tätigkeit der Väter. Wer etwas in einem Beruf konnte, bekam im Heimatland auch die Möglichkeit zu arbeiten. Ebenso verhält es sich in Familienbetrieben, welche über Generationen weitervererbt werden. Teilnehmer im beschriebenen Projekt berichten über familieneigene Pistazienplantagen oder Unternehmen, die über Jahrzehnte von Familienmitgliedern betrieben wurden und nun aufgrund von Krieg verlassen oder zerstört wurden. Jenen Menschen bleibt in Deutschland nur der mündliche Verweis auf ihr Können und Wollen. Unabhängig von diesen Berufsbiografien, basierend auf langjährigen Erfahrungen und routiniertem Arbeitsleben, verbunden auch mit dem Gefühl von Sicherheit – weil diese Menschen etwas können – sind die meisten Teilnehmer des Projektes bereit, ganz neue berufliche Wege einzuschlagen, ggf. einen Beruf gänzlich neu zu erlernen. Die Projektarbeit hat somit die Aufgabe, über mögliche Berufsfelder zu informieren, individuelle Erfahrungen und Kenntnisse mit den Möglichkeiten am Arbeitsmarkt abzugleichen und für die Begegnung zwischen Migranten und Unternehmen zu sorgen. Über Praktika und Einarbeitungszeiten, die eng von den Projektverantwortlichen betreut werden, sollen so die Fachkräfte und künftigen Arbeitnehmer ausgebildet werden, ein Prozess, der auf beiden Seiten viel Zeit, Geduld und Feingefühl beansprucht, sofern aus Praktikanten langfristige Mitarbeiter werden sollen.

Parameter einer nachhaltigen Eingliederung – Flexibilität erzeugt Effektivität

Wirkliche Integration braucht auf allen Seiten gegenseitiges Kennenlernen, Achtung voreinander, Geduld und Zeit, gerade wenn es um langfristige Arbeitsverhältnisse oder die Ausbildung von Fachkräften geht. In diesem Sinne ist es wichtig, dass sich auch Arbeitgeber bemühen, alle Perspektiven einer Integration zu bedenken und zu einem schlüssigen Prozess zu vereinen. In Konzeption und Durchführung eines solchen Prozesses wirkt die Projektarbeit unterstützend.

Im universitären Bereich lassen sich zahlreiche positive Beispiele für weltoffene Konzepte finden. Wie Integration von Studenten und Akademikern gelingen kann, zeigt neben zahlreichen anderen deutschen Universitäten die Friedrich-Schiller-Universität in Jena. Mit ihren Flüchtlingsprojekten profiliert sie Deutschland als Einwanderungsland und scheint damit die Zeichen der Zeit erkannt zu haben. Sie wirbt mit kostenlosen Gasthörerprojekten, bietet online Sprachkurse und Module zum Einstieg ins Studium an. Es gibt freiwillige Studentenpaten und eine Vielzahl von Beratungs- und Hilfsangeboten.[5] Eine solche vorbildliche Integrationsstruktur wird noch hauptsächlich im akademischen Kontext konzipiert und realisiert. Hier wird eine Variante der geforderten Integrationskultur vorgemacht.

Für die freie Wirtschaft bieten sich ebenso zahlreiche Möglichkeiten, ihre aufgeschlossene Haltung gegenüber Flüchtlingen und Asylanten zu zeigen und damit die Möglichkeiten, die sich ihr bezüglich der Fachkräftesicherung bieten, zu nutzen.

So sollten freie Arbeits- und Ausbildungsplätze konkret auf diese Zielgruppe angepasst werden. Die Stellenbeschreibungen müssten hierzu weiter gefasst werden und nicht mehr nur dem deutschen Qualifikationsrahmen entsprechen, sondern zum Beispiel auch fachübergreifende Kompetenzanforderungen beinhalten. Die konkreten Arbeitsinhalte müssten in größere Berufskategorien gefasst werden, sodass den Migranten die Zuordnung der eigenen Fertigkeiten erleichtert würde. Generell bedarf es außerdem einer Flexibilisierung der Qualifizierungsmöglichkeiten, entsprechender Anpassungen in der Aus- und Weiterbildung sowie Möglichkeiten der praktischen Nachqualifizierung für Berufserfahrene ohne Abschluss. Die schlichte Anerkennung der Berufserfahrung von Menschen, die jahrelang in einem Beruf gearbeitet haben, wäre ein Meilenstein auf dem Weg zur Integration. Konkret könnten Fertigkeitsprüfungen in den Berufen dazu dienen, lange Qualifizierungswege zu verkürzen.

Unabhängig von ihrem Können müssen bei beabsichtigter Einstellung von Flüchtlingen Praktikums- und Einarbeitungsphasen gut geplant und eng betreut werden. Voraussetzung für den erfolgreichen Einstieg als Arbeitnehmer ist immer die Verständigung, die vor und während der ersten Begegnungen zwischen dem fremdländischen Bewerber und dem Unternehmen gewährleistet sein muss. Die Ausbildung von Flüchtlingen in größeren Unternehmen zu sog. Multiplikatoren, welche über ihre Sprache und ihre Kultur eine Brücke zwischen den Nationalitäten schlagen, erscheint in dieser Hinsicht überaus wichtig und hilfreich.

---

5 Siehe: https://www.uni-jena.de/fluechtlinge.html.

Beim hier vorgestellten Projektträger wurde zu Beginn der Projektarbeit ein syrischer Mitarbeiter eingestellt, der zwischen Teilnehmern, Projektverantwortlichen, Arbeitgebern und Institutionen vermittelt. Herr Ahlad (Name geändert), einst syrischer Jurist, hat die wichtige Scharnierfunktion zwischen beiden Kulturen inne. Durch seine Mitarbeit im Unternehmen stellt er zunächst einen Vertrauensrahmen her, den die Flüchtlinge in einer für sie fremden Welt dringend benötigen. Als Übersetzer, Angehöriger der fremden Kultur und offener Rezipient deutscher Gepflogenheiten kennt er den Bedarf der Teilnehmer und vermag beiden Seiten kulturelle Unterschiede zu erklären, ebenso Strukturen und Verfahrensweisen, die wir oft fälschlich als Basiswissen voraussetzen. Auch offene Gesprächsrunden mit den Teilnehmern sind erst durch seine Vermittlung sinnstiftend. „Katalysatoren" und Multiplikatoren wie er helfen, das Projekt bei den Migranten zu vertreten, verhindern das Aneinander-vorbei-Reden, ermöglichen Kommunikation auf Augenhöhe und fördern die Effektivität der Gespräche und Verhandlungen.

Öffentlichkeitsarbeit und medienwirksame Referenzobjekte

Ebenfalls wichtig ist es, für die öffentliche Wahrnehmung des Projekts zu sorgen, zumal es sich aus Steuermitteln finanziert und in der Bevölkerung viel Aufklärungsarbeit geleistet werden kann. Im konkreten Fall wird ein Treffen mit Landes- und Regionalpolitikern organisiert, in dem beide Seiten, d.h. die Projektverantwortlichen über Konzeptionen, Arbeit und Erfahrungen, die Teilnehmer über Effekte, Erfolge und Schwierigkeiten berichten können. Wie hier dürfte der medialen Präsenz auch die angebahnte Zusammenarbeit mit besonders renommierten Firmen oder Einrichtungen gewiss sein, die sich zur Aufnahme von Migranten bereit erklärten. Im konkreten Fall will die Wartburg-Stiftung in Eisenach in verschiedenen Bereichen zunächst Praktikanten beschäftigen, perspektivisch ggf. auch Arbeitsplätze bieten. Die Kooperation mit solchen „Flaggschiffen" steigert nicht nur die Außenwirkung des Projekts, sondern lässt sich zudem unter dem Motto „Weltkultur trifft auf Weltkulturerbe" interpretieren. Der Gedanke, dass sich dieser Ort auch für eine entsprechende öffentliche Veranstaltung eignen und diese viel Aufmerksamkeit verbuchen würde, soll weiter verfolgt werden und wäre für das Projekt außerordentlich gewinnbringend: gelebte Globalisierung, demonstriert an exponierter Stelle.

Fazit

Wie dargestellt umfasst das Projekt zur Integration von Flüchtlingen und Asylanten ebenso Ziele, die auf gesellschaftliche Öffnung und Akzeptanz in Deutschland gerichtet sind und der vielzitierten wirtschaftlichen Globalisierung den humanitären und menschenwürdigen Zug anzuerziehen helfen. Dies aber kann nur im jeweils konkreten Rahmen und mit konkreten Menschen geschehen und nur auf diese Weise beispielgebend nach außen wirken. Verpflichtet ist das Projekt also zweierlei Seiten: zum einen der Bundesrepublik Deutschland und ihren Ländern, die das Vorhaben finanziell fördern, wie auch ihren Bürgern, bei denen es Ängste und Vorbehalte abzubauen gilt, zum anderen den Flüchtlingen und Asylanten, die genau wie wir „Weltbürger" sind und deren Würde – wie unsere eigene – laut deutschem Grundgesetz unantastbar ist. Also: „Wir" schaffen das.

Quellennachweis

Angela Merkel bezogen auf die Integration von Flüchtlingen In: Sommerpressekonferenz vom 31.August 2015.

Richard David Precht: Die Gesetze der medialen Entrüstungsindustrie In: Frankfurter Rundschau, 12. Januar 2016.

KODE® im multikulturellen Kontext – Kompetenzentwicklung und Migration

Virginia Moukouli

1. Kompetenzen im Einwanderungsland

Deutschland ist ein Einwanderungsland und vor allem als Folge von Arbeits- und Fluchtmigrationen ist die Gesellschaft dieses Landes multikulturell und vielsprachig. Multikulturalität bezieht sich dabei auf die sozialen Strukturen der Gesellschaft (Gogolin, 2010). Die Zuwanderung von Menschen nach Deutschland hat in den letzten Jahren durch die wirtschaftliche Krise der EU und die internationalen Fluchtbewegungen zugenommen. Mittlerweile zählt die Bundesrepublik zu den einwanderungsstärksten Ländern der Europäischen Union (Statistisches Bundesamt, 2016).

Trotz der langjährigen Tradition als Einwanderungsland ist es Deutschland bislang nur unzureichend gelungen, neue Zuwanderinnen und Zuwanderer in den hiesigen Arbeitsmarkt zu integrieren. Insbesondere die Potenziale derer, die ihre Ausbildung im Ausland absolviert haben, wurden und werden in Deutschland ungenügend erschlossen. Das deutsche System basiert auf der Anerkennung von Qualifikationen und Abschlüssen und geht von einem Defizit aus: Es geht vor allem darum, Deckungsgleichheit von deutschen und ausländischen Qualifikationen zu überprüfen. Erfasst werden dabei Lücken, die z.B. ein ausländischer Abschluss im Vergleich zum deutschen Abschluss aufweist und mangelnde Sprachkenntnisse, die zur beruflichen Integration fehlen. Unberücksichtigt bei dieser Sichtweise und damit für den Arbeitsmarkt verschlossen bleiben hingegen Kompetenzen, die über die vorgegebenen beruflichen Anforderungen hinausgehen. Umso wichtiger ist es, Möglichkeiten der Feststellung und Anerkennung von Kompetenzen in den Blick zu nehmen. Verfahren zur Kompetenzfeststellung bieten eine Möglichkeit, diese Lücke zu überbrücken. Sie stärken und unterstützen eine ressourcenorientierte Perspektive und richten den Blick auf die Erfassung und Beurteilung von Kompetenzen unabhängig von ihrem Aneignungsort (Kucher & Wacker, 2011).

Im Rahmen bildungspolitisch initiierter Projekte und Initiativen sind in den vergangenen Jahren eine Vielzahl verschiedener Verfahren und Ansatzpunkte entstanden, die auf eine Bewertung von Kompetenzen zielen, wobei die Definition des Kompetenzbegriffs sehr unterschiedlich interpretiert wird. Zu derartigen Verfahren zählen sogenannte Bildungs- oder Kompetenzpässe und ähnliche Portfolioverfahren und Kompetenzbilanzierungsansätze, die seit Mitte der 90er-Jahre in Deutschland Verbreitung gefunden haben. Die Ansätze zielen darauf ab, den Blick auf die Bedeutung des Kompetenzerwerbs im Verlauf des Lebens zu richten. Dementsprechend wird bei diesen Verfahren weniger eine formale Zertifizierung, sondern die Bedeutung insbesondere informellen und non-formalen Lernens betont. Eine Reihe von Initiativen hat sich dabei auch der Entwicklung und Erprobung von Portfolioverfahren und Kompetenzbilanzierungen für Migrant/inn/en gewidmet. Einen Überblick über Instrumente und Verfahren gibt der Facharbeitskreis Kompetenzfeststellung des Netzwerks „Integration für Qualifizierung" (IQ-Facharbeitskreis Kompetenzfeststellung und Profiling, 2014).

Der Großteil der eingesetzten Instrumente und Verfahren für Migrant/inn/en hat den Anspruch in seinen Grundbestandteilen zielgruppenneutral zu sein und sollte insofern auch generell für Menschen ohne Migrationshintergrund anwendbar sein. Eine migrantenspezifische Ausrichtung erfahren die Ansätze durch Ergänzungen, beispielsweise durch eine Sprachstandfeststellung im Deutschen und Modifizierungen, etwa durch die Berücksichtigung genderspezifischer und sprachlich-kultureller Aspekte bei der Durchführung der Verfahren. Qualitätsanforderungen für die migrantenspezifische Durchführung von Kompetenzfeststellungsverfahren wurden entwickelt, durch welche die besonderen Bedarfe von Migrant/inn/en berücksichtigt werden sollen. Dazu gehört beispielsweise auf Teilnehmerebene die Freiwilligkeit der Teilnahme am Verfahren, auf Verfahrensebene ist eine präzise vorherige Zielbestimmung von Bedeutung. Es lassen sich hierbei zwei Grundtypen unterscheiden: Subjekt- bzw. entwicklungsorientierte Verfahren stellen die Reflexion der eigenen Lern- und Lebensbiografie und persönliche Entwicklungsmöglichkeiten in den Mittelpunkt. Ziel ist dabei weniger eine möglichst exakte Feststellung von Kompetenzen, sondern vielmehr die Stärkung der Handlungsfähigkeit der Nutzer und eine Stärkung auf individueller Ebene. Durch den Fokus auf Potenziale wird eine ressourcenorientierte Perspektive eingenommen. Anforderungsorientierte Verfahren hingegen nehmen spezifische Arbeitsmarktanforderungen in den Blick und zielen auf die Anschlussfähigkeit der Ergebnisse der Kompetenzfeststellung an die Arbeitswelt (Kucher & Wacker, 2011).

Die oben genannten Verfahren legen sehr unterschiedliche Kompetenzbegriffe und Modelle zu Grunde, die Kompetenzen meist nicht abgrenzen zu Wissen, Schlüsselqualifikationen, Soft Skills und Persönlichkeitseigenschaften. Oftmals werden diese Begrifflichkeiten synonym verwendet. In ihrer wissenschaftlichen Begründung und Erprobung in der Praxis bleiben diese Verfahren den Beweis des Nutzens für die Migrant/inn/en schuldig.

2.   Ist KODE® multikulturell?

Kompetenzverfahrenssysteme, die gezielt für Menschen mit Einwanderungsgeschichte eingesetzt werden können, bilden in Bezug auf die Erforschung und Erprobung solcher Kompetenzmessverfahren nur einen geringen Anteil. Seit Mitte der 1990er Jahre wurden in Deutschland über das Bundesministerium für Bildung und Wissenschaft umfangreiche Forschungs- und Anwendungsprojekte zur Kompetenzforschung unterstützt. In den daraus resultierenden Veröffentlichungen wurde zunehmend klar zwischen den Begriffen Wissen, Schlüsselqualifikation und Kompetenzen unterschieden, der Talentbegriff kam später hinzu (Heyse, Erpenbeck & Ortmann, 2015). In der Mehrzahl der Forschungsergebnisse werden Kompetenzen als Handlungsfähigkeiten bezeichnet, die angesichts einer zunehmend komplexen, problematischen, unsicheren Umgebung und vermehrten Nichtwissens bedeutend sind. Kompetenzen werden also als „Selbstorganisationsfähigkeiten" erkannt (Heyse, 2010).

Kompetenz ist die Fähigkeit, situationsadäquat zu handeln. Kompetenz meint das Verhältnis zwischen den an eine Person oder Gruppe herangetragenen bzw. selbst gestellten Anforderungen und den Fähigkeiten, dieser Anforderung gerecht zu werden. Kompetenzen sind somit Handlungsfähigkeiten, keine Persönlichkeitseigenschaften, keine Qualifikationen und können letztlich nur im Vergleich zu genauen Anforderungssituationen bewertet, angeregt und trainiert werden.

Im Wesentlichen stehen sich zwei Kompetenz-Paradigmen gegenüber: Im angloamerikanischen Sprachraum wird Kompetenz vorwiegend mit Wissen und Fertigkeiten gleichgesetzt. Der Kompetenzbegriff ist stark an Leistungen und Aufgabenlösungen jedweder Art gebunden, und Kompetenz wird mit „erfolgreicher Aufgabenerfüllung", insbesondere auch von Routineaufgaben, gleichgesetzt. Diese Auffassungen stimmen mit früheren historischen Auffassungen von Kompetenz überein und beziehen sich vor allem auf Betrachtungen der Vergangenheit und Gegenwart, weniger auf die der Zukunft – so wie auch tiefere strategische Orientierung dem US-amerikanischen Alltagsdenken eher fremd ist.

Im deutschsprachigen Raum setzt sich immer mehr die wesentlich erweiterte Auffassung von Kompetenz durch: als Selbstorganisationsfähigkeit, als Fähigkeit, sich selbst in Eigeninitiative Ziele zu setzen, entsprechend zu handeln und aktiv in neuen Anforderungssituationen zu lernen. In Risikogesellschaften beschleunigt sich der Wandel und die Anforderungen an Individuen, an Teams oder an Unternehmen, sich neuen Herausforderungen anzupassen, erhöhen sich ungleich schneller als in anderen Gesellschaften. Dem entspricht die erweiterte Sichtweise von Kompetenzen im deutschsprachigen Raum (Heyse, Erpenbeck & Ortmann, 2015).

Das Verfahrenssystem KODE® steht für Kompetenzdiagnostik und -entwicklung und definiert Kompetenzen als Selbstorganisations- und Handlungsfähigkeiten. Über das Messen von Kompetenzen hinaus leitet es vielfältige Schlussfolgerungen zur Entwicklung von Kompetenzen unter Berücksichtigung der Stärken einer Person ab. KODE® verfolgt das Ziel, Personen, Teams oder Unternehmen bei der Entwicklung von Schlüsselkompetenzen („nicht-fachliche Kompetenzen") zu beraten und zu begleiten, ihre Selbstorganisationsfähigkeiten zu erhöhen und sie damit zu stärken und für die Zukunft vorzubereiten.

Gemessen werden die vier Grundkompetenzen:
- Personale Kompetenzen (Bedeutung der eigenen Werte, Prinzipien und Ideale)
- Aktivitäts- und Handlungskompetenzen (Antrieb, Ziele und Vorstellungen in Handlungen umzusetzen)
- Fach- und Methodenkompetenzen (Anwenden von fachlichen Kenntnissen und fachlichen Fertigkeiten, um Herausforderungen kreativ und methodisch zu lösen)
- Sozial-kommunikative Kompetenzen (Nutzung der eigenen kommunikativen und kooperativen Möglichkeiten)

Das KODE®-Verfahren ist

- wissenschaftlich fundiert und valide,
- überfachlich,
- kulturkreisübergreifend verständlich und einsetzbar.

Auf Teilnehmerebene basiert KODE® auf der Freiwilligkeit der Teilnahme am Verfahren, auf der Verfahrensebene ist KODE® flexibel anwendbar und gleichzeitig ist eine präzise vorherige Zielbestimmung von Bedeutung. KODE® ist ein entwicklungsorientiertes Verfahren, es stellt die Reflexion der eigenen Lern- und Lebensbiografie und der persönlichen Entwicklungsmöglichkeiten in den Mittelpunkt. Es stärkt die Handlungsfähigkeit der Nutzer/innen und bietet ein Empowerment auf individueller Ebene. Durch den Fokus auf Potenziale und Stärken wird eine ressourcenorientierte Perspektive eingenommen. Die Stärken-Orientierung im KODE®-Verfahren ist von Anfang an motivierend, es führt erfahrungsgemäß zu einer schnellen Akzeptanz und es besteht ein ausgewogenes Verhältnis von Zeitansatz und Belastung.

Die oben genannten Merkmale des KODE®-Verfahrens machen deutlich, dass es aufgrund seiner universellen Anwendbarkeit in vielen Sprachen und Kulturen ein Instrument sein kann, um praktikabel die Kompetenzentwicklung von Migrantinnen und Migranten zu unterstützen. Besonders für neue Zuwanderinnen und Zuwanderer könnte das KODE®-Verfahren besonders nützlich sein, denn sie befinden sich in einer Umbruchsituation und müssen mit Herausforderungen und schwierigen Situationen umgehen. Diese Handlungsfähigkeit unter besonderen Herausforderungen ist Bestandteil des KODE®-Verfahrens, so dass es – wie in den folgenden Abschnitten detailliert aufgezeigt wird – besonders geeignet ist, eine Orientierung in Bezug auf die Talente und Stärken von neuen Zuwanderinnen und Zuwanderern zu bieten.

Für die Übertragbarkeit des KODE®-Systems auch auf Menschen mit Einwanderungsgeschichte bedarf es jedoch einer genauen Ziel- und Zielgruppenanalyse. Außerdem ist zu reflektieren, in welcher Phase der Zuwanderung KODE® genutzt werden kann, um das Verfahren spezifisch auf diese Gruppe anzuwenden.

Der formulierte Anspruch von KODE® kulturkreisübergreifend verständlich und einsetzbar zu sein, wird im Folgenden am Beispiel des Einsatzes von KODE® auf Griechisch für neue Zuwanderinnen und Zuwanderer exemplarisch dargestellt.

3. KODE® auf Griechisch

3.1 Zielgruppe

Anfang des Jahres 2010 begann eine große Migrationsbewegung von Griechenland aus nach Nordeuropa und Australien. Eines der beliebtesten Zielländer war und ist dabei Deutschland. Diese neue Auswanderungsbewegung hat ihre eigenen Ursachen und Besonderheiten. Ein Faktor des neuen Migrationsphänomens ist die Schuldenkrise Griechenlands, unter der das griechische Volk leidet, und mit der zugleich eine systemische wirtschaftliche, politische und soziale Krise einhergeht. Das Migrationsphänomen aus Griechenland könnte exemplarisch sein für die Zuwanderung aus

Südeuropa, woher schließlich viele sogenannter „Gastarbeiter/innen" in den 1960er Jahre nach Deutschland kamen. Dennoch kennzeichnen die neue griechische Zuwanderung nach Deutschland grundlegend andere Merkmale, als die Einwanderungsbewegung in der Periode der 1960er bis 1970er Jahre. Die „neuen" Einwanderinnen und Einwanderer sind oft jung, hochqualifiziert und mehrsprachig. Ihre Abwanderung aus Griechenland erfolgt aufgrund der hohen Arbeitslosigkeit unter den jungen Menschen, die inzwischen bei über 45 Prozent liegt, während die Arbeitslosenquote in Griechenland insgesamt offiziell mehr als 20 Prozent beträgt (Heinrich-Böll-Stiftung, 2012).

Diese beschriebene Entwicklung und der Anspruch, KODE® in vielen Sprachen anbieten zu können, haben zum Projekt „KODE® auf Griechisch" geführt. KODE® sollte ins Griechische übersetzt und erprobt werden. Für die Autorin dieses Buchabschnittes als Verantwortliche war es ein besonderes Projekt, da ich selbst als Kleinkind mit meinen Eltern Anfang der 70er Jahre von Griechenland nach Deutschland eingewandert bin. Meine Eltern, die als sogenannte „Gastarbeiter" kamen, blieben dauerhaft in Deutschland; ich selbst bin in Deutschland aufgewachsen, bin Griechin und Deutsche (mit doppelter Staatsbürgerschaft). Ich verfolge die neue griechische Zuwanderung nach Deutschland also nicht nur aus professionellem Interesse, auch in meinem sozialen und familiären Umfeld spielt sie eine große Rolle. Die Frage der Auswanderung, um drohender oder eingetretener Arbeitslosigkeit zu begegnen, betrifft viele Freunde und Verwandte, die sich entschließen, Griechenland zu verlassen, um sich in Deutschland eine neue Existenz aufzubauen. Und es sind in meinem Umfeld auch die jungen und gut ausgebildeten Griechinnen und Griechen, die eine Auswanderung erwägen oder vorantreiben. Der Zugang zu und die Eingliederung in den deutschen Arbeitsmarkt erscheint für die gut ausgebildeten neuen EU-Zuwanderinnen und -Zuwanderern dabei nur ein Anpassungs- und Sprachenproblem zu sein. Es stellt sich jedoch heraus, dass trotz europäischer Harmonisierung von Bildung, Ausbildung und Studium Herausforderungen zu bewältigen sind, die über die Anerkennung von Bildungs- und Berufsabschlüssen hinaus gehen. Daher ist die Idee für das Projekt entstanden, KODE® für neue Zuwanderinnen und Zuwanderer und zuwanderungswillige Menschen aus Griechenland durchzuführen.

Im Rahmen des Projekts wurden Anfang 2016 folgende freiwillige Teilnehmer/innen gewonnen:
a) Teilnehmer/innen, die erst vor kurzem nach Deutschland zugewandert sind, um hier zu arbeiten oder zu studieren (acht Teilnehmer/innen): aus der Gruppe der neuzugewanderten Griechinnen und Griechen waren drei Teilnehmer/innen, die ihr Studium in Deutschland fortsetzen oder ein neues beginnen wollten. Die anderen fünf Teilnehmer/innen waren vor kurzem in Deutschland angekommen und waren arbeitssuchend. Von diesen Teilnehmer/innen hatten zwei ein Studium absolviert und drei hatten eine berufliche Fachausbildung abgeschlossen.
b) Teilnehmer/innen, die in Griechenland unzufrieden mit ihrer Arbeitssituation oder arbeitslos sind, und sich darauf vorbereiten, nach Deutschland oder ins nordeuropäische Ausland auszuwandern (vier Teilnehmer/innen): Die Teilnehmer/innen

dieser Gruppe hatten alle ein Studium absolviert und wollten auswandern, um entweder zu arbeiten oder weiter zu studieren.

Die Anerkennung von formalen Qualifikationen erscheint in Zeiten eines etablierten Bologna-Systems, das die Vergleichbarkeit von Studienzielen und Lernergebnissen innerhalb der EU herstellen soll, unproblematisch. Auch die Anerkennungsverfahren von beruflicher Ausbildung sind für EU-Ausländer/innen fortgeschritten und etabliert. Trotzdem ist der Zugang zur Hochschulbildung und zum Arbeitsmarkt herausfordernd, da die „Regeln" des deutschen Arbeitsmarkts neu sind und sehr unterschiedlich zum griechischen System erscheinen, mit vielen Regularien für die Bewertung von Qualifikationen und fachlichen und formalen Voraussetzungen. Auch die alltäglichen Arbeitssituationen und die Arbeitskultur erscheinen unterschiedlich, da sie vermeintlich durch andere Anforderungen und Abläufe gekennzeichnet sind. Der Zugang zu Positionen, die adäquat zur eigenen Ausbildung und/oder Berufserfahrung sind, stellt dabei die erste Hürde zur Integration in den Arbeitsmarkt dar. Dem attestierten Fachkräftemangel in Deutschland, z.B. im Handwerk oder im Gesundheitssektor, stehen viele griechische (neue) Zuwanderinnen und Zuwanderer gegenüber, die zwar Berufserfahrungen in diesen Bereichen aufweisen, deren formale Qualifikation jedoch nicht sofort oder erst in einem langwierigen Prozess anerkannt wird. Das führt deshalb, trotz der Nachfrage nach Fachkräften, oftmals nicht direkt in eine Beschäftigung in diesen Bereichen, oder diese ist mit erheblichen finanziellen Einbußen verbunden.

Ziel des Projekts „KODE® auf Griechisch" war einerseits die Erprobung der Übersetzung des KODE®-Systems ins Griechische. Andererseits sollte die individuelle Kompetenzentwicklung der Teilnehmerinnen und Teilnehmer durch KODE® gefördert werden. Dabei sollte das ermittelte Kompetenzprofil als Standortbestimmung für die weitere Arbeitsmarktintegration oder die Aufnahme und/oder Weiterführung des Studiums dienen.

3.2 Durchführung des Projekts

3.2.1 Übersetzung

Um die Fragebögen zur Selbst- und Fremdeinschätzung ins Griechische zu übersetzen, waren folgende Fragen relevant, die grundsätzlich bei der Übertragung des KODE®-Systems in andere Sprachen von Bedeutung sind:
- Gibt es den Begriff der Kompetenz und wie wird dieser verwendet?
- Spielen Kompetenzen im Arbeitsalltag eine Rolle? Wenn ja, welche Bedeutungen haben sie?
- Wie ist die Gestaltung des Arbeitsalltags geprägt (Mitarbeiterentwicklung, hierarchisches Denken, Teamarbeit, usw.)?
- Welche Rolle spielen formale Qualifikationen und überfachliche Kompetenzen?

In der griechischen Sprache wir der allgemeine Kompetenzbegriff auf zwei unterschiedliche Arten verwendet:
- Kompetenz im Sinne von Zuständigkeit (αρμοδιότητα)
- Kompetenz im Sinne von Sachverstand und Fähigkeit (ικανότητα)

Beide allgemeinen Bedeutungen von Kompetenz sind in der Definition von KODE® nicht zielführend, betrachtet man jedoch die Verwendung des Wortes „ικανότητα" in Arbeitszusammenhängen, so lässt sich ableiten, dass dort der Begriff der Kompetenz auch als Aktions- und Handlungsbefähigung im Sinne von KODE® verstanden werden kann. Auch in der zum großen Teil angelsächsisch geprägten Arbeits- und Organisationsentwicklung in Griechenland wurde in den letzten Jahren der Kompetenzbegriff als „ικανότητα" eingeführt und neu definiert.

Die in den KODE®-Fragebögen zur Fremd- und Selbsteinschätzung beschriebenen Arbeits- und Alltagssituationen wurden in der Übersetzung adaptiert, d.h. es wurde auf eine wortwörtliche Übersetzung verzichtet und stattdessen wurden die Situationen kontext- und sinngemäß beschrieben.

Der griechische Arbeitsalltag ist beim Zugang zu Berufen einerseits stark auf fachliche Qualifikationen konzentriert, die formal im Sinne von Abschlüssen und Zertifikaten nachgewiesen werden müssen. Andererseits ist der Zugang vor allem zur Berufsausbildung nicht formalisiert, es existiert kein duales Berufsbildungssystem. Bis vor einigen Jahren waren die Universitäten und die technischen Fachhochschulen die einzigen Träger einer berufsorientierten Ausbildung in Griechenland. Jedoch galten diese Ausbildungsträger als der Weg zu der gehobenen Ausbildung. Die griechische Familie erzog ihre Kinder mit dem Ziel einer zukünftigen universitären Ausbildung. Die Universitäten und an zweiter Stelle die technischen Fachhochschulen führten zu einem besseren sozialen Status, aber nicht unbedingt zu einer festen beruflichen Zukunft. Für die technischen Berufe sind meistens die technologischen Ausbildungsinstitute (TEI) zuständig. Zeugnisse für technische Berufe können nach Abschluss einer dreijährigen Ausbildung von diesen Ausbildungsinstituten verliehen werden.[1] Überfachliche Kompetenzen spielen in diesem Ausbildungs- und Berufsbildungssystem im Arbeitsalltag bisher eine sekundäre oder gar keine Rolle.

3.2.2 Erprobung des KODE®-Verfahrens

Das KODE®-Verfahren wurde erprobt, indem freiwillige Teilnehmer/innen zu einer individuellen Kompetenzentwicklung eingeladen wurden. Folgende Schritte wurden dabei unternommen:

---

1 Die Berufsausbildung in Griechenland wird heutzutage noch von folgenden beiden Einrichtungen begleitet und unterstützt: a) KEK: Zentren der lebenslangen Weiterbildung, zu denen überwiegend Absolventen der Universitäten Zugang haben. b) IEK: Institute der Berufsausbildung, in denen die Schulabsolventen oder Schulabgänger eine zertifizierte Ausbildung in technischen und kaufmännischen Berufen erwerben können. Jedoch findet das nicht wie hier in Deutschland im dualen System (Berufsschule + Praxis im Betrieb) statt. Stattdessen absolvieren die Lehrlinge ihre gesamte Ausbildung ausschließlich im Lehrbetrieb des IEK.

Individuelles Vorbereitungsgespräch

In dem Gespräch wurde das KODE®-System eingeführt und die Definition von Kompetenzen besprochen. Außerdem wurde diskutiert, was das Verfahren kann, es wurden Erwartungshaltungen der Teilnehmer/innen aufgenommen und das gemeinsame Ziel des Projekts individuell herausgearbeitet. Die Teilnehmer/innen wurden zu ihren Bildungsabschlüssen, Arbeitserfahrungen, Erwartungen u.a.m. befragt und ihre Antworten wurden dokumentiert. Außerdem wurden sie an den Ablauf des Verfahrens herangeführt.

Ausfüllen und Bewerten des Fragebogens

Die KODE®-Fragebögen zur Selbsteinschätzung in Griechisch wurden von den Teilnehmer/inne/n im Beisein der Projektleitung ausgefüllt. Dabei wurde gezielt die Verständlichkeit und Nutzerfreundlichkeit des Fragebogens mit den Teilnehmer/inne/n diskutiert. Unterstützung beim Ausfüllen des Fragebogens war bei Verständnisfragen notwendig, wobei mit Beispielen gearbeitet wurde, um bestimmte Situationen und Darstellungen zu erklären.

Auswertung

Die von den Teilnehmer/innen beim Ausfüllen des Fragebogens angemerkten Unklarheiten oder Verständnisschwierigkeiten der Übersetzung wurden bewertet und gegebenenfalls überarbeitet. Diese Erprobung der Übersetzung in der Praxis war sehr hilfreich und zielführend, denn bestimmte Beschreibungen im Fragebogen wurden so verständlicher und passgenauer dargestellt.

Die ausgefüllten KODE®-Fragebögen zur Selbsteinschätzung in Griechisch wurden in eine deutsche Fragebogen-Version übertragen. Danach erfolgten die Auswertung der einzelnen Fragebögen und die Erstellung des individuellen Kompetenzprofils jedes Teilnehmers und jeder Teilnehmerin.

Feedbackgespräch

Im Rahmen des abschließenden individuellen Feedback-Gesprächs wurden der persönliche Hintergrund, das berufliche Umfeld und die Erwartungen an die Einwanderung und die Integration in den deutschen Arbeitsmarkt besprochen und in die Entwicklung des individuellen Kompetenzprofils mit einbezogen. Außerdem wurden die beruflichen Perspektiven der Teilnehmer/innen diskutiert und Handlungsempfehlungen ausgesprochen.

3.3 Ergebnisse

Ziel des Projekts „KODE® auf Griechisch" war es herauszufinden, ob die Adaption des KODE®-Systems in andere Sprachen für Zuwanderinnen Zuwanderer funktioniert. Weiterhin sollte ermittelt werden, ob KODE® als individuelle Standortbestimmung für die Arbeitsmarktintegration (oder die Aufnahme oder Weiterführung des Studiums) der Teilnehmer/innen dienen kann.

Der Fragebogen wurde durchgängig gut verstanden, auf Rückfragen konnte im Dialog schnell eingegangen werden, so dass die Teilnehmer/innen sehr gut mit dem Ausfüllen des Fragebogens zurechtgekommen sind. Interessant waren die Nachfragen nach der Einschätzung durch Dritte, diese Form der Selbstreflexion war für viele der Teilnehmer/innen neu, die Priorisierung der Aussagen wurde problematisiert. Außerdem wurden die Aussagen zu Reaktionen und Strategien in schwierigen Situationen angesprochen, auch hier wurde die Priorisierung als problematisch empfunden. Als Grund dafür wurde u.a. angegeben, dass diese Form der Selbsteinschätzung durch das berufliche Umfeld nicht goutiert wird: „Darüber spricht man nicht – man soll nur seine Arbeit erledigen und funktionieren" (Aussage einer Teilnehmerin).

Diskutiert wurde die Frage, was Kompetenzen sind. Darüber herrschte bei den Teilnehmern zu Beginn des Verfahrens Uneinigkeit, der Begriff wurde oft synonym mit Qualifikationen oder Soft Skills verwendet, viele Teilnehmer/innen hatten die Vorstellung, dass ihre individuellen Kompetenzen nur in der Wahrnehmung durch Andere (Freunde, Kollegen oder Vorgesetzte) wichtig sind. Die Selbsteinschätzung erschien problematisch, da „ich mich selbst nicht bei der Arbeit oder wie ich bin beobachte" (Aussage zweier Teilnehmer). Diese Form von Selbstreflexion wurde jedoch im Verlauf des Projekts akzeptiert, nachdem der Vergleich mit Persönlichkeitstests oder psychologischen Bewertungen in den Diskussionen ausgeräumt wurde.

Interessant waren auch die unterschiedlichen Auffassungen von Arbeitssystemen, die heterogenen Vorstellungen von Leistung und Wissen und die sehr diversen Erfahrungen in praktischen Arbeitszusammenhängen der Teilnehmer/innen. Hier hat sich gezeigt, dass es individuelle, sehr unterschiedliche Vorstellungen gibt, dass z.B. der soziale Status oder eine Tätigkeit in einem internationalen oder griechischen Unternehmen eine große Rolle spielen. Fragen zum Arbeiten im Team, Fehlervermeidung, Entscheidungsfindung in der Arbeitshierarchie waren von Bedeutung.

Die Teilnehmer/innen, die zu Studienzwecken nach Deutschland gehen wollten, äußerten die Erwartungen, dass der Studienalltag in Deutschland sich sehr von dem in Griechenland unterscheiden wird, denn in Griechenland sei „Studieren wie in die Schule zu gehen" (Aussage zweier Teilnehmer), in Deutschland ist in vielen Fällen jedoch die Selbstorganisation im Studium wichtig.

In dem gesamten Prozess des KODE®-Verfahrens wurden Vergleiche zwischen dem persönlich erfahrenen Arbeits- oder Studienalltag in Griechenland und dem erlebten (oder erwarteten) Alltag in Deutschland diskutiert. Dabei wurden Parallelen und Unterschiede herausgearbeitet, um die eigene Standortbestimmung und Selbstreflexion zu verfestigen.

3.4 Fazit

Im gesamten Projektverlauf wurde reflektiert, was das KODE®-Verfahren für die Teilnehmer/innen bedeutet und dabei der Begriff der Kompetenz diskutiert. Praktische Beispiele aus dem Arbeitsalltag wurden herangezogen, um ein besseres Verständnis des Fragebogens zu erzielen. Wichtig war es für die Teilnehmer/innen herauszuarbeiten, dass KODE® kein Persönlichkeitstest ist, dass ihre Stärken aufgezeigt werden, dass keine Messung von Defiziten stattfindet. Dieses Verständnis von KODE® wurde als sehr positiv bewertet und anerkannt.

Besonders groß war der Wiedererkennungseffekt in den individuellen Kompetenzprofilen. Die Teilnehmer/innen haben sich in ihren Profilen und deren Interpretationen wieder gefunden und sie haben die Ergebnisse und Empfehlungen auf ihre jetzige Situation übertragen. Sie haben aus der Standortbestimmung durch KODE® im Gespräch selbstständig gefolgert, was sie über die fachliche Qualifikation hinaus mitbringen und was sie sich erarbeiten wollen, um in Deutschland ein Studium zu beginnen (oder weiterzuführen) und/oder einen adäquaten Zugang in den deutschen Arbeitsmarkt zu erhalten.

Im Gespräch zu Arbeitskulturen im Herkunfts- und Zielland, zu den Besonderheiten der Arbeitsfelder, in denen sie tätig waren und/oder tätig sein möchten, hat sich ein Selbstbild manifestiert, dass sie befähigt, sich auch auf zukünftige Herausforderungen im Studium und im Beruf vorzubereiten. Es wurde von allen Teilnehmer/inne/n geäußert, dass eine kompetenzorientierte Beratung, wie sie KODE® vermittelt, in allen Phasen des Integrationsprozesses in den Arbeitsmarkt wünschenswert wäre. Diese könnte, flankierend zu Beratungsangeboten zur Anerkennung von Qualifikationen und Abschlüssen, konkret und anforderungsorientiert den Zugang zu bestimmten Arbeitsfeldern oder Positionen weiter unterstützen und fördern.

Zusammenfassend lässt sich feststellen, dass die individuelle Kompetenzentwicklung mit KODE® für (neue) Zuwanderinnen und Zuwanderer im Integrationsprozess stärkend ist, denn sie sind „Menschen im Übergang" (Selbstbezeichnung einer Teilnehmerin). Das KODE®-Verfahren, mit seiner Zukunftsorientierung und Fokussierung auf Handlungsfähigkeiten, trägt den herausfordernden Situationen in dieser Phase ihres Lebens Rechnung.

4. Empfehlungen

Das KODE®-Verfahren orientiert sich an den Bedarfen der Zielgruppe der (neuen) Zuwanderinnen und Zuwanderer, betrachtet ihre Bildungsvoraussetzungen, ihre Lebenslagen, ihre Migrationserfahrung und ihren kulturellen Hintergrund individuell und ist zielgruppenadäquat und adressatengerecht anwendbar.

Das KODE®-Verfahren ist multikulturell einsetzbar, denn es ist im Integrationsprozess flexibel anwendbar. Es kann, je nach Anforderung und Zieldefinition, mit den Akteuren, die für die unterschiedlichen Phasen der Integration von Zuwanderinnen und Zuwanderer wichtig sind, wie z.B. Bildungseinrichtungen, Arbeitgeber oder Arbeitsverwaltungen, entwickelt werden. Somit kann eine kontinuierlichere Begleitung durch das KODE®-Verfahren in den unterschiedlichen Etappen des Integrationsprozesses erfolgen. Das Vorliegen von KODE® in zwölf Sprachen vereinfacht die Anwendung auch für neue Zuwanderinnen und Zuwanderer, die noch über keine belastbaren Deutschkenntnisse verfügen. Bei der individuellen Kompetenzentwicklung für Zuwanderinnen und Zuwanderer zu Beginn des Integrationsprozesses kann KODE® zur Kompetenzprofilbildung und zum Empowerment eingesetzt werden, im weiteren Verlauf der Arbeitsmarktintegration kann eine gezielte anforderungsorientierte Kompetenzentwicklung und Förderung in angestrebten Arbeitsfeldern und/oder Berufen Anwendung finden. Aus Sicht der Arbeitgeber kann das KODE®-Verfahren zum Anwerben, Halten und Fördern von ausländischen Fachkräften entwickelt werden.

KODE® ist kulturübergreifend anwendbar, denn es ist kulturell adaptierbar, wie am Beispiel der Griechinnen und Griechen aufgezeigt wurde. Die zugrundeliegenden Annahmen der Stärkenorientierung und Handlungsfähigkeiten sind im Integrationsprozess besonders gut vermittelbar, weil KODE® ermutigt und Stärken bewusst macht. Es stellt den Menschen und seine Handlungen in den Mittelpunkt und ist auch nicht defizitär, im Gegensatz zu der oft noch üblichen Sichtweise auf Zuwanderinnen und Zuwanderer im Hinblick auf ihr Potenzial für die Integration in den Arbeitsmarkt.

Es wird deutlich, dass durch die individuelle Kompetenzentwicklung mit KODE® Zuwanderinnen und Zuwander gestärkt werden, und dass mögliche fehlende Sprachkenntnisse und/oder formale Qualifikationen ihr vorhandenes Potenzial und ihre Talente nicht in den Hintergrund treten lassen. Das KODE®-System funktioniert somit im multikulturellen Kontext besonders gut, unterstützt bei der Integration und dem Zugang zum Arbeitsmarkt, und ist hilfreich in den verschiedenen Etappen des Integrationsprozesses. Das durch KODE® erfahrene *Empowerment* erleichtert es den Zuwanderinnen und Zuwanderer, den Prozess der Integration selbstbestimmt mitzugestalten.

Literatur

Gogolin, I. & Krüger-Potratz, M. (2006): *Einführung in die Interkulturelle Pädagogik* (3. durchgesehene Auflage 2010; 4., vollkommen bearbeitete Auflage 2015), Opladen: Barbara Budrich.

Gogolin, I. (2010): Mehrsprachigkeit. *Zeitschrift für Erziehungswissenschaft (ZfE), 13*(4,), 529–547.

Heinrich-Böll-Stiftung (Hrsg.) (2012): *Krise und Migration. Die neue griechische Migration nach Deutschland.* Berlin.

Heyse, V.; Erpenbeck, J. (2009): *Kompetenztraining. Informations- und Trainingsprogramme.* Stuttgart: Schäffer Poeschel.

Heyse, V. (2010): Verfahren zur Kompetenzermittlung und Kompetenzentwicklung. KODE® im Praxistest. In: Heyse, V., Erpenbeck, J.; Ortmann, S. (Hrsg.): *Grundstrukturen menschlicher Kompetenzen.* Münster: Waxmann.

Heyse, V. (Hrsg.) (2014): *Aufbruch in die Zukunft. Erfolgreiche Entwicklung von Schlüsselkompetenzen in Schulen und Hochschulen.* Münster: Waxmann.

Heyse, V., Erpenbeck, J. & Ortmann, S. (Hrsg.) (2015): *Kompetenz ist viel mehr. Erfassung und Entwicklung von fachlichen und überfachlichen Kompetenzen in der Praxis.* Münster: Waxmann.

IQ-Facharbeitskreis Kompetenzfeststellung und Profiling (2014): *Arbeitsmarktintegration für Migrantinnen und Migranten – auf dem Weg zu einer inklusiven Gesellschaft.* Positionspapier des Förderprogramms „Integration durch Qualifizierung (IQ)", Bonn.

Kucher, K. & Wacker, N. (2011): Kompetenzfeststellung für Migrantinnen und Migranten – Ansatzpunkte, Problemfelder und Handlungsperspektiven. In: Mona Granato et al.

(Hrsg.): *Migration als Chance: ein Beitrag der beruflichen Bildung. Berichte zur beruflichen Bildung.* Bundesinstitut für Berufsbildung, Bonn.

Statistisches Bundesamt (2016): *Vorläufige Wanderungsergebnisse 2015.* Serie Bevölkerung und Erwerbstätigkeit, Wiesbaden.

KODE® als Teil der „Wertschätzenden Organisation"

Johanna Mutzl

1. Einleitung

Vielfach nehmen moderne Organisationen für sich in Anspruch, auf besonderen Organisationsformen aufzubauen und dadurch erfolgreich zu sein. Bei genauerer Betrachtung sind es aber nicht die jeweiligen Formen und Strukturen, sondern die zugrundeliegenden Werthaltungen und Orientierungen, die als Bausteine für nachhaltigen Erfolg bedeutend sind. Zudem sind es auch nicht die Organisationen an sich, die Erfolge erzielen, sondern die Individuen in den Organisationen, die Bedeutungen schaffen und Ideen realisieren. Die Wertschätzende Organisation trägt dem Rechnung, stellt die Menschen mit ihren Beziehungen in den Mittelpunkt und regt dazu an, das komplexe Zusammenspiel in Organisationen nicht zu managen, sondern zu gestalten.

Gerade in Zeiten wie diesen, in denen die Medien voll von Schlagzeilen in Bezug auf Flüchtlinge, Asyl und damit einhergehende Herausforderungen sind, zeigt sich der große Stellenwert von Wertschätzung. Es geht nicht nur um die Integration von Flüchtlingen in den Arbeitsmarkt – es geht um das Aufeinandertreffen von Menschen unterschiedlicher Kulturen, das „Fruchtbarmachen" unterschiedlicher Kompetenzen und das Interesse an der Gestaltung eines gemeinsamen Weges. Beidseitiges Interesse am jeweils Anderen und eine gemeinsame wertschätzende Grundhaltung ermöglichen Entwicklung und Wachstum.

In diesem Artikel soll dargestellt werden, auf welchen Grundsätzen die „Wertschätzende Organisation" aufbaut, welche Möglichkeiten sich für Individuen aus dieser Organisationsform ergeben und wie KODE® diese Prozesse bzw. den Aspekt des wertschätzenden Erkundens unterstützen kann.

2. Die Wertschätzende Organisation

2.1 Die Grundidee der Wertschätzenden Organisation

Die Wertschätzende Organisation geht aus der Idee des wertschätzenden Erkundens/ Befragens hervor, einer Methode, die in Kapitel 2.2 genauer beschrieben wird. Sie lädt ein zu hinterfragen und neu zu gestalten, gemeinsam an Wirklichkeiten zu arbeiten, Beziehungen neu zu entwerfen und neue Bedeutungen hervorzubringen. Die Wertschätzende Organisation bildet einen Rahmen für Prozesse, die als „Wertschätzendes Organisieren" bezeichnet werden.

„Einfach ausgedrückt, beruht Wertschätzendes Organisieren auf der Annahme, dass ständiges Erzeugen und miteinander Teilen von Bedeutung entscheidend für das volle Engagement von Individuen und damit für die Effizienz einer Organisation ist." (Anderson et al., 2004, S. 20)

Vier Grundideen bilden die Eckpfeiler der Wertschätzenden Organisation:
1) Was wir als bedeutsam erachten, ist das Ergebnis sozialer Konstruktionen. Probleme und Lösungen existieren nur innerhalb von Bedeutungskontexten; sie sind nicht festgeschrieben, sondern stellen lediglich eine von vielen möglichen Perspektiven dar.
2) Wir richten unser Handeln nach den Bedeutungen aus, die wir der Welt bzw. unserem Umfeld zuschreiben.
3) Bedeutungen werden in sozialen Beziehungen geschaffen – in Gesprächen, Gesten und Handlungen teilen und bestimmen wir, was wertvoll ist.
4) Wertschätzung ist ein wesentliches Element für die Entstehung bzw. Konstruktion von Bedeutung (vgl. Anderson et al., 2004, S. 22f).

Traditionelle Organisationen bewerten individuelle Leistungen. Die Wertschätzende Organisation schlägt einen Wechsel von der Bewertung hin zur Wertschätzung vor: „Personen wertzuschätzen, ermutigt kooperative und kreative Teilnahme am Leben in der Organisation" (Anderson et al., 2004, S. 48). Dort, wo die Entwicklung von Menschen ein tatsächliches Anliegen ist, sollte dieser Aspekt Beachtung finden. Teilzunehmen bedeutet sich einzubringen, zu handeln. Hier beginnen die Kompetenzen eine Rolle zu spielen, die sich dann entfalten können, wenn sie innerhalb eines bestimmten Rahmens Aufmerksamkeit erfahren und wachsen dürfen.

„Kompetenzen können und müssen gezielt entwickelt und trainiert werden. Dabei kann als Faustformel gelten: Individuelle Kompetenzen werden von Wissen fundiert, durch Werte konstituiert, als Fähigkeiten disponiert, durch Erfahrungen konsolidiert und aufgrund von Willen realisiert." (Erpenbeck, 2010, S. 18)

Hier zeigen sich sowohl die Bedeutung der Werte als auch der Stellenwert von Erfahrungen für eine Entwicklung von Kompetenzen. „Werte kann man aber nur selbst verinnerlichen, Erfahrungen nur selbst machen" (Heyse, 2010, S. 63). Für beides möchte die Wertschätzende Organisation ein Feld bieten. Sie öffnet den Weg für neue Beziehungen, neue Erfahrungen, fördert den Dialog und ermutigt zu neuen Perspektiven. Sie inspiriert zum Wachsen – durch wertschätzendes Handeln. Der Weg, dies zu realisieren, geht über den Aspekt des „Wertschätzenden Führens". Eine Wertschätzende Organisation kann nur durch einen entsprechenden Führungsstil zum Leben erweckt werden, der es sich zum Ziel gesetzt hat, das positive Potenzial aller Mitarbeiter/innen zum Vorschein zu bringen und zu integrieren.

„Appreciative Leadership is the relational capacity to mobilize creative potential and turn it into positive power – to set in motion positive ripples of confidence, energy, enthusiasm, and performance – to make a positive difference in the world" (Whitney et al., 2010, S. 3).

Die Wertschätzende Organisation setzt sich folglich aus vielen Aspekten zusammen, die stets das positive Potenzial der Menschen in den Vordergrund stellen. Dieser Prozess läuft nicht von alleine ab – Wertschätzendes Führen bzw. Organisieren bedeutet Arbeit, bewusstes Handeln und Auseinandersetzen mit den Stärken und Träumen der Menschen. Wertschätzung selbst kann sich in vielen Handlungen zeigen – allerdings setzt sie stets die Grundhaltung voraus, andere wahrzunehmen, ernstzunehmen, einzuladen und zu beteiligen.

2.2 Das Wertschätzende Erkunden

Wie bereits angemerkt, entstand die Idee der Wertschätzenden Organisation aus der Methode des Wertschätzenden Erkundens. Es handelt sich „[…] beim Wertschätzenden Erkunden um eine ressourcenorientierte Beratungsmethode, die mit Hilfe positiver Geschichten, Bilder und Metaphern aus Vergangenheit, Gegenwart und Zukunft bestimmte Zielsetzungen von Organisationen ermöglichen und/oder erreichen kann" (Deissler, 20004, S. 13). Die Grundidee liegt also darin, mit dem zu arbeiten, was an Positivem vorhanden ist, an guten Erfahrungen, Geschichten, Erlebnissen und Vorstellungen. Ziele sollten demzufolge auch aus vorhandenen Ressourcen heraus gesetzt werden, nicht aus dem Blick auf Schwächen, die man glaubt beseitigen zu müssen.

„Appreciative Inquiry is the cooperative, coevolutionary search for the best in people, their organizations, and the world around them. It involves systematic discovery of what gives life to an organization or a community when it is most effective and most capable in economic, ecological, and human terms." (Cooperrider/Whitney, 2005, S. 8)

Beim Wertschätzenden Erkunden wird nicht nach Schwächen gesucht, sondern mithilfe positiver Fragen Potenzial freigelegt. Die Grundannahme besteht darin, dass jede Organisation bzw. deren Mitglieder über einen unentdeckten Schatz an Potenzialen verfügen, der mit einer Orientierung zum Positiven gehoben werden kann.

Der vollständige Prozess des Wertschätzenden Erkundens umfasst vier Schritte:
1) Discovery – das Beste von allem, was war und jetzt ist, identifizieren und offenlegen.
2) Dream – eine klare, ergebnisorientierte Vision in Bezug auf die entdeckten Potenziale erarbeiten („What might be").
3) Design – Möglichkeiten beschreiben, wie Veränderungen in der Organisation aussehen können, um die herausgearbeitete Vision zu realisieren.

4) Destiny – Wege festlegen, um die Individuen in der Organisation zu stärken, Entwicklung zu ermöglichen und umzusetzen, was gemeinsam in den Vordergrund gestellt wurde (vgl. Cooperrider/Whitney, 2005, S. 16).

Ziel des Wertschätzenden Erkundens ist es also, Menschen zu inspirieren, die Beziehungen untereinander zu stärken und gemeinsam Veränderung bzw. Wachstum zu ermöglichen. Bei diesen Schritten kann KODE® ein weiteres Puzzleteil darstellen, da es dazu beiträgt, die persönlichen Ressourcen aufzuzeigen und greifbar zu machen. KODE® visualisiert und verdeutlicht Kompetenzen, die in der wertschätzenden Organisation von Bedeutung sind. In den Analysegesprächen kann bereits ein Bezug zwischen den persönlichen Stärken und der beruflichen Situation hergestellt und die Bedeutung herausgearbeitet werden. Aus diesem Grund stellt eine Verbindung beider Konzepte eine wunderbare Möglichkeit dar, Positives im Leben der Menschen aufzuzeigen und sowohl greifbar als auch nutzbar zu machen.

3. KODE® in der Wertschätzenden Organisation

3.1 Wertschätzung und Kompetenzentwicklung

Vielen Organisationen ist Kompetenzentwicklung bereits ein großes Anliegen – wobei immer noch ein sehr unterschiedliches Verständnis davon herrscht, was unter Kompetenzen zu verstehen ist und wie sie demzufolge zu entwickeln sind. Als „[…] Fähigkeiten einer Person zum selbstorganisierten, kreativen Handeln in für sie bisher neuen Situationen […]" (Erpenbeck, 2010, S. 15) verstanden, können und müssen sie durchaus gezielt angeregt, entwickelt und trainiert werden (vgl. Heyse, 2015, S. 27).
Trainings und Coaching sind eine wichtige Möglichkeit, Kompetenzentfaltung anzuregen. Nicht vergessen werden darf dabei die Kompetenzentwicklung am Arbeitsplatz (vgl. Erpenbeck, 2015, S. 8). Im Prozess der täglichen Arbeit können viele Chancen liegen, wie sie vor allem eine Wertschätzende Organisation durch ihre Offenheit und Ermutigung zur Teilnahme ermöglicht. Entwicklung kann nur dort stattfinden, wo ihr Raum gegeben wird.
Auch Veenhoven (vgl. 2000, S. 4ff) schreibt in seinem Konzept von Lebenszufriedenheit den Chancen, die sich im Außen bieten, Bedeutung zu, gleichsam aber auch den „inneren Qualitäten", der Fähigkeit, mit Situationen bzw. Problemen umzugehen. Hier nimmt er indirekt Bezug auf die verschiedenen Kompetenzen.

Abb. 1: Lebenszufriedenheit nach Veenhoven (2000)

Outer qualities – Umwelt		Inner qualities – Persönliches
Life chances Chancen im Leben	*Livability of environment* Lebensqualität (Wohnort, etc.)	*Life-ability of the person* Fähigkeit, mit Problemen umzugehen
Life results Ergebnisse	*Utility of life* Sinn des Lebens	*Satisfaction with life* Zufriedenheit mit dem eigenen Leben

Es bedarf also sowohl realer Chancen und Möglichkeiten – hier sind die Organisationen gefragt, diese zu bieten – als auch persönlicher Kompetenzen, um mit den Situationen des Lebens umzugehen. An dieser Stelle ist die Kompetenzentwicklung bedeutend, die in Organisationen unterstützt werden kann. Selbstverständlich sind nicht die Organisationen alleine verantwortlich für Entwicklung – Menschen müssen vom Wunsch sich zu entwickeln geleitet werden, es muss ihr Anliegen sein, ihre Motivation. Entwicklung vorzuschreiben kann nicht zum Erfolg führen. Den Wunsch nach Entwicklung zu wecken, ist der Schlüssel.

Damit sich Kompetenzen entwickeln können, benötigt es also einen Rahmen; Möglichkeiten, Chancen, die geboten, aber auch gesehen und ergriffen werden. Trainings, Coaching, neue Aufgaben und Herausforderungen am Arbeitsplatz – all das zählt dazu, genügt aber noch nicht ganz. Tatsächliche Entwicklung, wirkliches Lernen findet dann statt, wenn Dinge mit Begeisterung getan werden (vgl. Hüther, 2011, S. 92ff). Hier schließt sich der Kreis zur Wertschätzenden Organisation: Menschen zu inspirieren, zu begeistern, ihre Handlungen zu schätzen birgt das wahre Potenzial zur Entwicklung. Um dieses zu heben bietet die Wertschätzende Organisation unterschiedliche Möglichkeiten, die sowohl Coaching und Training als auch neue Erfahrungen am Arbeitsplatz einschließen. Großen Einfluss darauf haben Management und Vorgesetzte, die es in der Hand haben Möglichkeiten und Perspektiven zu bieten, Chancen zu eröffnen und sie ihren Mitarbeiter/inne/n auch zu kommunizieren.

Auch Wolf et al. heben hervor, dass Beschäftigte in einer wertschätzenden Organisationskultur besonders motiviert sind, sich selbst weiterzuentwickeln, und dass Kompetenzentwicklungsmaßnahmen vor allem auch eine intergenerationale Zusammenarbeit innerhalb des Unternehmens fördern (vgl. Wolf et al., 2015, S. 8). Der Wunsch sich selbst weiterzuentwickeln ist zentral und kann nur in einem wertschätzenden und förderlichen Umfeld auch realisiert werden.

Menschen zu begeistern und zu inspirieren gelingt kaum, wenn ihnen ständig ihre Schwächen vor Augen gehalten werden. Wichtiger ist es, einander einzuladen, zu ermutigen und gemeinsam zu entdecken, was es zu entdecken gibt (vgl. Hüther, 2011, S. 117).

„"Supportive leadership' heißt dieses neue Modell in der Wirtschaft. Und überall dort, wo diese wertschätzende, unterstützende und gleichzeitig zu Höchstleistungen ermutigende und anspornende Beziehungskultur entwickelt wird, sprechen die Erfolge für sich" (Hüther, o.J., o.S.).

Wertschätzung und Kompetenzentwicklung sind folglich eng miteinander verknüpft, wobei Wertschätzung nicht nur im Äußern von Anerkennung gesehen werden sollte, sondern ebenfalls im Eröffnen von Möglichkeiten, im Einladen zur gemeinsamen Gestaltung und im Bieten von Unterstützung. Verantwortung übertragen zu bekommen und Teil von etwas Wichtigem, Großem zu sein, empfinden Menschen als deutlich wertschätzender als eine Auszahlung von Boni.

Da Wertschätzung und Kompetenzentwicklung so eng miteinander verflochten sind, wurde diese Verbindung in ein Entwicklungsprogramm für junge Führungskräfte aufgenommen. Die Praxis sollte zeigen, inwiefern die vielen theoretischen Aspekte über positive Orientierung und Ressourcenarbeit tatsächlich Anwendung finden und zum Erfolg führen können.

3.2 Wertschätzendes Erkunden bei jungen Führungskräften

Im Rahmen eines Kompetenzentwicklungsprojektes für junge Führungskräfte eines großen Unternehmens wurde die Verknüpfung von KODE® und Wertschätzendem Erkunden als Ausgangspunkt für sowohl eine persönliche Weiterentwicklung der Führungskräfte als auch für einen Aufbau einer Wertschätzenden Organisation genommen. Ziel war es somit zum einen, die jungen Führungskräfte auf ihrer Reise in ihre neue Funktion und Aufgaben zu begleiten, sie zu inspirieren und beim Entwickeln ihrer Kompetenzen zu unterstützen – auf der anderen Seiten sollten sie Möglichkeiten erkennen, ihre eigenen Fachbereiche im Sinne der Wertschätzenden Organisation zu gestalten und ihre Mitarbeiter/innen auf diese Reise mitzunehmen.

Der Zeitraum des Projektes umfasste ca. ein Jahr vom Beginn der Definition der Ziele und Kompetenzprofile bis zum gemeinsamen Abschluss.

Projektablauf und Stellenwert von KODE®

Die Basis des Projekts bildete das KODE®-Selbstbild, welches die persönlichen Kompetenzausprägungen aufzeigt und damit den Ausgangspunkt für alle weiteren Schritte lieferte. In Einzelgesprächen wurde zunächst besonderes Augenmerk auf die jeweiligen Stärken und die damit verbundenen Möglichkeiten gelegt. Hierbei wurde besonders darauf geachtet, dass die Führungskräfte selbst ihre größten Stärken aus ihren Ergebnissen herausfilterten und deren Bedeutung für sie persönlich benennen konnten. Hintergrund dieses Herangehens ist das positive Selbstbild, die Selbstbejahung, die wesentlich für eine positive Entwicklung ist.

Manfred Spitzer fasst in seinem Buch „Aufklärung 2.0" (2010) unterschiedliche Studien über Schüler/innen zusammen und kommt zu folgendem Schluss. Etwas Positives über sich selbst zu denken, unabhängig davon, welchen Bereich es betrifft, steigert die Leistung insgesamt, was in weiterer Folge zu einem noch besseren Selbstbild und damit zu nachhaltig besseren Leistungen führt. Bedeutend dabei ist, dass es sich bei der Selbstbejahung um etwas handelt, das der Person wirklich wichtig ist (vgl. Spitzer, 2010, S. 57). Wenn das für Schülerinnen und Schüler gilt, warum dann nicht auch für Erwachsene? Da wir nie aufhören zu lernen, sollten wir auch nicht aufhören Positives über uns zu denken. Diese Gedanken bildeten den Grundstein für den ersten wichtigen Schritt des Entwicklungsprogramms. Sie waren Anlass dafür, die Führungskräfte dahingehend zu leiten, ihre Stärken selbst zu erkennen und deren Bedeutung zu benennen.

Für diesen Schritt stellt KODE® eine sehr gute Basis dar, da es Menschen oft schwerfällt, ihre eigenen Kompetenzen zu benennen und ihre Stärken daraus abzuleiten. Insofern findet sich in den Kompetenzprofilen ein sehr guter Ausgangspunkt, um Kompetenzen und Stärken zu konkretisieren und greifbar zu machen. Den jungen Führungskräften fiel es um einiges leichter, ihre persönlichen Stärken zu benennen und die jeweilige Bedeutung zu beschreiben.

Kritisieren könnte man, dass eine Liste vorgefertigter Stärken den Blick der Führungskräfte einschränkt und ausschließlich auf Vorhandenes fokussiert. Auf der anderen Seite ermöglicht die gegebene Vielfalt es Menschen, die sich mit ihren Stärken kaum je auseinander gesetzt haben, einen guten Anfang zu finden, ihre persönlichen Potenziale zu reflektieren und zu formulieren. Auch dieser Schritt will geübt sein und fällt mit Unterstützung leichter. So kann KODE® als wichtiger Impulsgeber gesehen werden, der nicht limitiert oder festschreibt, sondern neue Perspektiven eröffnet und zu Entwicklung einlädt.

In einem zweiten Schritt wurden im Rahmen des Gesprächs individuelle Ziele formuliert, und zwar sowohl im Bereich der Entwicklung von Kompetenzen als auch in Bezug auf den Einsatz der für die Teilnehmer bedeutsamen Stärken. Dem Erstgespräch, dem Analysegespräch des Selbstbildes, folgten über einen Zeitraum von neun Monaten drei weitere Gespräche, in denen die Entwicklungen und Erkenntnisse reflektiert und mögliche weitere Schritte definiert wurden.

Die Zwischengespräche fanden alle als individuelle Coachings statt, um sowohl die Kompetenzentwicklung als auch die Führungsthemen zu begleiten. Besonderes Augenmerk wurde wiederum jeweils darauf gelegt, welche konkreten Stärken die Führungskräfte an sich sahen und weshalb sie jeweils bedeutend sind. Zentral waren bei jedem Gespräch außerdem die Erfolge, welche die jungen Führungskräfte bisher für sich verbuchen konnten.

Parallel zu den Einzelgesprächen wurden die Führungskräfte zu Workshops eingeladen, in denen sie, im Sinne der wertschätzenden Organisation bzw. des wertschätzenden Erkundens, ihren Fokus auf die folgenden Fragestellungen richteten:

1) Was ist aufgrund des Einsatzes meiner Kompetenzen und Stärken bisher an Positivem im Unternehmen entstanden?
2) Wann gehe ich mit einem guten Gefühl nach Hause?
3) Wie muss ein Tag sein, damit ich ihn als erfolgreich bezeichne?

Im Detail wurden zunächst diese positiven Fragen, die dem ersten Schritt im Zyklus des Wertschätzenden Erkundens entsprechen, in Kleingruppen gemeinsam diskutiert. Vor allem die letzte Frage war für die jungen Führungskräfte von besonderer Bedeutung. Die Antworten, die ihm Rahmen des Workshops auf Flipcharts erarbeitet wurden, waren folgende:

- Aufgaben positiv abschließen
- positives Feedback erhalten und geben, Anerkennung, Wertschätzung
- Nachhaltigkeit
- wenn wir und unsere Mitarbeiter Spaß an der Arbeit haben
- richtige Team-Zusammenstellung
- vorhandene Rahmenbedingungen
- proaktives Einbringen der Mitarbeiter
- Aufgabenverteilung im Team ist richtig gewählt
- Teamgeist, Team-Events, motiviertes Team
- Veränderungen/Neues ausprobieren
- Flexibilität
- vorbereitet agieren können
- vorbereitete Projekte werden genehmigt
- Vertrauen von Vorgesetzten und Umfeld
- herausfordernde Ziele
- hoher Nutzen

Daraufhin wurden die Ausarbeitungen um den Aspekt erweitert, wie die Führungskräfte mit ihren jeweiligen Stärken konkret zu diesen Situationen beitragen. Aufgrund der individuellen Vorgespräche gelang dieser Schritt sehr gut und die erfolgreichen Tage wurden somit persönlicher und auch positiver belegt. Bedeutend zeigte sich, dass den jungen Führungskräften ihr eigener Beitrag dazu noch bewusster wurde. Es muss nicht nur Mühe und Anstrengung sein – durch den Einsatz ihrer Stärken haben sie großen Anteil an den Tagen, an denen vieles leicht fällt und sie mit einem guten Gefühl nach Hause gehen. Erfolg liegt nicht allein in ihren Händen, aber sie gestalten ihn mit. Diese Erkenntnis war für viele motivierend.

Im Prozess des Erarbeitens wurden den jungen Führungskräften somit zum einen die vielen positiven inhaltlichen Aspekte ihrer Arbeit bewusst – zum anderen entstand durch die Auseinandersetzung eine sehr positive Arbeitsatmosphäre. Die gedankliche Orientierung hin zu den eigenen Stärken und zu bereits erfolgreichen Situationen brachte eine gewisse Leichtigkeit in den Prozess, das Gefühl handlungsfähig zu sein und damit auch die Motivation weiterhin aktiv zu gestalten und zu verändern, anstatt nur zu managen und auszugleichen.

Entsprechend des zweiten Schritts des Wertschätzenden Erkundens („dream") wurde schlussendlich noch herausgearbeitet, „was noch alles sein könnte" – „what might be". Wie könnten künftig erfolgreiche Tage noch aussehen, was könnte noch entstehen, welche Entwicklungen wären noch möglich? Auch in diesem Prozessschritt wurde mitbetrachtet, wie die jungen Führungskräfte ihre Stärken nutzen können, um diese Visionen umzusetzen und deutlich öfter erfolgreiche Tage zu erleben, die sie mit einem guten Gefühl nach Hause gehen lassen. Im Fokus stand wiederum deren Möglichkeit, ihren Arbeitsalltag aktiv zu gestalten.

Die erarbeiteten Ergebnisse aus den Workshops wurden in die individuellen Gespräche mit den Führungskräften eingebunden und regelmäßig reflektiert. Somit wurden Schritt drei und vier des Wertschätzenden Erkundens in die Einzelgespräche mitgenommen, auch wenn sie natürlich in den Workshops gut Platz gefunden hätten. Da die Arbeitsbereiche der jungen Führungskräfte allerdings sehr unterschiedlich strukturiert sind, wurde die Entscheidung getroffen, die Punkte individuell zu erarbeiten und erst am Ende des Prozesses sämtliche Erfahrungen und Erkenntnisse zusammenzuführen.

In einem Abstand von etwa drei Monaten fanden Einzelgespräche mit den Führungskräften statt, in denen ihre Ziele und der Einsatz ihrer Stärken reflektiert wurden. Zudem wurden kritische Situationen besprochen und Wege erarbeitet, diesen zu begegnen.

Sämtliche Gespräche waren stets vertraulich. Es stand den Führungskräften offen, mit ihren eigenen Vorgesetzten über diese zu reden. Die Vorgesetzten wurden insofern in den Prozess eingebunden, als sie anonymisierte Übersichten der Auswertungsergebnisse der Kompetenzanalysen erhielten und in offenen Gesprächsrunden mögliche Unterstützung für ihre Mitarbeiter/innen diskutierten.

Die Vorgesetzten mit auf diese Reise der Entwicklung zu nehmen ist ein bedeutender Erfolgsfaktor. Nur wenn die jeweiligen Schritte und Orientierungen der Führungskräfte auch Unterstützung durch deren Vorgesetzte finden, lassen sich Veränderungen nachhaltig implementieren. Ändern sich Menschen, ändern sich unter Umständen auch Beziehungen. Sich gemeinsam zu verändern schafft die bessere Möglichkeit, die Beziehungen auch gemeinsam neu zu gestalten.

Seinen Abschluss fand das Projekt in einer erneuten Analyse des Selbstbildes und einem letzten gemeinsamen Workshop, in dem die in diesem Jahr aufgetreten Veränderungen besprochen und hinterfragt wurden. Anonymisiert wurden sämtliche Veränderungen in der Gruppe visualisiert und gemeinsam analysiert. Besondere Auffälligkeiten fanden ebenso Beachtung wie stabile Verläufe.

Auch wenn das Programm somit einen positiven Abschluss fand, befinden sich die jungen Führungskräfte in einem Prozess, der nicht abgeschlossen werden sollte und den sie, laut ihrem Feedback, auch bewusst weiterführen wollen.

4. Zusammenfassung

In diesem Projekt wurde bewusst eine Verknüpfung zwischen der Wertschätzenden Organisation bzw. dem Wertschätzenden Erkunden und KODE® hergestellt. Hintergrund war, KODE® als Impulsgeber für die zielgerichtete Arbeit mit Stärken zu nutzen und jungen Führungskräften den Schritt zum Bewusstwerden der eigenen Fähigkeiten zu erleichtern. Sie sollten zudem die Bedeutung ihrer Stärken erkennen und somit ihr positives Selbstbild festigen.

Abb. 2: Der Prozess – KODE® im Wertschätzenden Erkunden

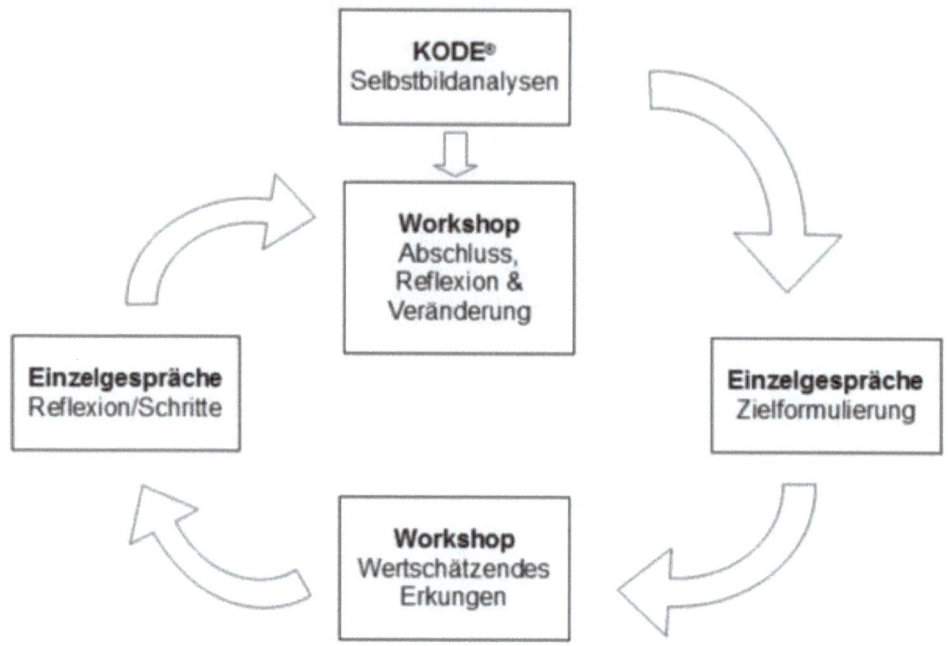

Das Resultat war eine unglaublich positive Arbeitsatmosphäre, eine Aufbruchstimmung und auch viel Erleichterung, sich nicht ständig verbessern zu müssen, nicht nur die eigenen Schwächen vorgehalten zu bekommen, sondern das nutzen zu können, was einem liegt und gefällt, worin man gut ist.

Die zu Beginn des Projekts geäußerte Befürchtung mancher Vorgesetzter, die jungen Führungskräfte würden sich bei einer reinen Betrachtung der Stärken nicht weiterentwickeln, bestätigte sich nicht. Im Gegenteil, die Möglichkeit die eigenen Stärken vermehrt und besser einzusetzen führte zu umfassenden Veränderungen und vor allem zu mehr Begeisterung – für sowohl eine Umgestaltung ihrer eigenen Bereiche als auch für eine persönliche Entwicklung.

Diese positive Stimmung gilt es nach Möglichkeit zu erhalten bzw. immer wieder in Erinnerung zu rufen, da sie ganz besondere Kräfte freisetzt. Wer verändern will, sollte den Wunsch nach Veränderung wachrufen und die Menschen begleiten, die einen solchen Weg gehen wollen.

Als Ausblick kann noch hinzugefügt werden, dass der Aspekt des „Wertschätzenden Führens" künftig stärker in eine Workshop-Reihe integriert werden könnte. Gerade für junge Führungskräfte ist die Auseinandersetzung mit den verschiedenen Führungsthemen, -stilen und -aufgaben entscheidend. Positive Wege zu finden, sich selbst und das eigene Team zu führen und zu entwickeln ist ein wichtiger Baustein der Wertschätzenden Organisation.

Zusätzlich könnte der Aspekt der kulturellen Vielfalt im wertschätzenden Führen bewusst deutlicher hervorgehoben werden, um den Anforderungen und Herausforderungen im Hinblick auf die Integration anderer Kulturen besser begegnen zu können und die darin liegenden Potenziale nutzbar zu machen.

Literatur

Anderson, Harlene/Cooperrider, David/Gergen, Kenneth J./Gergen, Mary M./McNamee, Sheila/Whitney, Diana (2004): Die Wertschätzende Organisation. In: Deissler, Klaus G./ Gergen, Kenneth J. (Hrsg.): *Die Wertschätzende Organisation*. Bielefeld: transcript.

Cooperrider, David L./Whitney, Diana (2005): Appreciative Inquiry. A Positive Revolution in Change. San Francisco: Berrett-Koehler Publishers.

Deissler, Klaus G. (2004): Vorwort. In: Deissler, Klaus G./Gergen, Kenneth J. (Hrsg.): *Die Wertschätzende Organisation*. Bielefeld: transcript.

Erpenbeck, John (2010): Kompetenzen – eine begriffliche Klärung. In: Heyse, Volker/Erpenbeck, John/Ortmann, Stefan (Hrsg.): *Grundstrukturen menschlicher Kompetenzen. Praxiserprobte Konzepte und Instrumente* (S. 13–19). Münster: Waxmann.

Erpenbeck, John/Sauter, Werner (2013): *So werden wir lernen. Kompetenzentwicklung in einer Welt fühlender Computer, kluger Wolken und sinnsuchender Netze*. Berlin-Heidelberg: Springer.

Heyse, Volker (2010): Verfahren zur Kompetenzermittlung und Kompetenzentwicklung. KODE® im Praxistest. In: Heyse, Volker/Erpenbeck, John/Ortmann, Stefan (Hrsg.): *Grundstrukturen menschlicher Kompetenzen. Praxiserprobte Konzepte und Instrumente* (S. 55–174). Münster: Waxmann.

Heyse, Volker (2015): Wissen gleich FachKompetenz? Zur Vermessung der Schulwelt und des Schülergedächtnisses. In: Heyse, Volker/Erpenbeck, John/Ortmann, Stefan (Hrsg.): *Kompetenz ist viel mehr. Erfassung und Entwicklung von fachlichen und überfachlichen Kompetenzen in der Praxis* (S. 19–66). Münster: Waxmann.

Hüther, Gerald (2011): *Was wir sind und was wir sein könnten. Ein neurobiologischer Muntermacher*. Frankfurt am Main: Fischer.

Hüther, Gerald (o.J.): *Auf die Atmosphäre kommt es an – Erkenntnisse und Konsequenzen für das Gelingen von Bildungsprozessen aus der Hirnforschung*. Abrufbar unter: http:// www.staff.uni-giessen.de/~gk1189/sfa/pdf/prof_dr_g_huether_-_auf_die_atmosphaere_ kommt_es_an.pdf [06.09.2016].

Spitzer, Manfred (2010): *Aufklärung 2.0. Gehirnforschung als Selbsterkenntnis*. Stuttgart: Schattauer.

Veenhoven, Ruut (2000): The four qualities of life: Ordering Concepts and Measures of the Good Life. *Journal Of Happiness Studies*, 1/2000, 1–39. Abrufbar unter: http://www2. eur.nl/fsw/research/veenhoven/Pub2000s/2000c-full.pdf [06.09.2016].

Whitney, Diana/Trosten-Bloom, Amanda/Rader, Kae (2010): *Appreciative Leadership: Focus on What Works to Drive Winning Performance and Build a Thriving Organization*. McGraw Hill.

Wolf, Daniel/Dornaus, Christina/Wendelken, Anke/Staples, Ronald/Schütz, Astrid (2015): Wertschätzung – ein Erfolgsfaktor für Kompetenzentwicklung und Qualifizierung im demografischen Wandel. In: *praeview, Nr.1/2015*.

Autorinnen und Autoren

Dr. Wolfgang Bornträger, Diplom-Kaufmann, war 23 Jahre als Personaldirektor, Geschäftsführer und Vorstand in Industrie- und Dienstleistungsunternehmen tätig. Seit 2002 Zusammenarbeit mit international tätigen Wirtschafts- und Personalberatungen, seit 2009 Partner der HR Excellence Group GmbH. Er verfügt über vielfältige und langjährige Erfahrungen als Führungskraft und in der Durchführung von Projekten im Rahmen der Suche, Auswahl, Entwicklung und Begleitung von Führungskräften in Organisationen und Unternehmen. Er ist lizenzierter Berater für KODE® und KODE®X; das Verfahrenssystem wird von ihm im Rahmen von Personalauswahlprozessen, dem Karrierecoaching, bei Personal- und Organisationsentwicklungsmaßnahmen und bei Nachfolgeplanungen eingesetzt und weiterentwickelt.

Prof. Dr. John Erpenbeck hat seit 2007 den Lehrstuhl Kompetenzmanagement an der Steinbeis School of International Business and Entrepreneurship GmbH (SIBE) der Steinbeis-Hochschule Berlin inne. Zuvor war er Bereichsleiter Grundlagenforschung des QUEM-Projekts (Qualifikations-Entwicklungs-Management) und Research Professor am Center for Philosophy of Science, Pittsburgh. Er arbeitete zu philosophischen, historischen und wissenschaftstheoretisch-methodologischen Problemen der Psychologie kognitiver, emotional-motivationaler und willensgesteuerter Prozesse und publizierte zahlreiche Bücher zum Kompetenzmanagement.

Gunvald Herdin studierte Betriebswirtschaftslehre an der Universität Münster. Er ist Projektmanager bei der Bertelsmann Stiftung und im Programm „Lernen für's Leben" tätig. Er leitet das Projekt „Berufliche Kompetenzen erfassen" und befasst sich im Projekt „Weiterbildung für Alle" mit der Anerkennung nonformal und informell erworbener Kompetenzen. Vor seiner Zeit bei der Bertelsmann Stiftung arbeitete er bei der CHE Consult GmbH als Projektleiter, wo er Hochschulen, Stiftungen und Ministerien in Fragen des Hochschulmanagements beriet.

Prof. Dr. Volker Heyse ist Geschäftsführender Gesellschafter mehrerer Personalentwicklungs-Beratungsunternehmen (ACT SKoM GmbH, CeKom GmbH, TfP, AdRem) und Gründungsrektor der staatlich anerkannten privaten Fachhochschule des Mittelstands (FHM) Bielefeld. Auf dem Gebiet der Kompetenz- und Stärkenentwicklung lehrt er im In- und Ausland und ist Autor und Herausgeber zahlreicher Bücher. Im Jahre 2008 gründete er die gemeinnützige HEYSE STIFTUNG „Menschenbilder – Menschenbildung" (www.heysestiftung.de).

Dr. Rita Knobel-Ulrich, geboren in Frankfurt am Main ist deutsche Autorin und Filmemacherin. Nach dem Studium der Slawistik, Politikwissenschaft und Geschichte in Hamburg und Studienaufenthalten in Leningrad und Moskau promovierte sie zum Dr. phil. in Politikwissenschaften. Sie macht Dokumentationen, Reportagen und Features aus dem Inland und Ausland für viele öffentlich-rechtliche Sender in europäischen Ländern und u.a. in Argentinien, Ägypten, Chile, China, in Israel, Indien, Iran, Jemen, Kuba, Kongo, Kasachstan, Libyen, der Mongolei, Nepal, Russland, Simbabwe, Südafrika, Taiwan, den USA, Usbekistan und Vietnam.

Derzeit arbeitet sie an einem Film für ZDF zoom über „Bürokratie und Integration von Flüchtlingen". Bisherige Filme zur Flüchtlingsfrage: „Ein Staat – zwei Welten? Einwanderer in Deutschland" 2015 für ZDF zoom und „Integrations-Wirrwarr – Große Pläne, kleine Schritte" 2016 ebenfalls für ZDF zoom.

Susanne Krauß, Magistra Artium in Philosophie, Soziologie, Psychologie, Mitarbeiterin der Ziola GmbH Eisenach in Thüringen. Seit Juni 2016 betreut sie ein Pilotprojekt zur Integration von Geflüchteten und Asylsuchenden.

Von 2012 bis 2015 arbeitete sie in Projekten mit dem Schwerpunkt Jugendcoaching bzw. kompetenzbasierte und ressourcenorientierte Lebens- und Berufsberatung von Jugendlichen unter 25 Jahren. Des Weiteren war sie freie Mitarbeiterin in Projekten zur Berufs- und Studienorientierung für Schülerinnen und Schüler an Regelschulen und Gymnasien sowie zu schulbezogener Jugendsozialarbeit.

Virginia Moukouli ist Partnerin der HR Excellence Group GmbH und auf die Bereiche Kompetenzmanagement, Evaluierung, Organisationsentwicklung und Diversity Management spezialisiert. Als Sozialwissenschaftlerin ist sie seit über 15 Jahren in der Politikberatung aktiv und verfügt über jahrelange Erfahrungen in der Durchführung von Forschungs-, Evaluierungs- und Organisationsentwicklungsprojekten zu Themen der Sozial- und Migrationspolitik. Sie ist lizensierte Beraterin für KODE® und KODE®X; das Verfahrenssystem wird von ihr im Rahmen von Forschungsprojekten und bei Personal- und Organisationsentwicklungsmaßnahmen eingesetzt und weiterentwickelt.

MMag. Dr. Johanna Mutzl ist selbständige Trainerin und Beraterin und begleitet Unternehmen bei Kommunikations- und Entwicklungsprozessen. Ihre Schwerpunkte liegen in der internen interpersonalen Organisationskommunikation und im erfahrungsorientierten Arbeiten. Sie ist nebenbei als externe Lehrbeauftragte an der Universität Klagenfurt tätig und widmet sich dabei vorwiegend Themen der kommunikativen Kompetenz. Der Leitsatz „Entwicklung durch Erfahrung" begleitet sämtliche Prozesse der Kompetenzentwicklung und Potenzialentfaltung.

Stefan Ortmann ist Mitglied der Geschäftsführung der ISB Information und Kommunikation GmbH & Co. KG, die verantwortlich für die Entwicklung von Kompetenzmanagement-Tools, wie z.B. Competenzia, zeichnet. Des Weiteren ist er Autor diverser Publikationen im Zusammenhang mit Kompetenzmanagement und arbeitet bei der Herausgabe der Waxmann-Reihe „Kompetenzmanagement in der Praxis" mit. Im Team von Prof. Dr. Heyse und Prof. Dr. Erpenbeck ist sein Arbeitsschwerpunkt die algorithmische Umsetzung der KODE®/KODE®X Verfahren.

Johannes Sauer, geboren 1942 in Berlin, Dipl. Volkswirt. Bis 2005 Referatsleiter im Bundesministerium für Bildung und Wissenschaft. Umfangreiche Publikationen zur Weiterbildung und beruflichen Kompetenzentwicklung. Tritt für die Transformation von Weiterbildung und beruflicher Bildung zu neuen Lernkulturen ein.

Prof. Dr. Louis Henri Seukwa, Professor für Erziehungswissenschaften an der Fakultät für Wirtschaft und Soziales der Hochschule für Angewandte Wissenschaften Hamburg; Arbeitsschwerpunkte: erziehungswissenschaftliche Migrationsforschung, Postkoloniale Theorien, Resilienz- und Bildungsforschung unter Bedingungen von Flucht und Asyl, interkulturelle Bildungsforschung, Bildungsprozesse im nonformalen und informellen Sektor.

HProf. Mag. Amena Shakir ist Institutsleiterin des Instituts für die Aus-, Fort- und Weiterbildung islamischer Religionslehrer/innen an der Kirchlichen Pädagogischen Hochschule Wien (KPH). Sie lehrt Islamische Fachdidaktik und Religionspädagogik, bietet Lehrveranstaltungen im Bereich des interkulturellen Lernens an und ist Herausgeberin der Schulbuchreihe „Islamstunde" im österreichischen Veritas-Verlag. Sie ist weiterhin in vielen interreligiösen Projekten tätig und hat den Lehrgang „Interkulturelle Kompetenz und Mediation" an der KPH mitentwickelt (http://www.kphvie.ac.at/institute/zentrum-fuer-weiterbildung/ueberblick-lehrgaenge/interreligioese-kompetenz-und-mediation.html).

HS-Prof. Said Topalovic, M.A., hat Erziehungswissenschaften und Religionspädagogik in Wien und Salzburg studiert und ist Lehrender an der Kirchlichen Pädagogischen Hochschule Wien/Krems (Institut IRPA – Islamische Religionspädagogische Aus-, Fort- und Weiterbildung). Seine Forschungsschwerpunkte liegen im Bereich der Sozialpädagogik, Interkultureller Pädagogik, Interreligiösen Lernens und der Lehr- und Lernforschung. Er ist Autor der kompetenzorientierten Schulbuchreihe „Islamstunde" im Veritas-Verlag Wien.

Kai Vöcking, Jahrgang 1963, studierte Betriebswirtschaft an der Fachhochschule in Münster. Als Unternehmensberater beriet er einige Jahre als Angestellter und auch selbstständig Unternehmen bei Personalsuche und -entwicklung. Von 2006 bis 2015 arbeitete er als Betriebsstättenleiter bei einem bundesweit agierenden Bildungsträger, bei dem er auch heute wieder als Leiter eines Bildungszentrums tätig ist. In Zeiten des Flüchtlingsansturms wechselte er 2015 kurzzeitig zu einem sozialen Träger, bei dem er die Leitung der größten Thüringer Erstaufnahmeeinrichtung für Flüchtlinge in Gera-Ernsee übernahm.

Roman Wink studierte an der Universität Osnabrück nach seinem sozialwissenschaftlichen Bachelor den Master Internationale Migration und Interkulturelle Beziehungen. Bei der Bertelsmann Stiftung ist er seit 2016 als Projektmanager im Programm „Lernen für's Leben" im Projekt „Berufliche Kompetenzen erfassen" tätig. Vor seiner Zeit bei der Bertelsmann Stiftung war Roman Wink beim kommunalen Beschäftigungsträger Netzwerk Lippe gGmbH im Rahmen des IQ-Netzwerks tätig. Neben der Anerkennungs- und Qualifizierungsberatung war er insbesondere für die Entwicklung und Umsetzung eines anwendungsorientierten Kompetenzfeststellungsverfahrens für im Ausland erworbene Berufsqualifikationen zuständig.

Maria-Anna Ziola ist geschäftsführende Gesellschafterin der Ziola GmbH – ihr ganz persönliches Schulungshaus – in Eisenach und Gotha in Thüringen. Das Unternehmen hat sie im April 1991 gegründet. Neben der geschäftsführenden Tätigkeit in der Ziola GmbH coacht sie in Unternehmen Einzelpersonen und Teams bundesweit, leitet u.a. Strategieworkshops, moderiert Veränderungsprozesse und führt Personalentwicklungskonzepte ein. Maria-Anna Ziola hat eine Ausbildung als Arzthelferin, holte das Abitur auf dem zweiten Bildungsweg nach und hat für das Lehramt an Gymnasien die Fächer Germanistik, Geschichte und Philosophie in Hamburg studiert. Weiter legte sie das 2. Staatsexamen für das Lehramt an Gymnasien in Marburg ab.

Volker Heyse (Hrsg.)

Aufbruch in die Zukunft

Erfolgreiche Entwicklungen von Schlüsselkompetenzen in Schulen und Hochschulen. Aktuelle persönliche Erfahrungen aus Deutschland, Österreich und der Schweiz

2014, 496 Seiten, hardcover, 59,90 €, ISBN 978-3-8309-3052-5

E-Book: 53,99 €, ISBN 978-3-8309-8052-0

36 namhafte Autorinnen und Autoren aus Deutschland, Österreich und der Schweiz legen ihre persönlichen Erfahrungen bei der Entwicklung von Schlüsselkompetenzen in Schulen, Hochschulen, Weiterbildungsinstituten anschaulich dar. Dabei wird deutlich, dass die zunehmend stark geforderte Neuausrichtung dieser Organisationen an vielen Stellen schon begonnen hat, jedoch noch zu wenig in der Öffentlichkeit kommuniziert und nachhaltig unterstützt wird.

Das Buch verfolgt das Ziel, durch die eingefangene Breite generelle Entwicklungsstränge sichtbar zu machen, konkrete Kompetenzentwicklungen und deren Validierung sowie Zertifizierung anzuregen und laufende Gestaltungen öffentlich zu verbreiten und zu stärken.

www.waxmann.com

Ines Langemeyer

Das Wissen
der Achtsamkeit

Kooperative Kompetenz in komplexen Arbeitsprozessen

2015, 280 Seiten, br., 34,90 €,
ISBN 978-3-8309-3308-3
E-Book: 30,99 €,
ISBN 978-3-8309-8308-8

Kompetenz umschließt Wissen und Können. Doch was bedeutet dies in der Kooperation? In wissenschaftlich-technologischen Projekten entstehen heute Risiken, die ein Einzelner vielleicht noch vorherzusehen, aber niemals allein zu kontrollieren vermag. Das *knowing*, das Wissen-Wie, eines kompetenten Teams wird entscheidend, wenn die Komplexität in Arbeitsprozessen wächst. Die Kooperateure brauchen ein bestimmtes Wissen-in-Praxis, mit dem sie ihre Aufmerksamkeit rechtzeitig auf akute und zukünftige Probleme richten können. Ihre Geistesgegenwart wird Achtsamkeit (*mindfulness*) genannt. Welches Wissen achtsames Handeln in der Zusammenarbeit ermöglicht und wie es sich entwickeln lässt, ist Gegenstand der vorliegenden Untersuchung.

BAND 7

Karl Kreuser, Volker Heyse,
Thomas Robrecht (Hrsg.)

Mediationskompetenz

Mediation als Profession etablieren. Theoretischer Ansatz und zahlreiche Praxisbeispiele

*2012, 208 Seiten, br., 29,90 €,
ISBN 978-3-8309-2605-4*

*E-Book: 26,90 €,
ISBN 978-3-8309-7605-9*

Durch Wertewandel, Globalität, Migration und steigenden Individualismus ergeben sich auf gesellschaftlicher und kultureller Ebene, aber auch in Unternehmen, Schulen oder Kommunen immer häufiger Situationen, in denen zwischen scheinbar unvereinbaren Positionen vermittelt werden muss. Der Bau des Bahnhofs „Stuttgart 21" ist eines der prominentesten Beispiele, in denen die Fronten verhärtet waren, und erst vermittelndes Eingreifen durch einen Schlichter Aussicht auf eine Konfliktlösung bot.

Seither ist das Konzept der Mediation zunehmend in den gesellschaftlichen Fokus gerückt. Die Möglichkeiten von Mediation und die Frage, wie Mediationskompetenz bestimmt werden kann, stehen im Zentrum dieses Bandes. Empirische Daten aus dem Bereich professioneller Mediation sowie Beispiele aus der Mediationspraxis werden hierzu herangezogen. Die Verwendung praxiserprobter Instrumente des Kompetenz-Explorers (KODE®X) ermöglicht es, Schlüsselkompetenzen zu trainieren und in mediatives Handeln umzusetzen.

BAND 8

Volker Heyse, Arnulf D. Schircks (Hrsg.)

Kompetenzprofile in der Humanmedizin

Konzepte und Instrumente für die Ausrichtung von Aus- und Weiterbildung auf Schlüsselkompetenzen

2012, 226 Seiten, br., 38,00 €,
ISBN 978-3-8309-2748-8
E-Book: 33,99 €,
ISBN 978-3-8309-7748-3

In der Aus- und Weiterbildung zukünftiger ärztlicher Generationen erhalten die Anforderungen an Schlüsselkompetenzen – neben Fachwissen und humanmedizinischen Fertigkeiten – einen immer höheren Stellenwert. Doch welche Kompetenzprofile werden im Bereich Humanmedizin seitens des Arbeitsmarktes in den verschiedenen humanmedizinischen Berufen verlangt? Inwiefern entspricht die bestehende Aus- und Weiterbildung diesen Ansprüchen? In einer bisherigen Einmaligkeit werden in diesem Buch diese Fragen beleuchtet und zur Diskussion gestellt. Die für den ärztlichen Beruf unabdingbaren Fähigkeiten werden dabei im Einzelnen dargelegt. Den Abschluss des Buches bildet ein Dialog, der unterschiedliche mentale Modelle zu dieser Gesamtproblematik aufweist – und schließlich die gemeinsame Reflexion grundsätzlicher Notwendigkeiten des Umdenkens. Insofern begegnen sich in diesem Buch Gegenwart und Zukunft, laute und leise Richtungsangaben. In der ärztlichen Aus- und Weiterbildung, in Theorie und Praxis zeigen sich neue Entwicklungen und Qualitäten eines ehrwürdigen Berufsstandes, der sich gegenüber künftigen Herausforderungen jung und dynamisch erweist.

BAND 9

Volker Heyse, John Erpenbeck,
Stefan Ortmann (Hrsg.)

Kompetenz ist viel mehr

Erfassung und Entwicklung von
fachlichen und überfachlichen
Kompetenzen in der Praxis

2015, 396 Seiten, br., 39,90 €,
ISBN 978-3-8309-3336-6

E-Book: 35,99 €,
ISBN 978-3-8309-8336-1

In 17 Beiträgen wird überzeugend dargestellt, dass Kompetenz bedeutend mehr als (Fach-)Wissen ist und Fachwissen bei weitem keine Fachkompetenz ist – als die es jedoch im Alltag häufig ausgewiesen wird. Schlüsselkompetenzen sind weder nur fachlich noch nur überfachlich, sondern bilden in ihrer praktischen Wirksamkeit eine Einheit von Wissen, Qualifikation und diversen Handlungsfähigkeiten, Selbstorganisationsfähigkeiten. Dieser Zusammenhang wird in den hier versammelten Beiträgen nachvollziehbar dargestellt: Kompetenzorientierung und -entwicklung in der Bildung, in großen und mittleren Organisationen (Profit- und Nonprofit-Organisationen), in den Bereichen Flughafensicherheit/Flugsicherheit/Luftsicherheit, in Militär und Polizei (international), im Leistungssport, in Anwaltskanzleien, im Konfliktmanagement, bei der Wiedereingliederung in den Arbeitsmarkt – ergänzt durch Überlegungen zur Kompetenzbilanzierung mit monetärer Wertermittlung sowie bei der Entwicklung eines softwaregestützten Verfahrens zum kompetenzorientierten Rekrutieren.